KB102250

길 에서 만난
한국의
세계문화유산

| 더듬이의 여행자료 |

길에서 만난

한국의
세계문화유산

박병주 지음

좋은땅

책을 시작하며

2017년 2월 40년간의 교직생활을 마치고 은퇴하면서 내 자신에게 한 약속이 있었습니다. 그 약속은 은퇴 후 세 권의 책을 집필하자는 것이었습니다. 이제 교단에서 직접 아이들을 만나 학문적 지식을 가르치는 일은 하지 못하지만 그동안 우리나라의 수많은 역사문화 여행지를 다니면서 여행지 곳곳에 담겨 있는 역사적인 사실과 자료를 찾아내어 자라나는 청소년들에게 올바르게 알려 주고 싶었습니다.

이 책은 제가 종교개혁 이야기에 이어 두 번째로 쓴 책입니다. 우리 대한민국은 세계적으로 문화 강국입니다. 우리의 오래된 역사와 문화는 이미 세계적인 관심사입니다. 그러나 문제는 우리의 귀하고 소중한 문화재에 대해 좀 더 자세히 이해하고 알고 싶어 하는 사람들에게는 그 설명이 부족하여 아쉬움이 있다는 것입니다. 대부분의 문화 유적들을 감상하고 이해하는 데 전문적인 자료는 많이 있지만 그것은 감동과 공감을 얻기에는 부족합니다. 또한 우리의 역사와 문화를 겉으로만 알고 쉽게 이해하지 못한 채 단순히 보고 즐기는 여행이 되는 것은 매우 안타까운 일입니다. 역사는 거울과 같은 매우 중요한 존재입니다. 우리가 과거 역사를 정확하고 바르게 알고 있으면 미래를 준비하는 데 많은 도움이 된다고 확신하고 있습니다. 1995년 불국사와 석굴암, 종묘, 해인사 장경판전이 한국의 세계문화유산으로 지정되었고 이후 여러 가지 문화유산이 한국의 세계문화유산으로 지정되었습니다. 이 책은 1997년에 지정된 수원 화성, 2009년에 지정된 조선왕릉 그리고 2015년에 지정된 백제역사유적지구에 대하여 역사를 주제로 하여 초점을 맞추고 쓴 책입니다. 이 책을 통하여 독자 여러분들이 전문가적인 지식이 없어도 재미있고 쉽게 우리 역사와 문화재에 대해 이해할 수 있으면 좋겠습니다.

저는 공교롭게도 4년간의 대학 시절을 수원에서 보냈습니다. 약 4년 동안 수원 화성의 시설물들과 유적지들을 쉽게 만나는 행운을 누렸습니다. 수원의 남문(팔달문)과 북문(장안문)을 항상 지나다니면서 바라보았고 가끔은 팔달산 정상에 있는 화성장대에서 아름다운 수원 화성의 성곽과 수원 시내를 내려다보기도 하였습니다. 그리고 동장대, 서북공심돈, 방화수류정 등 정교하고 정담이 가는 건축물들을 자주 만났습니다. 수원 화성은 1997년 세계문화유산으로 지정되고 이후 빠르게 복원이 이루어지면서 지금은 많은 시설물들이 옛 모습을 되찾았습니다. 수원 화성은 젊은 시절 제가 우리 문화와 역사에 관심을 갖게 하고 공부하게 한 중요한 계기를 만들어 준 디딤돌이 된 것만은 틀림이 없습니다.

서울에서 태어나고 자란 저는 초등학교 어린 시절 태릉으로 소풍을 가면서 보았던 조선시대 왕릉은 너무나도 호기심의 대상이었습니다. 태릉에서의 조선왕릉의 석물들과의 만남은 50년이 훨씬 지난 지금에도 기억이 납니다. 조선왕릉은 항상 우리 곁에 가까이 있으면서 우리에게 조선이라는 나라를 기억하게 하면서 상기시켜 주었습니다. 우리는 조상 대대로 유교문화권에서 효를 중심으로 살아왔습니다. 고려시대는 중심 도읍지가 북한에 있는 개성이기에 현재 많은 문화유산을 쉽게 접근하기가 어려운 것은 사실입니다. 그러나 조선시대에는 도읍지가 한양(서울)으로 정해지면서 한양을 중심으로 많은 문화유산들이 생겨날 수 있었습니다. 조선왕릉 역시 한양(서울)을 중심으로 대부분 우리들이 쉽게 여행할 수 있는 장소에 존재하기에 누구보다 쉽게 조선왕릉을 만나고 조선의 역사와 문화를 배우고 이해하기 쉬었으며 공부할 수 있었습니다.

또한 저는 약 40여 년간 서울특별시 송파구에 거주하여 살고 있습니다. 운이 좋게도 풍납토성과 몽촌토성, 한성백제박물관은 저희 집에서 10분 내에 도착할 수 있는 지근거리에 있습니다. 그러기에 다른 누구보다도 쉽게 백제 문화를 조사하고 이해하는데 시간적으로 많은 혜택을 받았다고 생각합니다. 저는 과거 최인호 씨의 《잃어버린 왕국》이라는 역사소설을 읽고 크게 감동을 받은 적이 있었습니다. 이후 항상 마음속에는 잊혀져 버린 백제를 찾아서 조금 더 백제 문화를 깊이 이해하고 공부하게 되었고 고대 백제의 숨겨진 역사를 여러 사람들에게 전하고 알리고 싶었습니다. 한반도가 분단된 상황에서 우리는 고구려와 발해 문화를 쉽게 접근하고 공부할 수 없지만, 고대 삼국시대의 한 축을 이루었던 백제는 그래도 쉽게 접근하고 이해할 수 있었습니다. 한성백제박물관을 비롯하여 국립공주박물관과 국립부여박물관 그리고 국립익산박물관을 자주 다니면서 관련 서적을 통해 많은 지식을 습득하였습니다. 분명한 것은 백제는 신라에 의해 멸망당해 역사적인 사료가 많이 부족하지만 당시에는 중국의 선진 문화를 받아들이고 교류하면서 중국 및 일본과 문화적 고리로 연결되었던 문화 선진국으로 매우 중요한 나라임에는 틀림이 없습니다.

   이 책은 크게 3개의 파트로 나누어져 있습니다.

   1부에서는 정조가 세운 꿈의 신도시 수원 화성의 건설계획과 함께 수원 화성의 건축물들을 소개합니다. 아울러 화성행궁과 정조의 능행차에 관한 자료를 다루었습니다. 수원 화성은 조선 성곽의 꽃으로 1796년 9월 완공된 성입니다. 조선왕조 제22대 정조는 세자에 책봉되었으나 당쟁에 휘말려 왕위에 오르지 못하고 뒤주 속에서 생을 마감한 아버지 사도세자의 능침을 1789년 양주 배봉산에서 조선 최대의 명당인 수원 화산으로 옮깁니다. 그리고 수원 팔달산 아래 수원 화성을 건설하기로 마음먹고 1794년 1월 착공 지시를 내립니다. 그리하여 당시 규장각 문신이었던 정약용이 기본 계획을 설계하고, 재상을 지낸 채제공의 총괄 지휘 아래 착공에 들어가 1796년 9월에 완공됩니다. 수원 화성은 정조의 효심으로부터 시작되어 축성이 이루어졌다고 하지만 실제로는 정조가 당쟁에 의한 당파정치 근절과 강력한 왕도정치의 실현 및 수도 남쪽의 국방 요새로 활용하기 위하여 정치적 포부가 담긴 계획이라 할 수 있습니다. 화성행궁 또한 《화성성역의궤》에 의거하여 대부분 축성 당시 모습대로 보수 복원되어 현재에 이르고 있습니다.

   2부에서는 전반부에 조선왕릉에 대한 일반적인 이해를 위해 조선왕릉의 위치, 형태, 구조 및 역대 조선 왕들의 계보 등을 다루어 보았습니다. 여러 가지 조금씩 다른 형태의 모양을 하고 있지만 조선왕릉의 가장 큰 특징 중 하나는 주변 환경을 훼손하지 않고 자연과 친화적으로 주변 환경과 어우러짐을 최우선으로 하여 조성된 것입니다. 현재 세계문화유산으로 지정된 조선왕릉은 총 42개(북한의 2개 포함)로 서울, 경기도, 강원도 일원 등 수도를 중심으로 분포되어 있습니다. 그리고 후반부에서는 조선왕조의 역사를 주요 사건들과 함께 기록하였습니다. 조선왕릉은 단순히 왕과 왕비의 무덤이 아닙니다. 태조 이성계부터 제 27대 순종에 이르기까지 519년간 조선왕조의 찬란한 역사와 다양한 이야기가 담겨 있습니다. 아울러 조선왕릉은 조선왕조가 세워지고 600년이 지난 지금도 우리의 삶과 어우러져 시민들의 휴식 공간이자 역사 교육장입니다.

그리고 3부에서는 전반부는 2000여 년간 대한민국 한반도에 존재하였던 백제의 역사와 주요 왕들에 대해 조사하고 연구한 자료들을 기재하였습니다. 현재 서울시 송파구 일대에는 한성 백제시대의 유적지인 풍납토성과 몽촌토성 및 석촌동 고분군이 있습니다. 특별히 2015년 7월 열린 세계문화유산위원회(WHC)에서 한국의 12번째 세계문화유산으로 지정된 공주·부여·익산의 백제역사 유적지구는 웅진시대와 사비시대를 대표하는 유적지입니다. 3부 후반부에서는 백제시대의 문화를 시대별로 정리하여 각각 한성시대 백제, 웅진시대 백제, 사비시대 백제 및 익산 백제의 역사와 유물 및 문화재를 조사하고 상세히 다루어 보았습니다.

이 책의 일부 내용은 현재 네이버 블로그 '더듬이의 여행자료'에 올려져 있으며 한국의 세계 문화유산 자료에서 폭넓게 확인 할 수 있습니다. 결론적으로 이 책은 조금은 부족하지만 한국의 세계문화유산에 대한 자신감과 그 안에 녹아 있는 우리 문화의 우수성을 알고자 하는 뜻으로 만들어졌습니다. 그런 의미에서 30여 년 전부터 준비하고 모은 자료를 바탕으로 만들어진 이 책이 독자들에게 우리나라 역사와 문화를 바르게 이해하는 데 도움이 되었으면 좋겠습니다. 항상 가까이 곁에 두고 읽을 수 있는 책이 되었으면 더욱 좋겠습니다. 이제 살아 숨 쉬는 역사적 사건 현장을 되새기면서 책을 시작합니다. 끝으로 오랫동안 함께 기도하고 준비한 아내 채성주 님을 비롯하여 좋은 책이 출판될 수 있도록 관심을 갖고 함께 도와주신 모든 분들과 출판사 관계자 분들에게 진심으로 감사드립니다.

2024년 1월 잠실에서 박병주 올림

차례

II.

조선왕릉

III.

백제의 역사와 문화

I

수원 화성
(水原華城)

제1장

수원 화성(水原華城)

　수원 화성은 조선 제22대 왕 정조가 뒤주 속에서 불운하게 세상을 떠난 아버지 사도세자의 능침을 양주 배봉산에서 풍수지리학상 명당자리인 화산으로 이전하고 그 부근 주민들을 팔달산 아래 현재 수원으로 옮기면서 축성되었다. 수원 화성은 임진왜란을 겪으며 서울 남쪽의 방어기지의 필요성에 따라 건설된 군사 도시이지만 만드는 과정에 정조의 효심이 축성의 근본이 되었다. 뿐만 아니라 당쟁이 극심했던 정세를 쇄신하고 강력한 왕도정치를 실현하려는 정조 자신의 원대한 구상을 위한 새로운 개념의 계획적 신도시로 건설된 것이기도 하다.

　규장각 문신 정약용은 정조의 지시에 따라 동서양의 기술서를 참고하여 만든 《성화주략(1793년)》을 지침서로 하여 화성 축조 계획을 세운다. 이어 영의정을 지낸 영중추부사 채제공의 총괄 아래 장인(匠人) 조심태의 지휘로 화성은 1794년 1월에 착공에 들어가 2년 8개월간의 공사 기간을 거쳐 1796년 9월에 완공된다. 화성 건설에는 당대 동서양의 과학과 기술의 성과가 총결집되었고 당대 최고의 지식인들이 참여했다. 축성 시에 거중기, 녹로 등 새로운 자기재를 특수하게 고안하고 사용하여 수많은 장대한 석재 등을 옮기며 쌓는 데 이용하였다.

화성은 중국, 일본 등지에서 찾아볼 수 없는 산성의 형태로 동쪽 지형은 대부분 평지를 이루고 서쪽은 팔달산에 걸쳐 있는 평산성의 형태이다. 군사적 방어기능과 상업적 기능을 함께 보유하고 있으며 시설의 기능이 가장 과학적이고 합리적이며 실용적인 구조로 되어 있어 근대 초기 성곽 건축의 백미로 평가받고 있다. 특히 당대 학자들이 충분한 연구와 치밀한 계획에 의해 동서양 축성술을 집약하여 축성하였기 때문에 그 건축사적 의의가 매우 크다.

성의 둘레는 약 5.7㎞이며 축조 당시 문루 4개, 수문 2개, 공심돈 3개, 장대 2개, 노대 2개, 포(鋪)루 5개, 포(砲)루 5개, 각루 4개, 암문 5개, 봉돈 1개, 적대 4개, 치성 9개, 은구 2개 총 48개의 시설물로 일곽을 이루고 있었으나 일제 강점기를 지나 한국전쟁을 겪으면서 성곽의 일부가 파손되고 손실되었다. 이후 "화성성역의궤"에 의거하여 대부분 축성 당시 모습대로 복원하여 현재에 이른다. 소멸된 시설물은 공심돈 1개, 암문 1개, 적대 2개, 은구 2개이다. 화성은 1997년 12월 유네스코 세계문화유산으로 등록되었다.

1. 정조(1752~1800)의 화성 건설

정조는 재위 14년(1789년) 할아버지인 영조에 의해 죽은 아버지인 장헌세자(사도세자)의 묘를 서울 영우원에서 수원 현륭원으로 이장하기 위해 당시 영중추부사 채제공만이 알고 있던 비밀서류인 '금등(金縢)'을 공개한다. 그리고 정조는 수원이란 이름을 '화성'으로 고치고, 이곳에 유수부(留守府)를 설치하면서 수원이 사도세자를 위해 조성한 도시임이 밝힌다.

정조가 화성을 세운 가장 큰 이유는 현륭원 이장과 함께 자신의 이상적인 도시를 만들기 위함이었다. 정조는 자신이 꿈꾸는 도시를 만들기 위해 대신들과 의논하며 철저하게 서로 계획하고 실천하였다. 정조는 이 과정에서 정약용에게 궁중 비서인《기기도설》을 하사하여 거중기를 제작하게 한다. 정조는 또한 화성 축조를 통해 수도의 북쪽(평양, 개성), 서쪽(강화), 동쪽(광주)와 더불어 남쪽에 군사권을 마련하여 왕권 강화에 힘쓰고자 하였다. 조선 후기에 개성, 강화, 광주, 수원을 유수부로 둔 것은 바로 이들 지역이 군사적으로 상당히 중요했기 때문이다.

왕릉을 옮기고 왕의 직속 군대인 장용영의 외영을 두었으며 교통의 요지인 수원에 성을 쌓아 상인들의 유통을 활발하게 하려는 정조의 계획은 매우 다양하고 실용적이었음을 알 수 있다.

▍ 정조(1752~1800)의 화성건설 계획과 년표

연도		내용
영조 39년	1762년	임오화변으로 사도세자 죽음(정조 11세), 양주 배봉산(서울 휘경동)에 수은묘를 조성함
정조 1년	1776년	조선 22대 정조대왕 즉위(정조 25세)
정조 1년	1776년	사도세자 → 장헌세자로 개명, 수은묘 → 영우원으로 개칭
정조 14년	1789년 7월	장헌세자묘 이장(서울 영우원 → 수원 현륭원) 정조 38세
정조 18년	1793년 6월	그와 채제공만이 알고 있던 비밀서류인 '금등(金縢)'을 공개, 사도세자를 왕으로 추존하려고 함
정조 18년	1793년 6월	정조는 수원이란 이름을 '화성'으로 고치고, 이곳에 유수부(留守府)를 설치, 정조실록에는 수원이 정조가 사도세자를 위해 조성한 도시임을 밝힘
정조 19년	1794년 1월	수원 화성 착공. 거중기 사용(정약용 지휘)

정조 20년	1795년 2월	정조대왕 능행차. 화성행궁에서 어머니 혜경궁 홍씨 회갑연
정조 21년	1796년 8월	착공한 지 2년 6개월 만에 수원 화성 완공 《화성성역의궤》라는 공사 보고서가 활자로 간행됨
정조 25년	1800년 6월	정조대왕 사망 수원 화산 건릉에 묻힘

수원 화성 남문(팔달문)

1) 새 시대를 꿈꾸며 세운 신도시

수원은 산이 둘러싸고 있는 자연 생태 도시다. 주산인 광교산이 북쪽
에서 동쪽으로 뻗어 수원을 감싸고 있다. 화성과 행궁을 내려다보는 팔
달산은 도심 가운데 자리하고 있으며 시내를 남북으로 관통하며 수원천
이 흐른다.

수원 화성은 조선 후기 정조시대 때 세워진 계획도시로 사도세자의 묘
를 명당으로 꼽히는 수원의 화산(현 경기도 화성)에 이장하기 위해 만든
성이었다. 묘(현륭원)를 수원의 화산에 옮기다 보니 원래 그곳에 살고 있

던 백성들은 삶의 터전을 옮겨야만 했다. 그 결과 팔달산 아래 신도시 화성이 건설된 것이다. 수원 화성의 둘레는 약 5.7㎞, 성벽의 높이는 4~6m 이다. 화성에는 동서남북에 놓인 4개의 문(창룡문, 화서문, 팔달문, 장안문) 과 군사를 지휘하는 서장대와 동장대, 5개 포루, 봉돈, 치(치성), 공심돈, 수문, 각루, 노대, 적대, 암문 등이 있는데 성벽과 함께 모든 건물들은 불과 2년 9개월 만에 완공되었다. 수원 화성은 조선의 그 어떤 성보다 심미적으로 뛰어남을 자랑하고 있는데, 이는 정조가 화성을 축성할 때 아름답게 지으라고 명령을 했기 때문인 것으로 전해진다.

과학적이고 실용적으로 건축된 수원 화성은 읍성과 산성을 모두 갖추고 있다. 즉 읍성으로서 생활공간의 역할을 충실히 하고 있으며 외부의 침략을 막아낼 수 있는 요새의 역할도 한다.

군사 도시로서 수원 화성은 먼 거리에서 성벽의 작은 간이 출입구가 보이지 않으며, 성벽 아래에서는 구멍을 올려다보아도 절대 관찰자를 볼 수 없게 설계되어 있다. 또한 시대가 발전함에 따라 화포의 화력 증대로 성의 방어력이 떨어지는 문제점을 보완하기 위해 외벽은 벽돌로 만들고 내벽은 자연의 지세를 이용하여 성벽 뒤쪽에 성벽과 거의 같은 높이의 흙산을 쌓아올려 포탄이 성벽을 관통해도 성벽 자체가 붕괴되는 일이 없도록 만들었다. 망루 간의 간격도 화포의 사거리 이내로 서로 엄호가 가능하며 망루도 성 내부에 두었다. 치성의 활용으로 성벽 전체 구간에 치성을 갖추어 성벽에 달라붙는 적을 세 방향에서 공격할 수 있도록 해 놓았다.

2) 경제적으로 계획된 신도시

농업을 중요하게 여기던 때에 도시가 상업도시로 성장하려면 사람들이 모여들어야 하고 빠른 유통이 필요하다. 그리고 사람들이 안전하고 편리하게 살기 위해서 도시 안에는 행정 중심이 되는 관청을 비롯하여 상가, 주택가 그리고 도로 등이 있어야 한다.

유교적 질서를 중시하던 조선 초기에 형성된 도시들은 풍수지리적인 면에서 대개 산으로 둘러싸여 있고 앞으로는 강이 흐르는 곳에 있는데 이는 외적을 방어하기 위한 것이었다.

그러나 수원은 당시 18세기에 요구하는 경제 유통이라는 실용적인 면을 강조하여 만들어진 상업도시였다. 수원은 지리적으로 전라도, 경상도, 충청도 삼남지방과 서울 한양을 연결해 주는 길목에 있다. 서쪽의 팔달산을 제외하고는 삼면이 넓게 개방돼 있고 지형도 평탄하여 서울에서 남쪽으로 이어지는 큰 도로를 만들기에 알맞은 조건을 갖춘 곳이었다.

정조는 자신의 계획대로 신도시 수원을 상업이 번성한 계획된 신도시로 만들고자 풍수지리를 따지기보다는 합리적인 가치관을 바탕으로 길 내기 쉽고 집들이 들어서기 편리한 곳을 우선적으로 선택하였던 것이다. 정조는 화성이 한양과 충청도, 전라도, 경상도를 잇는 위치에 있는 것을 고려해 전국의 상인들이 모여 거래할 수 있도록 길을 새로 만들었다.

그리고 많은 양의 물건을 거래하는 대상으로부터 소상인들을 보호했고, 가난한 상인들에게는 무이자로 돈을 빌려주기도 했다. 이렇게 상업을 활성화시키는 여러 정책이 실시되었고, 이런 정책 덕분에 수원은 단순히 중앙의 명령을 수행하던 행정 중심지에서 경제 중심지로 바뀌어가기 시작했다. 그 결과 수원은 조성된 지 약 5년이 지나서 화성행궁을 중심으로 1,000호 가까운 집들이 시가지를 이루는 도시로 발전했다.

한편 정조는 수원 화성 축조 당시 가뭄이 들자 황무지를 개간해 백성들의 삶을 풍요롭게 하고자 했다. 안정된 농업경영을 위한 화성 주변에 저수지를 건설하고 최신식 수문과 수갑을 설치하여 이 물을 농업용수로 이용했다. 그리고 군대의 군량이나 관청 경비를 마련하기 위해 만든 둔전이라는 농터를 만들었다. 이는 안정적인 경제 기반 확보를 염두에 둔 수리 사업이었다.

1795년 만들어진 만석거(萬石渠)와 1799년 만들어진 축만제(祝萬堤)는 정조시대에 조성된 인공저수지이다. 만석거(萬石渠)는 만석의 쌀을 생산하라는 의미이며 축만제(祝萬堤)는 천년만년 만석의 생산을 축원한다는 뜻을 지니고 있으며, 조성과 관련된 내용이 화성성역의궤에 전해지고 있다.

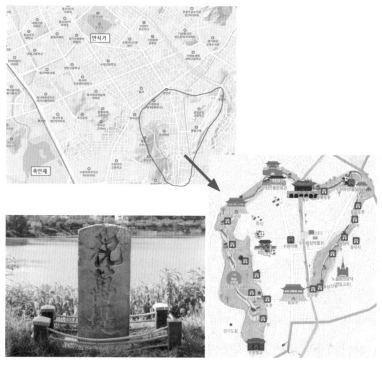

수원 화성과 만석거, 축만제

2. 수원 화성의 건설과 주요 인물

1) 정조(正祖, 1752~1800) - 조선 후기 개혁과 대통합을 실현한 군주

조선의 제22대 왕 정조는 1762
년 11세의 나이로 왕위에 오른다.
영조는 장헌세자가 비극적으로 죽
게 되자 손자인 정조를 앞서 요절
한 맏아들 효장세자(진종으로 추존)
의 양자로 삼아 왕통을 잇게 한다. 당시 유교적인 명분상으로는 죄인의
아들이 왕위를 계승한다는 것은 여러 가지로 문제가 될 수 있었기 때문
이었다.

이후 세손이지만 세자의 지위를 가지고 생활하던 정조는 영조 말년
1775년 왕을 대신해 대리청정하다가 다음 해 영조가 승하하면서 25세의
나이로 왕위에 올랐다. 즉위 과정에서 정조는 그의 왕위 계승을 반대하
는 서인 계층의 노론 세력 등에 의해 갖가지 방해 공작에 시달린다.

즉위 이후 정조는 가신 홍국영을 통해 4년여에 걸쳐 자신의 정적들을
제거한다. 그리고 이어서 개혁 정책을 추진한다. 우선 정치적으로는 선
왕 영조를 계승하는 탕평 정책을 추진하였다. 영조 대 중반부터 후반까
지 노론 세력이 정권의 우위를 차지하고 있었으나 이들 척신 세력에 비
판을 가해 온 청류(명분과 절의를 지키는 깨끗한 사람들을 비유적으로 이르는
말) 조정의 중심부로 끌어들여 이른바 탕평을 펼쳤다. 아울러 그동안 정
치에서 소외되었던 남인세력을 등용하여 정치에 참여하도록 하였다. 그
리고 자신의 친위부대인 장용영(壯勇營)을 설치한다.

또한 정조는 규장각을 통해서 학문정치를 구현하며 인재 육성을 추진하여 자신의 친위세력으로 확보하였다. 서적 간행에도 힘을 기울이며 새로운 활자를 개발하였다. 이밖에도 당시 정국이 주로 서울 세력을 중심으로 구성된 것을 타파하기 위해 과거 시험을 보고 지방인재 선발에도 관심을 가졌다.

정조가 추진한 개혁의 모든 것은 수원 화성의 건설로 이어진다. 화성은 부친인 장헌세자(사도세자)의 무덤을 수원으로 이장하면서 조성된 성곽이었다. 정조는 화성을 단순한 군사적 기능만을 수행한 성곽으로 생각하지 않고 이곳을 무대로 자신이 개혁을 통해서 얻어진 결과를 시험하는 무대로 삼고자 하였다. 일단 축성 과정에 당시로서는 가장 선진적인 축성 기술을 중국의 청나라로부터 도입하였고 그가 즉위 이후 육성했던 실학자 정약용, 채제공 등 측근 세력을 대거 투입하였다. 정조는 수원 화성을 포함한 수원 일대를 자급자족할 수 있는 경제적 신도시로 육성하고자 하였다. 그리하여 국영 농장인 둔전을 설치하고 경작을 위한 물의 확보를 위해 몇 개의 저수지를 축조하였다. 그리고 이곳에 선진적인 농법 및 농업 경영 방식을 도입하여 시험적으로 추진하였다. 상업 고시로서 무역정책을 통해서 자유로운 상행위가 가능하도록 제도를 개선하였고 많은 상인들이 거주할 수 있도록 시설물들을 계획하고 설치하였다. 수원 화성은 이른바 백성들을 위한 정조의 시험 무대이자 개혁의 결과물이라 할 수 있다.

2) 다산 정약용(丁若鏞, 1762~1836)

남인 가문 출신으로 어려서부터 부친의 벼슬살이 덕택에 서울에 살면서 당시 성호 이익의 실학을 쉽게 학문으로 접하게 된다. 조선 후기에 탄생한 학문인 실학은 농업, 상업, 공업을 발전시켜 백성들을 잘살게 하고 부강한 국가를 건설하자는 실용적인 학문이었다. 정약용이 훗날 실학적 이론을 완성한 인물로 평가받게 되는 이유도 어린 시절부터 만들어진 것이라 할 수 있다.

정약용은 1783년 22세 때에 과거에 응시하여 문과 시험에 급제했고 성균관 등에서 수학하며 자신의 학문적 깊이를 더하였다. 그 후 관리가 되어서 규장각에서 일한다. 이후 10년 동안 정조의 특별한 총애 속에서 여러 관직을 두루 역임했다. 특히 1789년에는 한강에 배다리(舟橋)를 준공시키고, 1793년에는 수원성을 설계하는 등 기술적 업적을 남긴다.

한편 이 시기에 정약용은 매부 이승훈 등과의 접촉을 통해 천주교에 관심을 가지게 되는데 당시 천주교 신앙은 성리학적 가치체계에 대한 본격적인 도전으로 인식되어 집권층으로부터 격렬한 비판을 받고 있었다. 결국 정약용은 천주교 신앙과 관련된 혐의로 여러 차례 시달림을 당해야 했고 정조 사망 이후 순조 1년(1801년) 전라도 강진으로 유배를 당함으로써 중앙의 정계를 떠나게 된다. 정약용은 강진 유배 기간 동안 학문 연구에 매진했고, 이를 자신의 실학적 학문을 완성시킬 수 있는 기회로 활용하였다. 강진 유배기는 관료로서는 확실히 암흑기였지만, 학자로서는 매우 알찬 수확기였다고 할 수 있다. 당시 학문 연구와 저술에만 전념할 수 있었기 때문이다. 그는 이 기간 동안 조선왕조의 사회현실을 반성하고 이에 대한 개혁안을 정리하였다. 그의 개혁안은《경세유표》·《흠흠신서》·《목민심서》등에 잘 나타나 있다.

정약용은 1818년 57세 되던 해에 유배에서 풀려나 남양주 여유당에 은거하면서 강진에서 마치지 못했던 저술작업을 계속해서 추진하였다. 정약용는 학문 연구와 당시 사회에 대한 성찰을 통해서 실학사상을 집대성했던 조선 후기 사회의 대표적 지성인이었다.

▌ 정약용의 수원 화성 설계

정약용의 재능에 관심을 갖고 있었던 정조는 재위 14년(1789년) 화성 건설 계획을 세우고 특별히 정약용에게 가장 중요한 화성 설계를 맡긴다. 그러나 당시의 공사 기술로 성을 지으려면 10년 정도 시간이 걸리는데, 그 기간 동안 막대한 공사 비용과 공사에 동원되어 고통당할 백성들의 생활이 문제점으로 드러났다. 정약용은 수원 화성을 상업적 기능과 군사적 기능을 동시에 수행할 수 있는 평산성(平山城) 형태로 설계하였다. 한국의 성곽은 전통적으로 평상시에 거주하는 읍성과 전시에 피난처로 삼는 산성을 기능상 분리했는데 수원 화성 성곽은 피난처로서의 산성을 따로 두지 않고 평상시에 거주하는 읍성의 형태로 방어력을 강화시켰다. 그 결과 우리나라 성곽에서는 보기 드물게 성곽의 용도를 다양화시키면서 많은 방어 시설을 갖추게 된다.

정약용이 설계한 수원 화성의 몇 가지 특징을 살펴보면 다음과 같다.

① 성의 규모를 적절한 크기로 줄이고 성벽에 방어 시설을 가득 설치하는 것으로 기존의 읍성과는 크게 달랐다. 또한 돌을 깎아 성을 쌓되 일반적인 다른 읍성보다 조금 더 높이 짓도록 했다. 이는 당시의 전쟁 특성을 고려한 것이었다. 18세기에는 전쟁의 양상이 병사들이 성을 타고 넘어 점령하는 것이 아니라 화포로 성벽을 쏴 무너뜨려 점령하는 형태였다. 대포를 맞더라도 견딜 수 있을 정도로 높이를 조절한 것이다. 참고로 화성은 성벽의 높이가 다른 성들에 비해 평균 4m로 비교적 낮다.

② 성벽 아래에는 참호를 파서 해자(연못)를 만들고 성문 앞에는 항아리 모양의 옹성을 덧붙여서 적들이 한 번에 들이치지 못하도록 방어력을 높였다. 또한 성벽 중간마다 밖으로 내어 지은 '치성'을 쌓고 대포와 활을 배치하였다.

③ 화성 성벽과 여장(성의 담) 사이에 검은색 벽돌 미석(楣石, 눈썹돌)을 끼워 놓았다. 그 이유는 성벽의 틈 사이로 물이 스며들어 얼어 버리면 부피가 팽창하여 쉽게 성벽이 무너지는데 미석을 끼워 놓으면 물이 성벽으로 스며들어 가지 않고 미석을 타고 땅으로 떨어지기 때문이다.

④ 화성의 성벽을 구불구불하게 아치 모양으로 만들어 더욱 견고하게 하였다. 또한 적병이 성벽을 쉽게 타고 오를 수 없도록 성벽의 허리를 잘록하게 쌓았다.

⑤ 기존 성들이 자연석이나 직육면체로 다듬은 화강암을 주요 재료로 쌓았다면 화성은 화강암뿐만 아니라 벽돌로도 성을 쌓았다. 화강암은 그 자체로 강도는 매우 강하나 돌과 돌의 이음새가 딱 들어맞지 않아 화포 공격과 같은 외부의 강한 충격을 받으면 쉽게 깨지거나 빠질 수 있다. 이에 반해 벽돌은 강하지 않지만, 벽돌과 석회로 벽을 쌓고 그 벽 안에 흙을 채우면 화포의 강한 공격에도 성벽이 쉽게 무너지지 않기 때문이다.

① 거중기(擧重機)

건축 설계를 맡은 실학자 정약
용이 중국에서 들여온 《기기도
설》이라는 책을 참고해 만든 건
설 기계가 바로 거중기이다. 화성
공사에는 정약용의 설계에 따라
왕실에서 직접 제작한 거중기가

사용되었다. 《화성성역의궤》에는 완전히 조립된 거중기의 전체 그림과
각 부분을 분해한 그림이 실려 있다. 먼저 평평한 땅에 기계를 놓고 맨
위쪽에 4개, 그리고 아래쪽에 4개의 도르래를 연결한다. 그런 다음 아래
쪽 도르래에 들어 올릴 물체를 달아매고 도르래의 양쪽을 잡아당길 수
있는 밧줄을 연결한다. 이 밧줄을 편하게 잡아당기기 위해 설치한 물레
를 천천히 감아 돌리면, 도르래에 연결된 끈을 통해 물체를 들어 올릴 수
있다.

② 녹로(轆轤)

녹로는 도르래 원리를 이용해 낮은 곳에
있는 짐을 높은 곳으로 옮길 때 큰 힘을 들
이지 않고 쉽게 옮기는 데 사용한 도구이다.
높은 솟대에 도르래를 설치한 다음 밧줄을
도르래에 걸고 밑에서 줄을 당기면 짐을 약
10m 이상 들어 올릴 수 있다.

녹로는 거중기보다 조금 작고 간략하게 제

작되었으며, 간단하게 조립하고 제작할 수 있다. 거중기의 경우 무거운 자재를 수직으로 운반하는 것이 쉽지만 수평으로 운반하기에는 어려운 점이 있다.

그러나 녹로는 조금 들어 올린 다음 수평으로 짧은 거리를 이동할 수 있다. 녹로는 조립이 간단하고 이동이 쉬워 거중기보다 널리 쓰인 연장이었다.

이 때문에 녹로는 집을 짓거나 성을 쌓을 때 수직으로 운반하는 일에는 효율성이 뛰어나 이미 오래전부터 집 짓는 현장에서 널리 사용해 온 운반 기계이다. 녹로는 또한 왕릉 조영(造營)에도 많이 사용된 장비였다. 수원 화성은 정약용의 설계로 제작된 녹로를 사용함으로써 공정을 단축하고 또한 인명 사고를 줄일 수 있었다.

③ 유형거(遊衡車)

거중기(擧重機) · 녹로(轆轤)와 함께 다산(茶山) 정약용(丁若鏞)이 수원 화성(華城)을 축조할 때 새로 고안한 발명품이다. 기존의 큰 수레는 바퀴가 너무 커서 돌을 싣기 어렵고 바퀴살이 약해 부러지기 쉬우며 만드는 데 비용이 많이 드는 단점이 있었다. 또 썰매는 몸체가 땅에 닿아 밀고 끄는 데 힘이 들어 이 둘의 단점을 보완하기 위해 만들었다.

유형거는 바퀴가 재래식 수레바퀴보다 작고 바퀴살 대신 서로 엇갈리

는 버팀대를 대 바퀴가 튼튼하다. 바퀴와 짐대 사이에 반원 모양의 부품인 복토를 덧대 수레 바닥의 높이가 높고, 수레가 앞뒤로 오르내릴 수 있도록 제작되었다.

특히 저울의 원리를 이용한 복토는 수레의 무게중심을 평형으로 유지시켜 수레가 비탈길에서도 빠르고 가볍게 움직이게 하였다. 화성 축성 당시 일반 수레 100대가 324일 걸려 운반하는 짐을 유형거 70대로 154일 만에 운반하였다는 기록이 남아 있어 유형거의 성능을 짐작할 수 있다.

3) 번암(樊巖) 채제공(蔡濟恭, 1720~1799)과 화성 건설

채제공은 영조 후반시대와 정조시대 남인의 영수로 정조의 최측근 인사 중의 한사람이다. 정약용 등 젊은 개혁가들의 정치적 후견자였다. 남인 출신으로 당시 노론 일색이던 조정에서 벼슬하기가 어려웠으나 다행히 인재를 등용하고자 했던 영조의 탕평책으로 인하여 주요 관직에 오를 수 있었다. 채제공은 사도세자와 영조 사이의 관계가 악화되어 세자 폐위가 결정되자 목숨을 걸고 반대한다.

노론 세력에 의해 사도세자가 죽임을 당한 후 영조는 남인 세력이었던 채제공을 특별히 신임하면서 세손(정조)의 교육을 담당하게 한다. 이후 정조가 왕이 되었을 때는 채제공은 영의정이 되어 정조가 개혁정치를 펼 수 있도록 도와주는 데 큰 역할을 한다.

1789년(정조 13) 정조는 아버지 사도세자의 무덤을 서울 영우원에서 수원 화산으로 옮기면서 현륭원(顯隆園)이라 이름 짓는다. 그리고 현륭원과 행궁을 보호할 목적으로 화성을 지을 생각을 하게 된다. 현륭원 건설을 맡았던 채제공은 새로운 도시 화성의 유수(留守)가 되었다. 그리고 정조의 한과 꿈을 풀어 줄 화성 축조에 나선다. 곧이어 정조는 채제공을 다시 영의정으로 임명하고 화성 축조의 최고 책임자인 총리대신에 임명한다. 그로부터 2년 후인 1796년 1월 능행을 마치고 수원에서 서울로 돌아가는 길에 정조대왕은 숙지산에서 화성 축성에 사용할 수 있는 돌이 많이 발견됐다는 채제공의 보고를 받는다. 그리하여 채제공을 총지휘자로 삼고 정약용이 작성한 〈성설(城說)〉을 설계 지침으로 화성 건설을 시작한다. 우리 역사 최초의 근대적인 계획도시인 화성이 본격적으로 건설되기 시작한 것이다.

화성 공사는 처음에는 10년을 예상한 공사였지만 불과 2년 6개월 만인 1796년(정조 20) 8월에 완공된다. 이렇듯 공사 기간을 줄일 수 있었던 것은 채제공과 정약용을 중심으로 한 개혁 세력이 자신들의 과학기술과 경제정책의 역량을 모두 쏟아부었기 때문이다. 거중기, 녹로, 유형거 등 각종 과학기술 기기들을 개발해 현장에 투입하여 노동력과 비용을 절감하고 공사 기간을 단축하였다. 또한 축성에 널리 쓰이던 화강암 돌 대신 벽돌을 사용한 것과 강제동원이 아니라 전국에서 모여든 농민들에게 돈을 주고 고용한 것은 매우 효과적이었다. 채제공은 공사가 완공되자 곧바로 화성 건설 종합보고서인 《화성성역의궤(華城城役儀軌)》를 만들기 시작한다. 화성성역의궤는 성곽과 각 건물에 대한 그림과 설명이 상세하게 실려 있으며 공사와 관련된 공식 문서와 참여 인원, 소요 비용 및 물품, 건축 설계 및 이용 도구, 예산 및 결산에 관한 보고, 공사에 참여한

1,800여 명에 이르는 기술자들의 명단까지 직종별로 자세하게 기록되어 있는 귀중한 역사 자료라 할 수 있다. 채제공은 영조와 정조시대에 남인 세력의 최후의 지도자로서 문예부흥에 크게 기여하고 명재상으로 활약 하였지만 정조가 승하하기 1년 전인 1799년에 사망한다. 이후 남인 세력 은 천주교 박해 사건(황사영 백서 사건)과 함께 몰락의 길을 걷는다.

▌ 조선시대 건축보고서 - 《화성성역의궤》

수원 화성은 일제강점기를 거쳐 6·25 한국전쟁 때 크게 훼손되었고 이후 복원을 계속하고 있는데 복원 과정에서 《화성성역의궤》가 큰 역할 을 한다. 《화성성역의궤》는 화성의 축조 전 과정과 기타 제반 사항들을 모두 글과 그림으로 기록해 남긴 책자로 그 내용의 방대함에서 놀라움 을 줄 뿐 아니라 그 자세하고 치밀한 기록 내용으로도 후대 사람들에게 많은 교훈을 준다.

수원 화성 축조는 큰 토목공사로 많은 경비와 기술이 필요하였다. 1796년 9월 정조는 수원 화성 공사 내용에 관한 기록을 남겨야 하겠다 는 뜻에서 봉조하(奉朝賀), 김종수(金鐘秀)에게 편찬을 명령한다. 《화성성 역의궤》는 1801년(순조 1년)에 간행되었으며 전체 구성은 권수(卷首) 1권, 본편(本編) 6권, 부편(附編) 3권 도합 10권 9책으로 되어 있다. 권수에서는 공사 일정, 공사에 종사한 감독관의 인적 사항, 그리고 그림을 곁들인 각 건물에 대한 설명과 자재 운반용 기구와 건물의 세부 설명글이 들어 있 다. 나머지 본편과 부편 9권은 공사 수행 중에 오간 공문서와 왕의 명령, 상량식(上樑式) 등의 의식 그리고 공사에 종사한 장인에 대해서도 직종별 로 일일이 이름을 기록하고, 편수(장인의 우두머리)의 경우는 그 출신지와 작업 일수도 밝히고 있다. 뿐만 아니라 의궤의 내용 중에는 각 건물별로 집 짓는 데 들어간 못의 규격과 수량, 못의 단가까지 명시되어 있으며 한 건물을 짓는 데 몇 사람의 장인이 며칠을 일했는지까지 알 수 있도록 했다. 의궤의 작성은 공사 내용에 한 점 숨길 것이 없도록 하고 또 공사 종사자들의 책임 의식을 높이는 일로 일종의 공사 실명제와도 같은 것이었다. 《화성성역의궤》는 정리자(整理字)라는 금속활자를 이용해서 만들었는데 정교한 활자나 높은 수준의 인쇄술은 조선 후기 발달한 인쇄 문화를 잘 나타내 주는 증거가 되는 표본적인 자료이다. 또한 무기발달에 따른 조선 후기의 축성술이나 대역사(大役事)에 소요된 물동량과 경영 체재를 알 수 있어 사회경제사적으로도 귀중한 자료이다. 《화성성역의궤》는 1997년 수원 화성이 세계문화유산으로 등재되는 것에 중요한 역할을 하였으며 2007년 세계기록유산으로 등재된다.

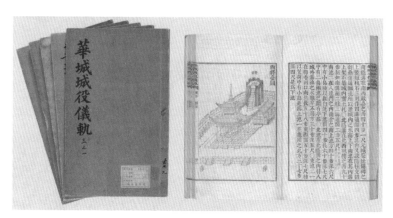

《화성성역의궤》

4) 조심태(趙心泰, 1740~1799) - 수원 화성의 건설책임자

　조심태는 1768년(영조 44년) 무과에 급제하여 여러 무관직을 두루 거친 다음, 1785년(정조 9년)에 충청도병마절도사가 된다. 그리고 3도 수군통제사, 포도대장, 총융사에 이어 1789년에 수원부사로 임명된다. 현륭원(顯隆園)을 수원에 이전하는 데 공을 세웠으며 1791년 장용대장(壯勇大將)에 올라 오위(五衛)의 개편 때 군제개혁을 실시하여 정조로부터 많은 신임을 얻었다.

　조심태는 수원의 도시규모를 확대하고 민호를 늘리고 병력을 강화했으며, 도호부(都護府)를 수원에 설치한다. 그리고 수원성 축성이나 화성봉수대(華城烽燧臺) 설치 등의 군사 방어시설은 물론 호수를 중심으로 송림을 보호하는 문제에 이르기까지 수원 화성 건설에 많은 공헌을 한다.

　조심태는 화성성역의 현장 총책임자로 포루를 만드는 데 많은 관심을

갖고 있었다. 포루는 내부 공간 활용이 중요한 시설물로 군사가 머물며 적을 정탐하고 대포를 쏘는 공간이다. 포루는 다양한 각도로 많은 구멍을 벽에 내야 한다. 포루는 벽 두께가 1.2m에서 1.8m에 달한다. 돌로 된 벽체라면 불가능하다. 따라서 포루 내부를 실내 공간처럼 사용할 수 있는 구조를 만들고 벽체에 여러 각도로 많은 구멍을 설치하기 위해서는 돌보다 벽돌이 최상의 재료라 생각하고 공사과정에서 벽돌을 사용한다. 아울러 벽돌은 시공이 쉽고, 공사 기간을 줄여 주고, 까다로운 구멍 뚫기도 가능하고, 미관이 수려한 점 등을 고려하였을 것이다.

3. 수원 화성의 시설물 - 48개

1	문루 (門樓)	4개	팔달문(남문), 장안문(북문), 창룡문(동문), 화서문(서문) 홍예문 위에 문루를 세우고 4면에는 담장을 둘러쌓고, 반월형으로 옹성을 구축하였다. 우리나라 성문 건축의 특징을 보여 준다.
2	수문 (水門)	2개	화홍문(북수문), 남수문 화홍문은 7개의 홍예 위에 정면 3칸, 측면 2칸의 누마루가 있다. 수문을 통해 물의 양을 조절하였다.
3	암문 (暗門)	5개	북암문, 동암문, 남암문, 서남암문, 서암문 비밀문으로 전쟁 시 가축, 양식, 수레 등을 들여오거나 적의 배후공격을 할 수 있게 은밀하고 후미진 곳에 만들었다.
4	각루 (角樓)	4개	동북각루(방화수류정), 서북각루, 서남각루, 동남각루 성벽 모서리에 설치하여 정찰, 군량운반통로 역할을 하며, 보초를 세워 성벽 전체를 조망할 수 있고 멀리까지 적의 동태를 살필 수 있다.
5	장대 (將臺)	2개	서장대(화성장대), 동장대(연무대) 화성장대는 팔달산 정상에 위치한 지휘본부로 수원성 축조 당시에 세운 2층 누각이며, 조선 정조의 친필 편액이 있다. 동장대는 장용외영 군사들이 훈련하던 장소이다.

6	공심돈 (空心墩)	3개	서북공심돈, 동북공심돈, 남공심돈 사면의 벽체로 구성된 공심돈은 3개 층을 사다리를 통해 오르내리는데 중앙에는 공격용 시설을 설치할 수 있게 하였으며 최상부에는 군사들이 몸을 감추거나 쉴 수 있는 별도의 누각 건물을 세운 군사용 관측소이다.
7	노대 (弩臺)	2개	서노대, 동북노대 적을 향해 높은 위치에서 쇠뇌를 쏠 수 있도록 구축한 진지이다.
8	적대 (敵臺)	4개	북서적대, 북동적대, 남서적대, 남동적대 성곽의 중간에 약 82m의 간격을 두고 성곽보다 다소 높은 대를 마련하여 대포나 활, 화살 등을 비치하고 적군의 동태와 접근을 감시하였다. 포루와 치성은 성곽 밖으로 완전히 돌출된 반면 적대는 반만 성곽 밖으로 돌출되고, 반은 성 안으로 돌출되어 있다.
9	포루 (鋪樓)	5개	서포루, 북포루, 동북포루, 동일포루, 동이포루 군사들을 엄폐하기 위해 치성 위에 세워진 건물로 아래층에는 총구멍, 포구멍을 냈다.
10	포루 (砲樓)	5개	북서포루, 서포루, 남포루, 북동포루, 동포루 성벽의 일부를 凸자 모양으로 외부에 돌출시켜 치성(雉城)과 유사하게 건물을 배치하고, 화포로 외적을 공격하도록 만든 시설이다.
11	봉돈 (烽墩)	1개	평상시에는 밤낮으로 봉수 1개를 올리고, 적군이 나타나면 2개, 국경에 이르면 3개, 국경을 침범하면 4개, 전투를 시작하면 봉수 5개를 올린다.
12	치성 (雉城)	9개	서1치, 서2치, 서3치, 동1치, 동2치, 동3치, 북동치, 남치, 서남치 성벽으로부터 돌출시켜 전방과 좌우 방향에서 접근하는 적과 성벽에 붙은 적을 방어하기 위한 시설이다. 치성의 '치'는 '꿩'이란 뜻을 가지는데, 제 몸을 숨기고 밖을 잘 엿보기 때문이다. 치성 위에 지은 집을 포루(鋪樓)라고 한다.
13	은구 (隱口)	2개	은구는 '숨겨진 도랑'이란 뜻으로 성안의 물을 빼내기 위한 비밀 배수구이다. 화성에는 남은구와 북은구 등 2개의 은구가 설치되어 있었다.

장안문과 화서문

동북각루(방화수류정)과 북수문(화홍문)

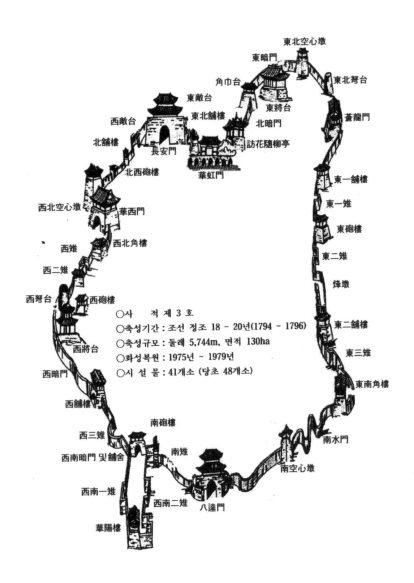

東北空心墩
東暗門
角巾台
東敵台
西敵台
東北鋪樓
北鋪樓
長安門
北西砲樓
華虹門
西北空心墩
華西門
西北角樓
西雉
西二雉
西砲樓
西弩台
西將台
西暗門
西鋪樓
南砲樓
西三雉
南雉
西南暗門 및 舖舍
西南一雉
西南二雉
八達門
華陽樓

東北弩台
蒼龍門
東一舖樓
東一雉
東砲樓
東二雉
烽墩
東二舖樓
東三雉
東南角樓
南水門
南空心墩

東北鋪樓
東將台
北暗門
訪花隨柳亭

○사　　　적 제 3 호
○축성기간 : 조선 정조 18 ~ 20년(1794 ~ 1796)
○축성규모 : 둘레 5,744m, 면적 130ha
○화성복원 : 1975년 ~ 1979년
○시 설 물 : 41개소 (당초 48개소)

　　소멸된 시설물은 남공심돈 1개, 남암문 1개, 적대(남서적대, 남동적대) 2
개, 은구 2개이다.

1) 문루(門樓)

① 장안문(長安門) - 1794년(정조 18) 창건,
   한국전쟁 때 문루 파괴, 1975년 문루 복원

장안문은 수원 화성의 북문이다. 정조는 장안(長安)의 의미를 북쪽으로 서울의 궁궐을 바라보고, 남쪽으로 현륭원(융릉)을 바라보며 만년의 편안함을 길이 알린다고 풀이했다. 문밖에 항아리 모양의 옹성(甕城)을 만들고 방어를 위해 좌우에 적대를 세웠다.

장안문은 남문인 팔달문과 더불어 화성에서 가장 웅장하고 높은 격식을 갖춘 건물이다. 2층의 누각은 네 모서리 추녀가 길게 경사를 이루면서 용마루와 만나는 우진각 지붕 형태다. 길고 휘어진 목재를 구하기 힘든 조선시대에 우진각 지붕은 궁궐이나 도성의 정문과 같은 건물에만 쓰였다. 문루 처마 밑에는 다포(多包)라는 화려하고 정교하게 다듬은 받침 목재를 짜 맞췄는데, 다포식 건물은 18세기 이후 궁궐에서도 거의 백년 동안 짓지 않았기 때문에 특별히 강원도 출신의 승려 목수인 굉흡이 와서 건설을 도왔다고 한다. 서울의 숭례문, 흥인지문과 함께 조선시대 성문을 대표하던 장안문은 한국전쟁 때 폭격으로 파괴되어 1975년 다시 복원하였다. 석축에 총탄 자국이 남아 있다.

* 용마루: 지붕 가운데 부분에 있는 가장 높은 수평 마루

장안문: 수원 화성의 정문
우진각 지붕이며 기둥과 기둥 사이에 받침 목재를 배열한 다포계 건축양식으로 지어졌다

북옹성: 1795년(정조 19) 창건, 1975년 수리

우진각 지붕 - 광화문(경복궁). 돈화문(창덕궁), **장안문(수원 화성), 팔달문(수원 화성)**

팔작 지붕 - 화서문(수원 화성), 창룡문(수원 화성), 근정전(경복궁), 대부분의 한옥 건물

맞배 지붕 - 수덕사 대웅전, 부석사 무량수전, 조선왕릉 정자각

북옹성은 장안문 바깥에 반달 모양으로 쌓은 성으로, 성문을 이중으로 지키는 시설이다. 출입문을 옹성 한가운데 내서 출입하기 편하도록 했다. 조선시대에 만든 여러 성곽에도 옹성이 설치되어 있지만 출입문을 중앙에 만든 있는 사례는 장안문과 팔달문이 유일하다. 문 위에는 물을 저장하는 오성지를 설치하여 화공에 대비했다. 오성지는 화성에만 설치한 색다른 방어시설로서 정약용이 제안했으나 설계안대로 시공되지 못했다.

북옹성: 성을 지키기 위하여 성문 밖에 쌓은 작은 성이다

② 팔달문(八達門) - 보물 제402호, 1794년(정조 18) 창건, 2013년 해체·수리

팔달문은 수원 화성의 남문이다. 정조는 팔달(八達)의 의미를 산 이름이 팔달이어서 문도 팔달이며, 사방팔방에서 배와 수레가 모인다는 뜻으로 풀이했다. 팔달문 주변은 삼남 지방으로 통하는 길목이어서 화성 축성 전에도 사람들의 발길이 잦았다. 장안문과 마찬가지로 문밖에 항아리 모양의 옹성(甕城)을 만들고, 방어를 위해 좌우에 적대를 세웠다. 규모와 형식은 장안문과 같다. 1794년 2월 28일 장안문과 같은 날에 터 닦는 일을 시작했지만 대체로 장안문보다 공정별로 약 1주일 늦게 완성

하였다. 강원도 출신 목수 윤사범이 다포를 짜 맞추는 일을 담당했는데, 이 목수는 훗날 창덕궁 인정전을 짓는 공사를 담당해 다포 건축 기술을 이어 나갔다 한다. 팔달문은 축성 당시의 건축물뿐만 아니라 공사 감독과 석공의 이름을 새긴 실명판, 현판까지 원형이 잘 남아 있다. 2013년 처음으로 문루 전체를 수리했는데 훼손된 목재를 최대한 재사용하였다. 부재에 남겨져 있는 전통 기술의 흔적까지 보존한 사례로 손꼽힌다.

팔달문: 수원 화성의 남문

③ 창룡문(蒼龍門) - 1795년(정조 19) 창건,

   한국전쟁 때 문루 파괴, 1976년 문루 복원

창룡문은 수원 화성의 동문이다. 창(蒼)은 푸른색을 나타내는 뜻으로 창룡(蒼龍)은 '동쪽 방향을 지키는 신령한 청룡'을 상징한다. 창룡문은 바깥쪽에서 보면 안쪽으로 휘어 들어가는 곳에 자리 잡고 있어, 돌출된 좌우 성벽이 자연스럽게 성문을 보호하는 치성 역할을 한다. 문 안쪽의 넓은 공터는 군사들의 훈련장으로 쓰였다. 조선시대 건축에는 일정한 위계질서가 있다. 같은 성문이지만 장안문과 팔달문은 높은 격식을 갖춘 반면 창룡문과 화서문은 한 단계 격을 낮춘 형태이다. 장안문과 팔달문이 2층 문루에 우진각 지붕인 반면 창룡문과 화서문은 1층 문루에 팔작지붕이다. 옹성은 서울의 흥인지문처럼 한쪽 모서리를 열어둔 형태다. 창룡문 옹성 안 석축에는 공사를 담당한 감독관과 석공 우두머리 이름을 새긴 실명판이 잘 남아 있다. 한국 전쟁 때 문루가 파괴되어 1976년에 복원했다.

창룡문: 성벽 일부를 돌출시켜 적을 감시하고 공격할 수 있도록 만듦

④ 화서문(華西門) - 보물 제403호, 1796년(정조 20년) 창건,

　1848년(헌종 14년) 수리, 1975년 수리

　화서문은 수원 화성의 서문이다. 화성의 서쪽이란 뜻이지만 서쪽에는 팔달산이 있어 서북쪽에 문을 두었다. 좌우로 성벽에 이어지는 석축 부분에 홍예문을 열고 그 위에 단층의 문루를 세웠다. 그리고 전면에는 또 반원형의 옹성(甕城)을 두었다. 화서문의 모든 시설과 크기는 동쪽의 창룡문과 거의 같은 구조로 되어 있다. 사각형 모양으로 반듯한 큰 돌을 높이 쌓아 만든 축대 위에 1층의 건물을 세웠는데, 규모는 앞면 3칸·옆면 2칸으로 기둥 사이는 모두 개방되어 있다.

　지붕은 옆면에서 볼 때 여덟 팔(八) 자 모양을 한 팔작지붕 건물이다.

　화서문은 창건 당시 모습을 잘 유지하고 있어 간결하면서도 섬세한 18세기 건축 기술을 보여 준다. 옹성 안 석축에는 공사를 담당한 감독관과 우두머리 석공의 이름이 새겨져 있다. 서울과 개성, 강화도에서 온 석공이 참여했는데 박상길은 축성이 끝난 후 석공 가운데 가장 높은 등급의 상을 받았다. 현판은 화성 축성의 총 책임자였던 채제공이 썼으나 원본이 남아 있지 않다.

화서문은 주위를 돌아가며 총이나 활을 쏘는 구멍이 뚫린 낮은 담을 쌓아 보호되도록 하였다. 옹성의 북쪽으로 조금 떨어진 곳에는 서북공심돈이 성벽을 따라서 연결되어 있다. 공심돈은 속이 텅 비었다는 뜻으로 지금의 초소 구실을 하던 곳이다. 안에는 계단을 따라 오르내릴 수 있고 층마다 바깥을 향해 총이나 활을 쏠 수 있도록 구멍이 있어 철저한 방어가 되도록 하였다.

한국의 다른 성곽 건축에서는 볼 수 없는 독특한 시설로서, 구조도 특이하며 화서문을 중심으로 한 주변의 경치는 수원 화성의 백미로 아름다움을 더해 주고 있다.

화서문: 수원 화성의 서문

수원 화성은 방어 기능과 함께 성벽 안에 갖추어진 4개의 성문(장안문, 팔달문, 창룡문, 화서문)을 비롯해 각기 다른 모양과 특성을 지닌 건축물의 가치를 인정받아 1997년에 유네스코 세계문화유산으로 지정되었다. 수원 화성은 대한민국 으뜸 관광명소, CNN 선정 한국에서 가봐야 할 아름다운 50곳, 한국 관광을 빛낸 한국 관광의 별로 선정되는 등 세계적인 관광 명소로 거듭나고 있다.

2) 수문(水門)

① 북수문(華虹門) - 1795년(정조 19) 창건,

　　1848년(헌종 14) 홍수로 유실 후 재건, 1932년 복원

　북수문은 화성의 북쪽 성벽이 수원천과 만나는 곳에 설치한 수문이

다. 일곱 칸의 홍예문 위로 돌다리를 놓고 그 위에 누각을 지었는데 화홍문(華虹門)이라는 별칭으로 더 많이 알려져 있다.

누각은 본래 적군의 동태를 살피고 공격할 수 있도록 만든 군사 시설이지만 평소에는 주변 경치를 즐기는 정자로 쓰였다. 수문을 통해 흘러온 물이 물보라를 일으키며 장쾌하게 떨어지는 모습인 '화홍관창(華虹觀漲)'은 화성에서 꼭 보아야 할 아름다운 경치로 손꼽힌다. 화홍문은 조선 헌종 14년(1848)에 수문과 누각을 다시 지으면서 형태가 약간 달라졌다. 1932년에는 '수원명소보존회'를 주축으로 수원시민이 힘을 모아 홍수로 무너진 누각을 다시 지었다. 2016년에는 《화성성역의궤》를 근거로 창문을 복원했다.

화홍문: 윗부분을 무지개 모양으로 반쯤 둥글게 만든 홍예문

② 남수문(南水門) - 1796년(정조 20년) 창건,

　　1848년(헌종 14년) 홍수로 무너져 재건, 2012년 복원

　남수문은 화성의 남쪽 성벽이 수원천과 만나는 곳에 설치한 수문이다. 수원천 상류에 있는 북수문에 일곱 칸의 홍예를 만든 반면 하류에 있는 남수문에는 수원천 하류 수량증가에 대비하여 아홉 칸의 홍예를 두었다. 홍예란 무지개같이 반원형 꼴로 쌓은 구조물로 주로 다리나 천장을 지탱하는 역할을 한다. 남수문의 바깥쪽은 홍예 위로 벽을 높이 쌓아 적이 넘어오지 못하게 하고, 안쪽에는 군사 수백 명이 수문을 지킬 수 있는 장포(長舖)를 만들었다. 아홉 개의 수문에는 철책을 설치하여 적의 침입을 대비했다. 1922년 큰 홍수로 유실되어 2012년에 《화성성역의궤》를 바탕으로 복원했다. 복원한 남수문은 홍수에 대비하기 위해 하부에 수로를 별도로 설치했다.

3) 암문(暗門)

① 북암문(北暗門) - 1796년(정조 20년) 창건, 1972년 수리

북암문은 화성 북쪽에 낸 비상 출입문이다. 암문이란 깊숙하고 후미진 곳에 설치하여 적이 모르게 출입하고 군수품을 조달하던 문을 의미한다. 화성에는 5곳의 암문이 있었는데 모두 벽돌로 만들었다. 북암문은 동북각루에서 동쪽 40보 되는 곳에 있으며 지형에 맞춰 좌우 성벽까지 벽돌로 둥글게 만들었다. 문 위에는 몸을 숨기고 적을 감시하기 위해 여장을 세웠는데 반원형은 원여장, 장방형은 비예라고 부른다. 축성 당시의 모습이 잘 남아 있다. 지세를 이용하여 홍예 사이에 돌계단을 설치하여 들어가는 곳은 높고 나오는 곳은 낮게 만들었다.

② 동암문(東暗門) - 1796년(정조 20년) 창건, 1976년 복원

　동암문은 화성 동장대 서쪽 166보 되는 곳에 있다. 북쪽을 향하여 있으며 벽돌로 안과 밖의 홍예를 만들어 말 한 필이 지나갈 수 있다. 암문이란 비상 출입문으로 깊숙하고 후미진 곳에 설치하여 적이 모르게 출입하고 군수품을 조달하던 문을 의미한다. 화성에는 5곳의 암문이 있었는데 모두 벽돌로 만들었다. 동암문 상부에는 오성지와 윗부분을 둥글게 만든 원여장을 설치했고, 좌우에는 네모난 비예를 세웠다. 비예는 암문 위에서 몸을 숨기고 적을 감시하기 위해 만든 여장이다. 성 안쪽에 도로가 생기면서 지형이 높아져 1976년 동암문 복원 시 계단을 추가했다.

* 비예(睥睨): 암문 위에 적을 감시하기 위해 만든 장방형 여장
* 오성지: 다섯 개의 구멍이 뚫려 있는 물을 담는 통

동암문: 오성지와 비예가 설치되어 있다

③ 서남암문(西南暗門)과 서남포사(西南鋪舍) - 1796년(정조 20년) 창건,
　1975년 서남포사 복원

　서남암문은 화성 서남쪽에 낸 비상 출입문이다. 위에는 안팎으로 평

평한 여장을 설치하였으며 화성의 5곳 암문 가운데 유일하게 문 위에 군
사들이 머무는 포사(舖舍)를 세웠다. 이곳은 지형상 적에게 빼앗기면 성
안이 노출될 우려가 있어서 특별히 포사를 만들어 침입을 대비했다. 암
문에는 화공에 대비하여 오성지도 설치하였다. 서남암문은 이름은 암문
이지만 성 안팎을 드나드는 통로가 아니라 용도(甬道)가 시작되는 곳으
로 용도를 거쳐 서남각루(화양루)로 나가는 문이다.

　서남포사는 암문 위에 있어 높은 곳에 의거해서 멀리까지 볼 수 있기
때문에 병사들을 배치하여 경보를 알리기에 알맞게 되어 있다.

* 서남암문 치성(雉城): 성곽 바깥으로 튀어나오게 만든 시설로 서남일치와 서남
　이치가 있다

서남암문(西南暗門)과 서남포사(西南舖舍)

서남암문은 서암문의 남쪽 367보 되는 곳에 있는데 용도(甬道)가 실지로 시작되는 곳이고 화양루의 통로가 된다. 위에는 안팎으로 평평한 여장을 설치하였으며 암문 위에 집을 지었는데 이것이 서남포사(西南鋪舍)이다. 여장 아래 부근에 오성지가 설치되어 있다.

④ 용도(甬道) - 1796년(정조 20년) 창건, 1975년 복원

용도는 좁고 긴 성벽으로 둘러싸인 통로를 가리킨다. 이곳은 좌우 지형이 급경사를 이루면서도 우뚝 솟아 있어 남쪽 일대가 한눈에 들어온다. 만약 적에게 빼앗기면 성안이 노출될 수 있기 때문에 서남암문 밖으로 좁고 긴 성벽인 용도를 만들었다. 용도 중간에는 좌우에 치성을 하나씩 만들어 적을 측면에서 공격할 수 있게 했다. 용도 끝에는 서남각루(화양루)가 자리 잡고 있다.

용도

서남일치

⑤ 서암문(西暗門) - 1796년(정조 20년) 창건, 1975년 수리

서암문은 화성 서쪽 팔달산 꼭대기 성벽에 설치한 비상 출입문이다. 암문이란 깊숙하고 후미진 곳에 설치하여 적이 모르게 출입하고 군수품을 조달하던 문을 의미한다. 화성에는 5곳의 암문이 있는데 모두 벽돌로 만들었다. 서암문은 성벽을 안쪽으로 접혀 들어가도록 쌓고 그 사이에 문을 내서 바깥에서 알아차리기 어렵다. 화공에 대비하기 위한 오성지나 적을 감시하기 위한 비

서암문 안쪽

예 같은 별도의 방어 시설을 두지 않고 지형의 이점을 최대한 살렸다. 서암문은 자연 지형을 이용하여 만들어졌기 때문에 가까이 접근하기 전에는 암문이 있는지 알 수 없을 정도로 감춰져 있다.

서암문 바깥쪽

4) 각루(角樓)

① 동북각루(東北角樓, 訪花隨柳亭) - 보물 제1709호,
   1794년(정조 18년) 창건, 1934년 해체·수리

동북각루는 화성 동북쪽 요충지에 세운 감시용 시설이다. 용두(龍頭)
바위 위에 각루를 우뚝 세워 주변을 감시하고 화포를 쏠 수 있도록 했다.
군사를 지휘하는 지휘소이지만 아름다운 연못과 함께 있어 경치를 즐기
는 정자로 많이 쓰였다. 정자의 별칭은 방화수류정(訪花隨柳亭)이다.

꽃을 찾고 버들을 따라 노닌다(訪花隨柳)라는 뜻을 지닌 방화수류정을
정조는 현륭원이 있는 화산(花山)과 수원 읍치를 옮긴 땅 유천(柳川)을 가
리키는 뜻이라고 풀이했다.

동북각루(방화수류정): 평면은 "ㄱ"자형을 기본으로
북측과 동측은 "凸"형으로 돌출되게 조영하여 사방을 볼 수 있도록 꾸몄다

방화수류정에는 온돌방 한 칸이 있었다. 보통 군사들의 휴식을 위해 각루 1층에 온돌방을 만들었는데 방화수류정은 임금을 위해 2층에 온돌방을 만들고 창문을 설치했다. 조선 정조 21년(1797) 정월, 정조는 방화수류정에서 활쏘기를 하고 주변의 아름다운 경치를 읊은 시를 지었다. 지금은 온돌방이 사라졌지만 원형의 건축물이 잘 남아 있다.

용연(龍淵)은 화성의 북쪽 성밖에 있는 연못이다. 화성의 용연은 용머리처럼 생긴 용두 바위에서 유래했다. 용두 바위 위에 있는 방화수류정은 용두각이라고도 부른다. 《화성성역의궤》에는 용연이 반달처럼 생겼고 용두 바위는 물고기를 잡는 조대(釣臺)로 쓸 만하다고 기록되어 있다. 용연의 물이 넘치면 서쪽의 출수구를 통해 수원천으로 흘러 나간다. 출수구에는 용이 되기 전 단계의 짐승인 이무기 상을 새겼는데 원형이 잘 남아 있다. 용연에 비친 달이 떠오르는 모습은 화성에서 보아야 할 아름다운 경치로 꼽힌다.

방화수류정과 화홍문

동북각루(방화수류정과) 화성 성곽

② 서북각루(西北角樓) - 1796년(정조 20년) 창건, 1975년 복원

각루는 성곽의 비교적 높은 위치에 세워져 주변을 감시하고 휴식을 취할 수 있는 시설이다.

서북각루는 화성 서북쪽 요충지에 세운 감시용 시설로 화성에는 모두 4곳의 각루가 있다. 서북각루는 팔달산으로 오르는 경사지에서 성벽이 휘어진 곳에 자리 잡아 서북쪽 일대가 한눈에 들어온다. 숙지산이 마주 보이는 자리에서 화서문 일대의 군사를 지휘하기 위해 만들었다. 아래 층에는 군사들이 머무는 방에 온돌을 놓았고 위층은 마룻바닥으로 만들었다. 지금은 사라졌지만 사면에 널빤지 문을 달고 구멍을 내서 적을 감시했다.

성벽이 휘어진 곳에 자리 잡아 서북쪽 일대가 한눈에 들어온다.
멀리 보이는 산이 숙지산이다

③ 서남각루, 화양루(西南角樓, 華陽樓) - 1796년(정조 20년) 창건,
1975년 복원

　서남각루는 화성 서남쪽 요충지에 세운 감시용 시설로 화양루(華陽樓)라는 별칭을 갖고 있다. 화성에는 모두 4곳의 각루가 있다. 화성 축성 초기 이곳은 남쪽 일대가 한눈에 들어오는 위치로 만약 적에게 빼앗기면 공격당할 수도 있기 때문에 서남암문 바깥으로 길게 용도(甬道)를 내고 그 끝에 각루를 세웠다. 건물 전면은 장수가 군사를 지휘할 수 있도록 벽돌을 깔았고, 후면은 바닥을 높이고 창문을 달아서 실내에서도 주변을 살필 수 있도록 했다. 조선 정조 21년(1797) 정월, 화성을 찾은 정조는 화양루에서 시작하여 성곽 일대를 두루 살폈다.

서남각루(화양루)와 용도

④ 동남각루(東南角樓) - 1796년(정조 20년) 창건,
1979년 재건, 2016년 해체 · 수리

　동남각루는 화성 남쪽 요충지 성곽의 비교적 높은 위치에 세워져 주변을 감시하고 휴식을 취할 수 있도록 세운 군사지휘소 및 감시용 시설이다. 동남각루는 남수문에서 동쪽으로 솟아오른 경사지에서 성벽이 휘어진 곳에 있는데 화성의 4개 각루 중 성 안팎의 시야가 가장 넓은 곳이다.

서북각루와 같은 구조로 아래층 군사들이 머무는 방에는 온돌을 놓았고, 위층은 마룻바닥으로 만들었다. 사면에 짐승 얼굴과 태극무늬를 그린 널빤지 문을 달고 활 쏘는 구멍을 냈다. 남수문 방면의 방어를 위하여 남공심돈과 마주보며 군사를 지휘할 수 있도록 만들었다.

동남각루

5) 장대(將臺)

① 서장대(西將臺) - 1794년(정조 18년) 창건,
　　1971년 복원, 2006년 화재 후 수리

서장대는 팔달산 정상에 자리 잡은 군사 지휘소이다. 화성에는 두 곳의 장대가 있는데 장대란 성곽 일대를 한눈에 바라보며 화성에 주둔했던 장용외영 군사들을 지휘하던 지휘소이다.

동장대는 평상시 군사들이 훈련하는 장소로 쓰고, 서장대는 군사 훈련 지휘소로 썼다. 서장대는 시야가 트여 있어 멀리 용인 석성산 봉화와 융릉 입구까지 한눈에 살필 수 있었다고 한다.

서장대는 아래층은 사면 3칸, 위층은 1칸으로 위로 가면서 좁아진 형태다. 아래층은 장수가 머물면서 군사 훈련을 지휘하고, 위층은 군사가 주변을 감시하는 용도로 썼다. 정조는 서장대에서 군사 훈련인 성조식(城操式)를 거행했는데 1795년의 행사 모습이 그림으로 남아 있다.

서장대(화성장대): 장용외영 군사들을 지휘하던 군사지휘소

위층 처마 밑에 걸린 화성장대(華城將臺)와 시문 현판은 모두 정조의 작품이다. 1795년 성조식이 끝난 뒤 정조는 화성장대 현판의 글씨를 쓰고 만족스럽고 기쁜 마음을 시로 표현했다고 한다. 화성에서 유일하게 정조가 짓고 글씨를 쓴 두 개의 현판이 걸려 있다.

화성장대에서 친히 군사 훈련을 점검하고 지은 시를 문 위에 걸다.	華城將臺 親閱城操 有詩題于 楣上
현릉원 호위 중요하지만 세금과 노역 쓰지 않았네	拱護斯爲重 經營不費勞
성곽은 평지 따라 둘러 있고 먼 하늘 기댄 장대는 높다랗구나	城從平地迥 臺倚遠天高
많은 성가퀴 구조 굳건하고 군사들 의기 호기롭네	萬堞規模壯 三軍意氣豪
대풍가 한 곡조 연주함에 붉은 햇살이 갑옷을 비추는구나	大風歌一奏 紅日在鱗袍

위층 처마 밑에 걸린 華城將臺와 시문 현판은 정조의 작품이다

② 동장대, 연무대(東將臺, 鍊武臺) - 1795년(정조 19년) 창건,

　1976년 주변 부속건물 복원

　동장대는 장수가 군사 훈련을 지휘하고 무예를 수련하는 공간으로 연무대(鍊武臺)라고도 불린다. 화성에는 두 곳의 장대가 있는데 동장대는 평상시 군사들이 훈련하는 장소로 사용하였다. 동장대는 대지 전체를 3단으로 나누고 마당 한가운데에 장수가 말을 타고 오를 수 있도록 경사로를 만들었다. 이곳의 지형은 높지 않지만 사방이 트여 있고 등성이가 솟아 있어서 화성의 동쪽에서 성안을 살펴보기에 가장 좋은 곳이다.

동장대(연무대): 군사 지휘소 및 훈련장소

　동장대는 본래 전면은 개방하고 나머지 삼면은 벽이나 창문을 단 형태였으며, 가장 안쪽에 온돌방 한 칸이 있었다. 건물 뒤쪽으로는 수키와로 담장을 꾸민 영롱장(玲瓏墻)이 있다. 정조는 동장대에서 일하는 사람들

에게 음식을 내려 주는 호궤(犒饋) 행사를 수시로 베풀었다. 화성 축성이 마무리되던 시기인 1796년 8월 19일, 감독관과 일꾼 등 2,700여 명이 호궤에 참여했다.

6) 공심돈(空心墩)

① 서북공심돈(西北空心墩) - 보물 제1710호, 1796년(정조 20년) 창건, 1934년 수리

서북공심돈은 화성 서북쪽에 세운 망루로 적의 동향을 살핌과 동시에 공격도 가능한 시설이다. 공심돈은 속이 빈 돈대라는 뜻으로 우리나라 성곽 중 화성에서만 볼 수 있다. 보통 돈대(墩臺)는 성곽과 떨어진 높은 곳에 세워 적을 감시하는 시설이나 서북공심돈은 서북쪽 성벽이 꺾이는 위치에 설치했다. 서북공심돈은 3층 건물로 아래쪽 부분의 치성(雉城)은 석재로 위쪽 부분의 벽체는 전돌로 쌓았다. 3층의 망루를 세우고 꼭대기에는 단층의 누각을 올려 군사들이 감시할 수 있도록 하고 외벽에는 화포를 쏠 수 있는 구멍을 뚫어 공격 기능까지 갖추었다. 내부는 전투에 편리한 구조를 갖추었으며 계단을 통해 오르내렸다.

조선 정조 21년(1797) 정월, 완성된 화성을 둘러보던 정조는 서북공심돈 앞에 멈춰 우리나라 성곽에서 처음 지은 것이니 마음껏 구경하라 하면서 매우 만족스러워했다고 한다. 화성에는 모두 세 곳에 공심돈을 세웠는데 서북공심돈만이 축성 당시 모습 그대로 남아 있다.

화서문과 서북공심돈

② 동북공심돈(東北空心墩) - 1796년(정조 20) 창건, 1976년 복원

　동북공심돈은 화성 동북쪽에 세운 망루로 동북노대의 서쪽 60보쯤 되는 거리에 있다. 주변을 감시하고 공격하는 시설이다. 동북공심돈도 우리나라 성곽 중 화성에서만 볼 수 있으며, 일반적으로 성곽과 떨어진 높은 곳에 세우지 않고 성벽 안쪽에 설치했다. 외벽에는 밖을 감시하고 화포로 공격할 수 있는 구멍을 곳곳에 뚫었다. 동북공심돈은 3층으로 이루어진 원통형의 벽돌 건물로서 출입문에서 통로를 따라 빙글빙글 올라가면 꼭대기 망루에 이르는 구조다. 이 모습을 빗대서 '소라각'이라고도 부른다. 정조 21년(1797) 정월 영의정 채제공은 동북공심돈을 올라가 본 뒤 층계가 구불구불하게 나 있어 기이하고도 교묘하다 하며 감탄했다. 한국전쟁 등을 겪으며 절반 이상 무너졌었는데 1976년에 복원해 모습을 되찾았다.

동북공심돈

7) 노대(弩臺)

① 서노대(西弩臺) - 1795년(정조 19년) 창건, 1971년 복원

서노대는 성 가운데서 다연발 활인 쇠뇌를 쏘기 위해 높게 지은 시설로 군사지휘소인 서장대를 지키는 역할을 한다. 노대는 적의 동향을 살피고 깃발을 이용해 적의 위치를 알리는 용도로도 쓰였다. 화성에는 서노대와 동북노대가 있다. 서노대는 화성의 서쪽 일대가 한눈에 들어오는 팔달산 꼭대기에 있어 적을 감시하기에 적합하다. 팔각형의 몸체가 위로 가면서 줄어드는 안정적인 형태로, 안에는 흙을 채우고 겉은 기와 벽돌로 마감하였다.

서노대

② 동북노대(東北弩臺) - 1796년(정조 20년) 창건, 1976년 수리

동북노대는 창룡문의 북쪽 96보의 거리에 있다. 기계식 활인 노(弩)를 쏘기 위해 지은 시설이다. 노대는 적의 동향을 살피고 깃발을 이용해 적의 위치를 알리는 용도로도 쓰였다. 동북노대는 별도의 높다란 대를 만들지 않고 치(雉) 위에 벽돌을 쌓아 대(臺)를 만들었는데 주변이 평탄해서 시야가 확보되었다. 동북노대는 벽돌로 쌓는 방식은 사각형이지만 모서리를 깎아 벌의 허리처럼 만들었다. 위에는 여장을 만들었다.

동북노대

8) 적대(敵臺)

① 북서적대(北西敵臺) - 1795년(정조 19년) 창건, 1968년 수리

적대란 성곽의 중간에 성곽보다 다소 높은 대를 마련하여 화포나 활과 화살 등을 비치해 두는 한편 적군의 동태와 접근을 감시하는 곳으로 성곽 시설물이다. 북서적대는 장안문 서쪽에서 성문에 접근하는 적을 감시하고 공격하는 방어 시설이다. 화성에서는 장안문과 팔달문 좌우에 적대를 설치했는데 현재 장안문에만 남아 있다. 장안문 좌우 적대에는 현안을 세 줄 설치한 반면 팔달문 적대에는 두 줄을 설치했다. 현안은 성벽 바깥쪽으로 위에서 아

래로 낸 구멍으로 성벽 가까이 접근한 적의 동향을 살피고 동시에 공격을 할 수 있게 만든 시설이다. 적대는 우리나라 성곽 중 유일하게 화성에만 있다.

② 북동적대(北東敵臺) - 1795년(정조 19년) 창건, 1969년 수리

북동적대는 장안문 동쪽에서 성문에 접근하는 적을 감시하고 공격하는 방어 시설이다. 포루와 치성은 성곽 밖으로 완전히 돌출된 반면 이 적대는 시설물의 반만 외부로 돌출되고 반은 성안으로 돌출되어 있다. 현재 장안문에만 남아 있다. 안쪽은 성벽과 같은 높이로 대를 쌓아 군사들이 지키고, 바깥쪽에는 현안(懸眼)이라고 하는 세로 방향의 긴 홈을 냈다. 현안은 성벽 가까이 접

근한 적의 동향을 살피고 동시에 공격도 가능한 시설이다. 적대는 우리
나라 성곽 중 유일하게 화성에만 있다.

북동적대

9) 포루(砲樓)

① 북동포루(北東砲樓) - 1794년(정조 18년) 창건, 1977년 복원

　북동포루는 화성의 5개 포루(砲樓) 중 장안문과 화홍문 사이인 북동쪽
에 위치하고 화포를 갖춘 시설이다. 화성에는 동포루, 서포루, 남포루,
북동포루, 북서포루 모두 5곳의 포루가 있는데 주변 지형 조건에 따라
크기를 달리했다.

　포루는 벽돌로 만든 3층 구조로, 아래 두 층은 화포(火砲)나 총을 쏠 수
있도록 만들었고 상층은 군사들이 적을 감시하고 공격할 수 있도록 누

각을 만들었다. 성벽의 일부를 바깥으로 튀어나오게 만든 치성의 발전된 형태이다. 정약용은 중국의 제도를 두루 살펴 발전된 형태의 포루를 설계했는데, 그 모습이 《화성성역의궤》와 《정리의궤》에 그림으로 표현되어 있다.

북동포루(北東砲樓)

② 북서포루(北西砲樓) - 1794년(정조 18년) 창건, 1975년 복원

북서포루는 장안문 서쪽에 설치한 화포를 갖춘 시설이다. 화성에는 동포루, 서포루, 남포루, 북동포루, 북서포루 5곳의 포루가 있는데 주변 지형 조건에 따라 크기를 달리했다. 평탄한 곳에 지은 북서포루가 가장 높다. 북서포루는 검정 벽돌을 쌓아 치성과 같이 성밖으로 약 8.8m 돌출시키고 내부는 나무판을 이용하여 3층으로 구획하였으며 포혈을 만들어 화포를 감추어 두고 위와 아래에서 한꺼번에 공격할 수 있도록 하였다. 아래 두 층은 화포나 총을 쏠 수 있도록 만들었고, 상층은 군사들이 적을 감시하고 공격할 수 있도록 누각을 만들었다. 북서포루와 북동포루는 안팎의 지붕 형태가 다르다. 북서포루는 지붕의 형태가 성 안쪽은 맞배지붕 형식, 바깥쪽은 우진각 형식으로 된 것이 특징이다.

북서포루(北西砲樓): 성 안쪽은 맞배지붕 형식, 바깥쪽은 우진각 형식

③ 서포루(西砲樓) - 1796년(정조 20년) 창건, 1975년 복원

　포루는 성곽을 바깥으로 튀어나오게 만든 치성 위에 지은 목조 건물로 군사들이 망을 보면서 대기하는 곳이다. 서포루는 팔달산 중턱에 설치한 화포를 갖춘 시설이다. 화성에는 5곳의 포루가 있는데 주변 지형 조건에 따라 크기를 달리했다. 서포루는 경사지에 지었기 때문에 평지에 설치한 북서포루와 북동포루보다 규모를 작게 만들고, 화포와 총을 쏘는 구멍의 숫자도 줄였다. 포루는 3층 구조로 아래 두 층에는 화포나 총을 쏠 수 있는 구멍이 있고, 상층에는 누각이 있다. 서암문은 적에게 발각되어 공격받는 것에 대비하여 설치되었다.

④ 남포루(南砲樓) - 1796년(정조 20년) 창건, 1975년 누각 복원

포루(砲樓)는 성벽의 일부를 밖으로 돌출시켜 치섬과 유사하게 축조하면서 내부를 공심돈과 같이 비워 그 안에 화포 등을 감추어 두었다가 위아래와 삼면에서 한꺼번에 공격할 수 있도록 한 시설이다. 성곽시설물 중에서 가장 중무장된 시설이라 할 수 있다. 남포루는 팔달산의 남쪽 기슭 경사지에 지은 화포를 갖춘 시설이다. 화성에는 동포루, 서포루, 남포루, 북동포루, 북서포루 5곳의 포루가 있는데 주변 지형 조건에 따라 크기를 달리했다. 그중 남포루는 규모가 가장 작다. 화성성역의궤에는 포루 내부 높이가 균일하게 설계되어 있지만, 지형에 따라 각 층의 높이가 다르다. 남포루 1층은 1.7m 2층은 1.25m로 만든 반면 누각이 있는 3층은 높이 3m 이상을 확보하였다. 남포루는 포루 중 원형이 가장 잘 남아 있다.

남포루

⑤ 동포루(東砲樓) - 1796년(정조 20년) 창건, 1979년 복원

포루는 적이 성벽에 접근하는 것을 막기 위해 화포를 쏠 수 있도록 만든 시설물로 치성의 발전된 형태이다. 동포루는 동1치와 동2치 사이에 지은 화포를 갖춘 시설이다. 화성에는 동포루, 서포루, 남포루, 북동포

루, 북서포루 5곳의 포루가 있는데 보통 평지에서는 규모를 키우고 경사
지에서는 규모를 줄였다. 화성의 포루는 모두 벽돌을 사용하여 만들었
으며 공심돈과 같이 안을 비워 적을 위와 아래에서 동시에 공격할 수 있
게 하였다. 동포루는 비교적 평평한 곳에 있지만 주변 성벽이 높지 않아
작게 만들었다.

동포루

10) 포루(舖樓)

① 동북포루, 각건대(東北舖樓, 角巾臺) - 1796년(정조 20년) 창건,

　　1976년 복원, 2019년 누각 복원

　　동북포루는 방화수류정 동쪽으로
135보 거리에 있으며 방화수류정과
동장대 사이 치성 위에 군사들이 머
물 수 있도록 지은 시설이다. 화성
에는 모두 5곳의 포루가 있는데, 동

북포루는 지붕의 모습이 조선시대 선비들이 쓰던 각건(角巾)이란 모자와

비슷해 보여서 각건대(角巾臺)라는 별칭을 갖고 있다. 동북포루는 지세가 갑자기 높아져서 용두(龍頭)를 눌러 굽어보고 있다.

동북포루는 다른 포루에 없는 시설을 갖췄다. 여장과 건물 사이를 벽돌로 채워서 벽등(甓磴)이라는 단을 만들고, 누각의 계단도 벽돌로 만들었다. 지붕 양 끝에 올린 용머리 모양의 장식 기와 역시 동북포루에서만 볼 수 있다. 동북포루 특징을 살려 2019년에 다시 복원했다.

* 포(鋪): 치성의 위에 지은 집을 포(鋪)라 한다.

동북포루, 각건대(東北舖樓, 角巾臺)

② 북포루(北舖樓) - 1795년(정조 19년) 창건, 1975년 누각 복원

　북포루는 북서포루와 서북공심돈 사이에 있는 치성 위에 군사들이 머물 수 있도록 누각을 지은 시설이다. 치성은 성벽 일부를 돌출시켜 적을 감시하고 공격할 수 있도록 만든 시설물이다. 화성에는 모두 15곳의 치성이 있는데 그중 중요한 5곳의 치성 위에 동1포루, 동2포루, 서포루, 북포루, 동북포루를 만들고 적의 동향을 감시했다. 북포루는 화성에서 가장 평탄하고 시야가 트인 곳에 있어서 주둔하는 군사의 수도 많고 규모도 크다. '군포루'라고도 불렀다.

③ 서포루(西舖樓) - 1796년(정조 20년) 창건, 1975년 누각 복원

　서포루는 서암문과 서3치 사이에 있는 치성 위에 군사들이 머물 수 있도록 누각을 지은 시설이다. 치성은 성벽 일부를 돌출시켜 적을 감시하고 공격할 수 있도록 만든 시설물이다. 화성에는 모두 15곳의 치성이 있는데 그중 중요한 5곳의 치성 위에 동1포루, 동2포루, 서포루, 북포루, 동북포루를 만들고 적의 동향을 감시했다. 서포루는 서장대 쪽으로 접근하는 적을 감시하기 위해 만들었다. 《화성성역의궤》에는 동북포루와 형태가 같다고 기록되어 있다. 서포루 누각은 복원했으나 치성은 원형이 잘 남아 있다.

서포루(西舗樓)

④ 동1포루(東一舗樓) - 1796년(정조 20년) 창건, 1979년 복원

동1포루는 창룡문 남쪽에 있는 치성 위에 군사들이 머물 수 있도록 누각을 지은 시설이다. 화성에는 모두 15곳의 치성이 있는데 그중 중요한 5곳의 치성 위에 동1포루, 동2포루, 서포루, 북포루, 동북포루를 만들고 적의 동향을 감시했다. 동1포루는 지형이 평탄하고 조망이 트인 곳에 있어서 적의 움직임을 잘 살필 수 있는 구조로 만들었다. 치성을 길게 내밀었으며, 다른 포루와 달리 기둥 사이에 벽을 치지 않고 사방을 개방했다.

동1포루(東一舗樓)

⑤ 동2포루(東二舖樓) - 1796년(정조 20년) 창건, 1979년 복원

동2포루는 봉돈 남쪽 치성 위에 군사들이 머물 수 있도록 누각을 지은 시설이다. 치성은 성벽 일부를 돌출시켜 적을 감시하고 공격할 수 있도록 만든 시설물이다. 동2포루는 동1포루와 마찬가지로 사방이 개방된 구조이다. 측면 3칸인 동1포루에 비해 치성이 짧아서 측면 2칸의 건물로 만들어졌다. 《화성성역의궤》에는 동1포루의 모습만 실려 있다.

동2포루(東二舖樓)

11) 봉돈(烽墩) - 1796년(정조 20년) 창건, 1971년 수리

봉돈은 봉화 연기를 올려 신호를 보내는 시설이다. 수원 화성 봉돈(烽墩)은 일반적인 봉수대(烽燧臺)가 주변을 잘 살필 수 있는 산 정상에 별도의 시설로 만들어진 것과 달리 화성 성벽에 맞물려 벽돌로 만든 것이 특징이다. 화성에서는 시야가 트인 동쪽에 설치해 화성행궁에서 바로 확인할 수 있게 만든 것이다.

봉돈은 우리나라 성곽 양식에서는 보기 드문 형식으로 외벽과 내부, 계단에 이르기까지 전체를 벽돌로 만든 화성의 대표적인 벽돌 건축물이다. 높게 쌓은 대臺 위에 횃불 구멍인 화두(火竇: 횃불구멍) 다섯 개가 있

다. 평소에는 남쪽 끝에 있는 첫 번째 화두 한곳에서만 연기를 올리고 상황에 따라 연기의 숫자를 증가시켜 위급한 상황 시 다섯 곳 모두 연기를 피웠다.

* 봉수제도烽燧制度: 변방에서 일어난 위급한 일을 낮에는 연기, 밤에는 횃불을 이용하여 서울로 연락하는 군사통신제도

봉돈(烽墩): 평소에는 남쪽 끝(사진에서 가장 오른쪽)에 있는 첫 번째 화두 한곳에서만 연기를 올리고 상황에 따라 숫자를 증가시켜 연기를 올린다

12) 치성(雉城)

① 북동치(北東雉) - 1796년(정조 20년) 창건, 1969년 수리

북동치는 장안문 동쪽 북동적대에 붙여서 세운 치성이다. 치성은 성벽의 바깥으로 덧붙여 쌓은 시설로, 성벽 가까이 접근하는 적을 감시하고 공격하는 역할을 했다. 성벽에 8곳, 용도에 2곳의 치성이 설치되어 있는데 지형에 따라 형태가 조금씩 다르다. 북동치는 북동적대 바로 옆으로 적대와 서로 이어져 있다. 북동적대 위치에서 성곽이 급하게 꺾이기 때문에 북쪽을 방어하기 위해 적대에 치를 덧붙였다. 북동치는 장안문을 지키는 중요한 위치이므로 가장 크게 치성을 만들고, 적을 감시하고 공격할 수 있는 총안과 타구를 설치했다.

* 타구: 성벽 위의 낮은 담장인 여장과 여장 사이의 열린 부분
* 치(雉)는 일정한 거리마다 성곽에서 바깥으로 튀어나오게 만든 시설이다. 치(雉)는 꿩을 의미하는데 꿩이 자기 몸은 잘 숨기고 밖을 엿보기 때문에 그 모양을 본따서 이름 붙인 것이다

북동치(北東雉)

② 서1치(西一雉) - 1796년(정조 20년) 창건, 1975년 수리

서1치는 서북각루와 서포루(砲樓) 사이에 성벽을 돌출시켜 쌓은 치성이다. 성벽 가까이 접근하는 적을 감시하고 공격하는 역할을 했다. 성벽에 8곳, 용도에 2곳의 치성이 설치되어 있는데 지형에 따라 형태가 조금씩 다르다. 치성은 보통 좌우 방어 시설과 100m 이상 거리를 두고 만들었으나, 서1치는 서북각루에서 약 55m 떨어진 지점에 있다. 화서문에서 뻗은 성벽이 팔달산 정상을 향해 크게 꺾이는 요충지이기 때문에 치성을 가깝게 설치한 것이다. 성벽 가까이에 접근하는 적군을 쉽게 공격하고 성벽을 보호하기 위한 것으로 화성에는 10개의 치가 있다.

서1치(西一雉)

③ 서2치(西二雉) - 1796년(정조 20년) 창건, 1975년 수리

서2치는 서포루(西砲樓)와 서장대 사이에 성벽을 돌출시켜 쌓은 치성이다. 성벽 가까이 접근하는 적을 감시하고 공격하는 역할을 했다. 성벽에 8곳, 용도에 2곳의 치성이 설치되어 있는데 지형에 따라 형태가 조금씩 다르다. 서2치는 팔달산 정상으로 향하는 급한 경사지에 자리 잡고 있어 규모가 작다. 붉은 빛을 띤 다양한 크기의 성돌이 잘 남아 있는데,

평지 성벽보다 규모가 큰 장방형 석재를 하부에 설치하여 하중을 지탱하도록 했다.

서2치(西二雉)

④ 서3치(西三雉) - 1796년(정조 20년) 창건, 1975년 수리

서3치는 서포루(舖樓)와 서남암문 사이에 성벽을 돌출시켜 쌓은 치성이다. 성벽 가까이 접근하는 적을 감시하고 공격하는 역할을 했다. 성벽에 8곳, 용도에 2곳의 치성이 설치되어 있는데 지형에 따라 형태가 조금씩 다르다. 서3치 바깥은 지형이 비교적 평탄하여 팔달산에 설치한 다른 치성에 비해 길이가 길다. 치성 안쪽으로 여장에서 1m 정도 돌출한 담을 쌓고 가운데 출입구를 냈다. 적대와 비슷한 구조는 서3치와 남치에서만 볼 수 있다.

* 적대: 성문 양옆에 외부로 돌출시켜 옹성과 성문을 적으로부터 지키는 네모꼴의 대

서3치(西三雉)

⑤ **남치(西南一雉) - 1796년(정조 20년) 창건, 1975년 수리**

남치(南雉)는 남포루와 팔달문 남서적대 사이에 성벽을 돌출시켜 쌓은 치성이다. 성벽 가까이 접근하는 적을 감시하고 공격하는 역할을 했다. 화성에는 성벽에 8곳, 용도에 2곳의 치성이 설치되어 있는데 지형에 따라 형태가 조금씩 다르다. 남치는 서쪽 경사지에 만들었기 때문에 치성의 길이가 짧고 폭도 좁다. 서3치와 마찬가지로 치성 안쪽에 돌로 담을 쌓고 출입구를 냈는데 이 구조는 적대와 비슷하다. 남치는 원형이 잘 남아 있다.

남치(南雉)

⑥ 동1치(東一雉) - 1796년(정조 20년) 창건, 1979년 복원

　동1치는 동1포루(舖樓)와 동포루(砲樓) 사이에 성벽을 돌출시켜 쌓은 치성이다. 성벽 가까이 접근하는 적을 감시하고 공격하는 역할을 했다. 성벽에 8곳, 용도에 2곳의 치성이 설치되어 있는데 지형에 따라 형태가 조금씩 다르다. 동1치는 평탄한 지형에 위치하고 있어 주변을 조망하기 위해 규모를 크게 만들었다.

동1치(東一雉)

⑦ 동2치(東二雉) - 1796년(정조 20년) 창건, 1979년 복원

　동2치는 동포루(砲樓)와 봉돈 사이에 성벽을 돌출시켜 쌓은 치성이다. 성벽 가까이 접근하는 적을 감시하고 공격하는 역할을 했다. 성벽에 8곳, 용도에 2곳의 치성이 설치되어 있

동2치(東二雉)

는데 지형에 따라 형태가 조금씩 다르다. 동2치는 1979년에 화성을 복원

하면서 다시 쌓았다. 본래 성돌이 붉은 색을 띤 반면 새로 쌓은 곳은 가지런히 다듬은 흰색 돌로 만들어져 있다. 치성 좌우에 있는 옛 성돌에서 돌을 뜨기 위해 정을 박은 흔적을 볼 수 있다.

⑧ 동3치(東三雉) - 1796년(정조 20년) 창건, 1979년 수리

동3치는 동2포루(舖樓)와 동남각루 사이에 성벽을 돌출시켜 쌓은 치성이다. 성벽에 8곳, 용도에 2곳의 치성이 있는데 지형에 따라 형태가 조금씩 다르다. 동3치는 치성 가운

동3치(東三雉)

데 폭이 가장 넓고 길이가 짧다. 성 바깥이 급하게 경사를 이루고 있어 치성 길이는 짧게 만들고, 주변을 멀리 살피기 위해 전면 폭을 넓게 확보한 것이다. 다른 치에는 현안을 한 줄만 내고 타구를 두지 않았지만, 동3치는 폭이 넓어서 현안을 두 줄 설치했다.

13) 은구(隱溝)

① 북은구(北隱溝) - 1796년(정조 20년) 창건, 미복원

은구는 눈에 잘 띄지 않게 만든 도랑이나 수문을 말한다. 화성에서는 남북 두 곳에 은구가 있었다. 북은구는 북포루 동쪽 성벽 아래 설치했는데 성밖의 작은 도랑물을 끌어들여 성안 북지에 물을 모아 두기 위해 만

들었다. 1970년대 수원 화성을 복원하면서 발굴조사를 통해 북은구의
위치와 구조를 확인했으나 북지 연못과 함께 정비하기 위해 복원 대상
에서 제외하였다.

북은구(北隱溝) 조감도

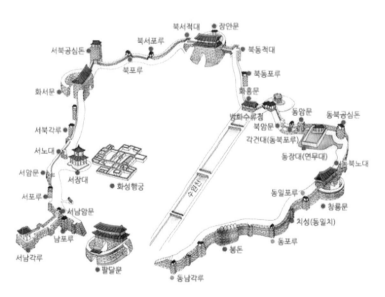

수원 화성의 주요 시설물 평면도

화성행궁(華城行宮)과
화령전(華寧殿)

1. 화성행궁(華城行宮) 사적 제478호,
1796년(정조 20년) 창건, 2002년 복원

행궁(行宮)은 왕이 지방에 거동할 때 임시로 머물거나 지방에 별도의 궁궐을 마련하여 임시 거처하는 곳을 말하며, 그 용도에 따라서 크게 세 가지로 구분할 수 있다. 전쟁과 같은 비상시에 위급함을 피하고 국사(國事)를 계속하기 위해 마련된 전란대비 행궁으로는 강화행궁, 의주행궁, 남한산성행궁 등이 있고, 휴양을 목적으로 설치된 온행행궁으로는 온양행궁이 있다. 그리고 왕이 지방의 능원(陵園)에 참배할 때 머물던 능행행궁으로 화성행궁이 있다. 정조의 원대한 꿈과 효심이 느껴지는 화성행궁은 조선시대 전국에 조성한 행궁 가운데서 가장 돋보이는 규모와 격식을 갖추고 있다. 수원 화성의 부속물로 건립 당시의 모습은《화성성역의궤》에 그림으로 남아 있다.

화성행궁은 조선시대 최대 규모의 지방에 만들어진 궁궐이며, 동시에 수원 화성 신도시의 지휘 본부였다. 정조는 1789년(정조 13년) 아버지 사도세자(莊祖, 장헌세자)의 무덤인 현륭원을 수원 화산(花山)에 조성하면서 현릉원 자리에 있던 수원부 읍치를 팔달산 아래로 옮긴다. 이후 정조는 현릉원을 참배하기 위해 원행(圓行)을 자주 하게 되는데 1790년 2월부터 1800년 1월까지 11년간 12차에 걸친 능행(陵幸)을 하였으며, 이때마다 화성행궁에 머물면서 여러 가지 행사를 거행하였다. 수원 신읍(新邑)의 관아가 정조 일행이 머무르는 임시 거처로 이용되면서 점차적으로 화성 행궁은 틀을 갖추게 된다. 정조는 수원도호부를 화성유수부로 승격시 켜 위상을 높인 한편 1795년(정조 19년)에는 화성행궁에서 어머니 혜경궁 홍씨의 회갑연을 치르기 위하여 건물의 이름을 바꾸거나 새로 지었다. 1796년에는 화성을 축성한 후 576칸 규모로 건립하여 완공되었다. 건립 당시에는 봉수당(奉壽堂)과 경룡관(景龍館), 복내당(福內堂), 유여택(維與宅), 노래당(老來堂), 신풍루(新豊樓), 남북군영, 강무당(講武堂), 무고(武庫), 수성고(修城庫), 집사청(執事廳), 서사청(書史廳), 비장청(婢將廳), 우화관(于華館), 득중정(得中亭), 행각(行閣) 등 많은 건물들이 있었다.

한편 정조는 아들 순조가 15세 성년이 되는 1804년(갑자년)에 왕위를 물려주고 자신은 상왕으로 물러나 화성행궁에 머물면서 수원 화성을 새 로운 신도시로 만들기 위한 계획을 세운다(甲子年 구상). 하지만 1800년 (정조 24년) 정조가 자신의 뜻을 이루지 못하고 갑작스럽게 의문의 죽음 을 하자 현릉원 근처에 건릉(健陵)이 조성된다. 정조가 승하한 뒤 순조(純祖) 1년(1801년) 화성행궁 옆에 화령전(華寧殿)이 건립되어 정조의 진영(眞影)을 봉안되었고 그 뒤 순조, 헌종, 고종 등 역대 왕들이 이곳 화성행궁 을 방문하였다.

화성행궁은 일제강점기 때 화성행궁의 중심 건물인 봉수당에 의료기 관인 자혜의원이 들어서면서 모든 것이 훼손되고 낙남헌(洛南軒)과 노래당(老來堂)만 남게 되었다. 봉수당은 원래 이름이 정남헌이었지만 정조가 어머니 혜경궁 홍씨(헌경황후)의 회갑연을 이곳에서 베푼 후 그것을 기념하기 위해 봉수당으로 불렀다. 낙남헌은 봉수당 북쪽에 있던 ㄱ자형 팔작지붕집인데 지금은 꺾인 부분이 잘라 없어지고 一자형의 건물로 바뀌었다. 1996년 화성축성 200주년을 맞아 수원시가 역사 바로 세우기의 일환으로 복원 공사를 시작하여 1단계로 봉수당, 장락당 등 화성행궁 21개 건물 중 18개 건물 482칸이 복원되었고 이어서 정조의 영전(影殿)인 화령전 등이 일반인들에게 공개되었다

화성행궁 조감도

2. 화성행궁 시설물

1) 신풍루(新豊樓) - 1790년(정조 14년) 창건, 2002년 복원

신풍루는 화성행궁의 정문이다. 조선 정조 13년(1789년) 수원읍에 관청 건물을 세우면서 누문 6칸짜리 정문을 세운다. 처음에는 진남루(鎭南樓)라 부르다가 1795년에 혜경궁 홍씨의 회갑연을 열면서 이름을 신풍루로 바꿨다. 신풍루는 중국 한나라를 세운 유방의 고향인 풍패(豊沛)에서 따온 이름으로 수원 화성이 제왕의 고향 풍패지향(豊沛之鄕, 풍 땅은 새로운 또 하나의 고향), 즉 화성은 고향과 같은 고장이라는 의미임을 알리려는 정조의 의지가 반영된 건물이다.

신풍루는 2층의 누각 구조로 아래층은 출입문으로 쓰고, 위층에는 큰 북을 두어 군사들이 주변을 감시하고 신호를 보내는 용도로 사용했다. 문루 좌우에는 행랑을 두었고, 양쪽 끝에는 군영을 배치해서 경호 체제를 갖췄다. 정조는 어머니인 혜경궁 홍씨의 회갑연 때 신풍루에서 수원 주민들에게 쌀을 나누어 주는 행사를 베풀었다고 한다

* 행랑: 대문간에 붙어 있는 방

2) 봉수당(奉壽堂) - 1789년(정조 13년) 창건, 1997년 복원

봉수당: 어로와 월대가 설치되어 있다

봉수당은 화성행궁의 정전(正殿)에 해당되는 건물로 화성행궁에서 가장 위상이 높은 건물이다. 조선 정조 13년(1789년)에 화성 유수부의 집무 장소인 동헌으로 지어져 이용하다가 왕이 행차하였을 때는 정당(政堂)으로 사용되었다. 당시 건물 북쪽으로 누상고(樓上庫)와 함께 봉수당 정문인 중앙문과 좌우 익랑(翼廊)이 함께 신축되었다. 건물의 처음 이름은 장남헌(壯南軒)이었다. 1795년(정조 19년) 정조는 어머니 혜경궁 홍씨의 회갑연 진찬례를 이 건물에서 거행하였는데 정조는 혜경궁의 장수를 기원하며 만년(萬年)의 수(壽)를 받들어 빈다는 뜻의 봉수당으로 개칭하였다. 건물

봉수당 익랑

은 정면 7칸으로 일반 동헌과 마찬가지로 대청과 방을 둔 구조이나, 마당 한가운데에는 왕이 지나는 길인 어로를 두었고 건물 앞에는 넓은 기단인 월대를 갖추었다. 어로와 월대는 일반 동헌에는 없고 임금이 머무는 공간에만 설치하는 시설이다. 일제 강점기에 파괴된 봉수당은 1997년 복원되었다. 장남헌이 봉수당으로 개칭된 후 봉수당에서 치러진 가장 중요한 행사는 1795년 정조의 을묘원행시 치러진 혜경궁 홍씨 회갑연이었다. 혜경궁 홍씨의 탄생 일주갑(회갑)을 기념하여 화성행궁 봉수당에서 행한 진찬 장면을 그린 회갑연 모습은 《화성능행도병(華城陵幸圖屛)》 중의 한 폭 그림인 〈봉수당 진찬도〉를 통해 알 수 있다.

* 월대: 궁궐의 정전, 묘단, 향교 등 건물 앞에 설치하는 넓은 기단

3) 장락당(長樂堂) - 1794년(정조 18년) 창건, 1997년 복원

장락당은 1795년(정조 19년) 정조가 어머니 혜경궁 홍씨의 회갑연을 화성행궁에서 치르기 원하면서 혜경궁 홍씨가 머물 처소로 사용하기 위해 1794년에 지은 건물이다. 정조는 중국 한나라 고조가 어머니를 위해 장락궁을 지은 것을 본받아 어머니 혜경궁 홍씨를 위해 장락당을 짓고 현

판의 글씨를 직접 써서 걸었다. 장락당은 봉수당 남쪽에 있는데 장락당은 봉수당 및 복내당과 연결되어 있어 자유로운 이동이 가능하다. 건물은 전체 13칸 규모이며, 삼면에 툇간을 두어 통행에 편리하도록 했다. 장락당을 드나드는 문의 역할을 하는 건물은 경룡관이다. 장락당의 온돌방은 매 칸마다 겹겹이 문을 달아 아늑하게 만들었고, 문을 모두 열어젖히면 실내가 트이도록 했다. 정조는 장락당과 복내당 사이의 담장에 다복문(多福門)과 장복문(長福門)이라는 두 개의 문을 내었다.

* 툇간: 집채의 안둘레간 밖에 딴 기둥을 세워 만든 칸살

장락당: 혜경궁 홍씨의 처소

4) 경룡관(景龍館) - 1794년(정조 18년) 창건, 1997년 복원

경룡관은 장락당으로 들어가는 대문 윗부분에 지은 다락집으로 장락당의 출입문으로도 사용한 부속 건물이다. 경룡이란 제왕을 상징하는 큰 용을 뜻하는 것으로 중국 당나라 태종이 거처한 궁궐 이름이기도 하다. 당나라 태종 때 열여덟 명의 학사들이 임금의 시에 화답한 것을 본떠서 정조가 직접 이름을 지었다. 경룡관은 2층 구조로 된 건물로 2층은 모두 마루를 깔아 누마루를 만들었고 아래층은 3칸의 문을 만들어 지락문

(至樂門)이라고 하였다. 지락문(至樂門)이란 뜻은 즐거움에 이른다는 뜻
으로 장락당으로 들어가는 것이 즐겁다는 의미이다. 문의 규모는 작으
나 네모난 돌기둥 네 개를 우뚝 세워 위엄을 높였다.

경룡관: 장락당의 대문이자 다락집

5) 복내당(福內堂) - 1789년(정조 13년) 창건, 1997년 복원

복내당은 관아(官衙)의 안
채에 해당되는 건물로 수령
과 가족이 거처하는 곳이었
다. 1790년(정조 14년)에 수
원부 읍치소의 내아(內衙)로
사용할 목적으로 지어졌으

며 정조가 화성행궁에 장락당을 만들기 전까지는 왕의 숙소로도 쓰였다.
1794년 정조가 건물의 이름을 짓고 현판의 글씨를 써서 내렸는데, 복내(福
內)란 모든 일이 밖에서 제대로 이루어지면 복이 안에서 생겨난다는 뜻이
다. 복내당은 처음에는 역ㄱ자 모양의 작은 건물이었으나 1794년에 북쪽
으로 온돌방 4칸 반을 추가하면서 ㄷ자 모양으로 확장되었다. 복내당은

왕의 침전으로 사용되었기에 다른 건물들과 달리 개방적이지 않고 폐쇄적인 구조이다. 복내당 서남쪽으로 외행각이 주변을 둘러싸고 있다. 20세기 초 경기도립병원이 들어서면서 철거되었다가 화성행궁을 복원할 때 다시 지어졌다.

6) 유여택(維與宅) - 1790년(정조 14년) 창건, 1998년 복원

유여택은 수원읍을 옮긴 이듬해인 조선 정조 14년(1790년)에 지은 건물로 평상시에는 화성유수가 거처하다가 정조가 행차하면 잠시 머무르며 신하를 접견하는 건물이었다. 처음 건물은 은약헌(隱若軒)으로 부르다가 화성 축성을 시작하던 1794년 가을에 증축되어 이름이 바뀌었다.

유여택이란 〈시경〉에서 주나라의 기산(岐山)을 가리켜 하늘이 산을 만들고 주시어 거처하게 하였다(此維與宅)라는 고사를 인용해서 지은 이름이다. 정조는 유여택에서 신하들의 보고를 받고 과거 시험에 합격한 무사들에게 상을 내리기도 했다. 1800년 정조가 승하한 뒤 화령전이 완성되기 전까지 정조의 초상화를 모시는 공간으로도 사용되었다. 공신루(拱宸樓)는 유여택 앞쪽 툇마루에 설치된 누각으로 증축하면서 실내에 온돌을 놓고 창호를 달았다. 현재 창호는 복원되지 않았다.

유여택: 정조의 집무실

유여택 앞의 해시계

7) 낙남헌(洛南軒) - 1794년(정조 18년) 창건

　낙남헌은 일제강점기에 화성행궁이 철거될 당시 훼손당하지 않고 남아 있는 건축물 중 하나이다. 낙남헌이란 이름은 중국 한나라를 세운 고조 유방이 신하들 덕분에 나라를 세울 수 있었음을 감사하며 낙양(洛陽)의 남궁(南宮)에서 연회를 베풀었다는 이야기에서 이름을 지은 것이다.

　낙남헌은 화성행궁에서 공식 행사나 연회를 열 때 사용하는 14칸짜리 건물로 1794년(정조 18년)에 완공되었다. 정조는 1795년 을묘원행(乙卯園幸) 시에는 당시 낙남헌에서 수원의 백성들을 위해 잔치를 베풀고, 무과 시험을 치르고 상을 내리는 등 다양한 행사를 열었다. 혜경궁 홍씨의 회갑연을 기념하여 군사들의 회식을 이곳에서 하였으며, 특별 과거시험을 치러 급제자에게 합격증을 내려 주는 행사도 이곳에서 시행하였다. 낙

남헌 건물은 벽이 없는 개방된 구조로 많은 사람이 이용할 수 있다. 연회를 베푸는 건물답게 건물 앞에는 넓은 월대를 두어 격식을 높였다. 월대로 오르는 계단의 양옆에는 구름무늬가 새겨져 있다. 낙남헌은 궁궐 전각과 비교해도 손색이 없는 아름다운 건물로 원형이 잘 남아 있다. 일제강점기에는 수원 군청으로 사용되었으며 신풍국민학교 교무실로도 사용되었다.

* 월대: 궁궐의 정전, 묘단, 향교 등 주요 건물 앞에 설치하는 넓은 기단

▌낙남헌 양로연(洛南軒養老宴)

정조가 참석한 가운데 화성행궁의 낙남헌에서 치러진 양로연을 그린 궁중 기록화다. 낙남헌 양로연은 국가 의식으로 치러진 양로연(養老宴)을 나타낸 그림으로 특히 정조 임금이 낙남헌에서 친히 행사를 주관하는 양로연의 모습을 알 수 있는 유일한 사례로서 사료적인 가치가 있다. 전통적인 행사 기록화의 구도와 시점을 취하였지만 구경하는 백성들의 사실적인 묘사에서 알 수 있듯이 풍속적인 측면도 보여 주고 있어서 경직되고 엄숙하기만 한 다른 국가적 궁중 행사의 분위기와는 다른 면을 보여 준다.

8) 노래당(老來堂) - 1794년(정조 18년) 창건

노래당은 1794년(정조 18년) 을묘원행을 치르기 위해 행궁을 증축하는 과정에서 낙남헌과 함께 새롭게 지어진 7칸의 규모의 건물이다. 낙남헌과 득중정에서 펼쳐지는 여러 행사 도중 휴식을 취할 때 이용하였다고 한다. 노래당은 화성행궁의 별당으로 정조가 왕위에서 물러나 노후생활을 위해 지었다고 알려져 있다. 노래(老來)는 '늙는 것은 운명에 맡기고 편안히 거쳐하면 그곳이 고향이다'라는 뜻으로 당나라 시인 백거이의 시에서 유래한 것이다. 정조는 노래당을 짓고 아들 순조의 나이가 15세가 되면 왕위를 물려주고 화성에서 내려와 지내겠다는 뜻을 종종 신하들에게 말했다고 한다. 출입문은 난로문(難老門)이라 하는데 이 또한 '늙지 않고 오랫동안 살고 싶다'는 의미를 갖고 있다. 노래당은 화성 행궁의 중심 건물인 봉수당에서 오른쪽으로 돌아가면 나오는데, ㄱ자형으로 배치한 팔작지붕 집이다.

노래당: 정조의 별장

9) 득중정(得中亭) - 1790년(정조 14년) 창건, 1998년 복원

득중정은 활을 쏘기 위해 세운 정자로서 조선 정조 14년(1790)에 지었다. '활을 쏘아 맞으면 제후가 될 수 있고 맞지 않으면 제후가 될 수 없다(射中 則得爲諸侯 射不中 則不得爲諸侯)'라는 구절에서 '득' 자와 '중' 자를 따서 붙인 것이다. 정조는 행차 시 매번 활쏘기를 하였는데 1790년(정조 14년)에 새로 만들어진 이 정자에서 활을 4발 쏘아 4발 모두 맞히고는 이를 기념하여 '득중정'이라고 하였다고 한다. 득중정은 9칸 규모로 본래 낙남헌 터에 있었으며 정조가 글씨를 쓴 현판이 걸려 있었다. 1794년에 건물을 지금의 위치로 옮기고, 임금이 활을 쏘는 어사대를 특별히 마련했다.

득중정: 활을 쏘는 사정(射亭) 노래당: 정조의 별장

10) 외정리소(外整理所) - 1796년(정조 20년) 창건, 2000년 복원

정리소는 장차 1795년 을묘원행 당시 혜경궁 홍씨의 회갑연을 화성에서 치를 때 펼쳐질 각종 행사를 준비하기 위해 1794년 12월에 설치한 임시 기관이었다. 이후 화성 성역이 끝난 후 외정리소라 하여 임금이 행차할 때 행사 준비뿐 아니라 화성행궁의 수리와 군사들의 식량과 말 먹이까지 관장하였다. 처음에 정리소는 장용외영(壯勇外營)에 설치하였는데,

1796년(정조 20년) 화성 행궁이 완성되면서 유여택 건너편의 빈희문 밖에 터를 닦아 건물을 짓고, 외정리아문(外整理衙門)이란 현판을 걸었다. 마루로 된 대청 6칸을 중심으로 주위에 행랑과 창고를 두었다.

외정리소: 일종의 창고

11) 비장청(裨將廳) - 1789년(정조 13년) 창건, 2002년 복원

비장청은 화성 유수부의 비장들이 사용하던 건물로 외정리도 앞에 있는 남향 건물이다. 비장은 관찰사나 절도사 등 지방관이 데리고 다니던 중간 간부들로 조선 후기에는 방어사를 겸한 수령까지 모두 비장을 거느릴 수 있었다. 화성 유수는 정2품 당상관이었기 때문에 여러 명의 비장을 두었다. 정조 19년(1795년)에 혜경궁 홍씨의 회갑연을 치를 때 비장은 음식을 차리는 일을 비롯해서 행사의 모든 절차를 담당했다. 따라서 비장청은 화성 유수를 보좌하는 업무 성격에 맞게 고을 수령이 공무를 처리하는 건물인 동헌(봉수당) 가까이에 두었다. 화성 축성이 마무리되던 1796년에 서리청의 건물을 수리해서 비장청으로 사용하였다.

비장청

12) 서리청(書吏廳) - 1796년(정조 20년) 창건, 2002년 복원

서리청은 화성유수부 관청의 여러 사무를 담당하는 하급 관리들이 근무하는 건물이다. 서리는 문서의 기록 및 수령, 발급을 담당한다. 정조 13년(1789년) 수원읍을 옮길 당시에는 장남헌 동쪽에 서리청을 지었다. 화성 축성이 마무리되면서 서리청의 건물을 비장청으로 사용하고, 그 동쪽에 있던 금도청을 고쳐서 서리청으로 사용했다. 행궁 안의 건물들이 보통 10칸 내외 규모인데 비해 서리청은 22칸에 달한다. 서리청 마당 건너 남쪽에는 문서 창고가 있다. 을묘원행 당시에는 수라간으로 사용하기도 하였다.

* 금도청(禁盜廳): 도적이나 법을 어긴 자들을 잡는 군사들이 머무는 건물

서리청

13) 집사청(執事廳) - 1790년(정조 14년) 창건, 2002년 복원

집사청은 관청에서 치르는 제사나 행사를 준비하는 집사들이 근무하는 건물로 정조 14년(1790년)에 건립되었다. 집사는 주인을 모시고 그 살림을 맡아 하는 사람들로서 행궁의 집사청은 궁궐의 액정서(국왕이 쓰는 붓과 먹, 벼루 등을 보관하며 대궐 안의 열쇠를 간수하고 여러 가지 설비, 비품을 관리하는 관청)와 같이 잡다한 사무를 보던 집사들이 사용하던 건물이다. 정조의 현륭원 행차를 비롯해서 왕이 화성에 내려와 진행하는 모든 행사를 준비했다. 평소에는 매달 초하루와 보름에 수령이 화성행궁의 객사인 우화관에서 올릴 의례를 준비하는 곳으로 쓰였다. 집사청은 우화관 가까이에 있어 효율성을 고려하여 배치하였음을 알 수 있다.

* 객사: 조선시대에 주로 왕의 위패를 봉안하고 공식 행사를 하던 곳

집사청

14) 내포사(內鋪舍) -1796년(정조 20년) 창건, 2006년 복원

　내포사는 위급한 상황이 발생하면 행궁에 소식을 알리는 역할을 하던 군사 시설이다. 화성행궁 후원에서 높고 탁 트인 곳에 있어서 사방을 관찰하기에 적절하다. 평상시에는 장교 1인과 군졸 3인이 근무하였지만 왕이 행궁에 머물면 장교 2인과 군졸 4인을 배치해 경비를 강화했다. 전면 반 칸은 개방하고 좌우에 낮은 벽을 쳐서 비바람을 막았으며, 군사들이 머무를 수 있도록 후면 1칸에는 온돌을 설치했다.

내포사

15) 미로한정(未老閒亭) - 1791년(정조 15년) 창건, 2002년 복원

미로한정은 화성행궁 후원에 세운 소박한 정자이다. 정조 13년(1789년) 수원읍을 팔달산 아래로 이전한 이후에 지었다. 처음 이름은 육면정(六面亭)이었으나 1795년에 미로한정(未老閒亭)으로 이름을 바꾸었다. '늙기 전에 한가로움을 얻어야 진정한 한가로움이다(未老得閑方是閑)'라는 시구를 인용한 것으로 보인다. 아들 순조에게 왕위를 물려주고 수원에 내려와 한가하게 노년을 즐기고자 했던 정조의 뜻이 담겨 있다. 화성 축성을 막 시작한 1794년 정월 정조는 미로한정에 올라가 허허벌판이던 수원부에 1천여 집이 들어서 번성한 모습을 바라보며 관리들을 칭찬했다. 정조 재위 기간 동안에 활약한 화가 김홍도는 미로한정 주변에 가을 국화가 가득한 모습을 〈한정품국(閒亭品菊)〉이라는 그림으로 남겼다.

단원 김홍도의 〈한정품국〉 중 부분　　　　미로한정: 화성행궁 후원의 정자

16) 북군영(北軍營)과 남군영(南軍營) - 1794년(정조 18년) 창건,
2002년 복원

   북군영과 남군영은 장용외영의 기마병이었던 친군위(親軍衛)가 숙직을 서며 호위하는 건물이다. 군영 건물은 수원 신읍이 조성된 1789년 행궁 정문인 신풍루 좌우에 각각 12칸씩 24칸이 지어졌으며, 1794년(정조 18년) 화성행궁을 증축하면서 각각 19칸이 증축되어 총 62칸의 규모로 완공되었다. 남쪽은 남군영, 북쪽은 북군영이라고 부른다. 이후 1798년(정조 22년) 군제 개편에 따라 장용영외영(壯勇營外營) 군영의 좌, 우열을 없애고 새롭게 1, 2, 3번의 입번 순서를 정하여 매년 각 100명씩 양 군영에 나누어 배치하였다. 건물 모양으로 남군영은 일자형이고, 북군영은 ㄱ자형이다. 장용영 외영 군사들은 왕이 화성에 내려올 때는 물론 평소에도 화성을 보호하는 역할을 했다. 봄, 가을로 두 번 시험을 치러서 수석을 차지한 군사에게는 곧바로 관직을 높여 주는 등 특별한 혜택을 주었다.

ㄱ자형 북군영

일자형 남군영

3. 장용영(壯勇營)
- 정조 재위 시 왕권 강화를 위해 설치한 군영(軍營)

1785년 정조는 5군영의 대장이 병조판서의 지시를 받게 하는 군제 개혁을 단행한다. 세부적으로는 5군영의 대폭적인 축소와 국방비 감축을 실시하여 백성들의 삶을 안정시키고 경제를 활성화시키는 노력을 하였다. 그리고 각 군영에 속한 국영 농장인 둔전(屯田)을 확대하여 이곳에서 거둔 수입금으로 군사들의 급료를 해결하고 군포 납부를 없애려고 하였다. 정조는 1793년(정조 17년) 자신의 정치적 입지가 굳어지자 자신의 호위를 전담하는 장용영을 창설한다.

정조는 영조의 탕평 정책을 계승하면서 안정된 국정을 운영하기 위해 강력한 왕권이 필요하였고 왕권 강화 정책 중의 하나로 장용영을 설치였으며 이어서 세부 계획에 따라 화성 신도시와 화성행궁의 설치 및 사도세자의 원침(園寢)인 현륭원의 건설을 시행하였다. 장용영은 서울 중심의 장용내영(壯勇內營)과 수원 중심의 장용외영(壯勇外營)으로 구성되었는데 장용외영의 장은 수원 유수가 겸임하였다. 장용외영은 많은 토지와 군량을 보유했고 1798년에는 병사의 수도 19,798명이 되었다. 장용영의 설치에 필요한 재원은 백성의 부담으로 만들지 않고 기존 정치권과 연계되고 있었던 5군영에서 차출하였다. 또한 화성의 수호를 위해 설치한 장용외영은 신도시의 성장을 위한 인구와 재물의 유입을 가속화하는 영향도 주었다.

1) 장용외영 5위 체제(장락위)

위치	이름	병사 수
중앙(중위)	신풍위	1,651명
동(좌위)	창룡위	2,906명
서(우위)	화서위	3,028명
남(전위)	팔달위	3,218명
북(후위)	장안위	3,098명

장용영은 1800년 정조가 사망할 때까지 존속하다가 1801년 해체된다. 장용영의 해체는 정순왕후를 중심으로 한 정조의 반대 세력인 노론 벽파들에 의해 빠르게 진행된다. 해체 이유는 명목적으로는 현륭원과 화성행궁의 건설 및 장용영 군영 운영에서 비롯된 재정적 문제를 해결하고 나이 어린 순조의 왕권 강화라고 하지만 실제는 순조 초기 정치권력을 놓지 않으려는 노론 벽파에게는 커다란 정치적 군사적 부담이었던 것이다. 결과적으로 장용외영은 빠르게 해체되고 속해 있던 무력(武力)과 재물은 기존의 오군영으로 다시 환원되어 버린다.

수원 화성 성벽길을 걷다 보면 일정한 간격으로 '령(슈)', '순시(巡視)'라 쓰여 있는 깃발을 볼 수 있다. 자세히 보면 깃발의 색깔이 다르다는 것을 알 수 있다. 장용외영 5위의 군사들이 수원 화성을 지킬 때 깃발의 색깔로 5위의 경계 구역을 구분했으며, 오방색으로 방향을 표시한 것으로, 남쪽의 팔달위는 붉은색 깃발, 북쪽의 장안위는 검정색 깃발, 동쪽의 창룡위는 청색 깃발, 서쪽의 화서위는 흰색 깃발, 중앙의 신풍위는 황금색을 사용했다.

북쪽의 장안위와 동쪽의 창룡위의 경계 지점인 북암문(北暗門)과 동북포루(東北鋪樓) 사이에는 '장안위'라는 경계표석이 있고, 표지석을 기준으로 동쪽으로는 청색 깃발, 서쪽으로는 검정색 깃발이 나부낀다. 봉돈(烽墩) 근처에 창룡위와 팔달위의 경계 표석이 있고, 서남암문(西南暗門)에 팔달위와 화서위의 경계 표석이 있고, 장안문과 화서문 사이 북포루(北鋪樓) 근처에 장안위와 화서위의 경계 표석이 있다.

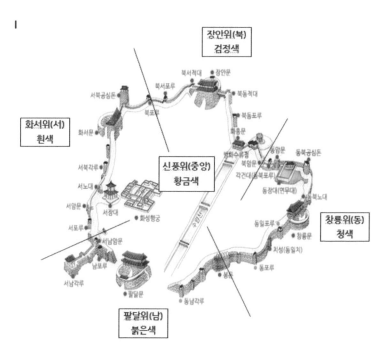

흰색 깃발: 화서위가 담당하는 서쪽 구역   붉은색 깃발: 팔달위가 담당하는 남쪽 구역

수원 화성 및 화성행궁 시설물 완공 일람표

년	월	수원 화성	화성행궁
1789년 정조 13년	9월		장남헌, 복내당, 서리청, 비장청 신풍루, 미로한정
1790년 정조 14년	5월		복내당, 집사청, 득중정, 유여택, 무기고
1794년 정조 18년	1월	수원 화성 착공	
	9월	장안문(북문), 팔달문(남문) 서장대(화성장대) 북동포루, 북서포루	장락당, 경룡관, 낙남헌, 노래당, 외정리소, 남북군영
	10월	방화수류정(동북각루)	장남헌(봉수당으로 명칭 변경)
1795년 정조 19년	1월	화홍문	
	2월	북포루, 남암문	
	8월	동장대(연무대)	
	10월	창룡문(동문)	
1796년 정조 20년	1월	화서문(서문)	
	3월	서북공심돈 남수문, 북암문	
	4월	동북노대	
	5월	동북포루, 서포루	
	6월	봉돈 서암문	유여택 북행각
	7월	동이포루, 동일포루, 남포루, 동포루 동북공심돈 화양루(서남각루), 동남각루	유여택 남행각
	8월	서남암문, 서남포사 서포루	
	9월	용도, 서남암문 **수원 화성 시설물 전체 공사 완료 48개 시설물**	**화성행궁 시설물 전체 공사 완료 21개 건물 576칸**

4. 화령전(華寧殿) 시설물

화령전은 정조의 어진(御眞) 즉 초상화를 모시고 제사 지내던 곳이다. 1800년에 정조가 갑자기 사망하자 정조의 무덤을 아버지 사도세자의 무덤인 현륭원 가까이에 조성하  기로 결정하자 당시 정순왕후(영조의 계비)는 현륭원 재실에 모시고 있던 정조 어진을 화성행궁으로 옮기고 어진을 봉안할 전각을 짓도록 명령한다. 그리하여 1801년(순조 1년) 화성행궁 옆에 화령전을 완성하고 현륭원 재실과 창덕궁 주합루에 모셔져 있던 어진을 옮겨 와서 봉안한다.

평상시에는 화성 유수가 중심이 되어 5일마다 어진과 화령전 건물을 살폈으며 매년 정조 탄신일과 납일에는 제사를 올렸다. 화령전은 정조 이후의 순조, 철종, 고종, 순종 등 왕들이 직접 방문하여 제사를 지냈는데 1920년 일본인들에 의해 영정이 창덕궁의 선원전으로 옮겨지면서 화령전의 제향은 중단되었다. 화령전은 당대 최고 기술자들이 참여하여 약 2개월이라는 짧은 기간에 완성되었다고 한다. 화령전은 전체적으로 행궁과 같이 동향으로 지어졌는데 제일 앞쪽으로 외삼문이 있고 내삼문과 정전인 운한각으로 이어지며 정전 우측으로 이안청이 배치되었다. 그리고 정전과 이안청은 복도각(複道閣)으로 연결되어 있다. 운한각과 이안청·복도각은 창건 당시의 원형을 잘 유지하고 있다는 점이 인정되어 2019년 보물 2035호로 지정되었다.

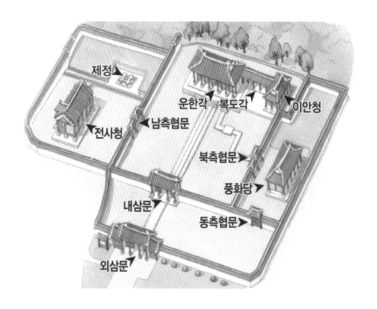

1) 외삼문과 내삼문

화령전 진입 공간에는 외삼문과 내삼문이 있다. 외삼문과 내삼문은 모두 평삼문으로 되어 있다. 본래는 이 앞에 홍살문이 있었는데 지금은 보이지 않는다. 외삼문은 주심포양식이고 내삼문은 다포양식으로 서로 다르다.

외삼문

내삼문

2) 운한각(雲漢閣)과 이안청(移安廳), 복도각

운한각, 복도각, 이안청은 화령전의 중심 건
축물이다. 정전인 운한각을 중심으로 직각으
로 이안청이 배치되고 그 옆으로 복도각이 연
결되어 전체적으로는 ㄷ자형 구조이다. 운한
각은 정면 5칸, 측면 4칸으로 벽이 없이 트여
져 있다. 현재 우리나라에 있는 많은 영전(靈
殿) 중에 온전히 남아 있는 것은 창덕궁 선원전

정조 어진

과 전주 경기전 그리고 화령전뿐이다. 따라서 화령전 운한각은 조선시
대 영전의 전형을 살필 수 있는 귀중한 자료이다.

현재 사적 제115호로 지정된 수원 화령전의 운한각, 이안청, 복도각
세 건물은 당대 숙련된 궁궐 건축 기술의 종합체다. 이 건물들은 수원의
근대적 도시 발전 과정에서도 별다른 피해를 입지 않고 1801년 창건 당
시의 원형을 잘 유지하고 있다. 2019년 보물 2035호로 지정되었다.

* 이안청: 정전에 문제가 생겼을 때 영정을 임시로 옮겨 보관하는 건물

운한각: 화령전 정전

복도각

이안청

3) 전사청(典祀廳)과 재정(齋井, 우물)

전사청은 정조의 어진을 모신 운한각에서 제향을 지낼 때 음식을 준비하던 곳으로 정전 앞마당 왼쪽에 있다. 전사청과 재실과는 대칭으로 있으며 재정과 전사청은 별도의 영역으로 담장이 둘러 있고 정전 앞마당쪽으로 작은 협문이 있다. 전사청 중문은 아직 미발굴인 상태이다.

재정(齋井, 우물)   전사청

4) 재실(齋室) 풍화당

풍화당은 정면 5칸 측면 2칸의 팔작지붕집으로 이안청과 담 사이로 그 뒤편에 자리한다.

정조의 제사를 올리는 날에 제관들이 와서 머물던 숙소이다. 전사청과 마주보고 있으며 풍화당(風化堂)이라는 편액이 걸려 있다. 풍화당이란 사회의 풍속과 기강을 교화시킨다는 뜻이다. 현재 풍화당(재실) 중문은 남아 있지만 남쪽에 있었던 향대청과 제기고 건물은 남아 있지 않다.

풍화당(재실)

5. 정조대왕 능행차 - 8일간의 을묘원행

정조는 24년의 재위 기간 동안 아버지 장조(사도세자)의 묘소를 양주 배봉산에서 화성 현륭원(顯隆園, 지금의 융릉)으로 옮긴 후 11년간 총 13번의 원행을 하였다. 을묘원행(을묘년 정조대왕 화성행차)은 정조가 즉위 20

년 되던 해인 1795년(을묘년) 2월 9일부터 16일까지 8일간 어머니 혜경궁 홍씨의 회갑을 기념하여 자신의 위업을 과시하고 민심을 결집시키기 위해 진행한 대규모 행차이다. 당시 창덕궁의 정문인 돈화문을 출발하면서 시작한 능행차에는 6000여 명의 사람과 788필의 말이 동원되었다. 정조대왕 능행차에 관한 기록은 《원행을묘정리의궤(園幸乙卯整理儀軌)》에 자세한 글과 그림으로 남겨져 있다. 정리자(整理字)라는 활자로 인쇄되어 10권 8책에 달하는 《원행을묘정리의궤》에는 7박 8일간 능행의 공식 일정과 행렬에 사용된 가마, 기물 그리고 당시 생활상을 그대로 보여주는 내용 등 설명이 그림과 함께 기록돼 있다. 행렬의 모습을 담은 반차도에 나타난 인원만도 1779명이다.

정조가 1795년에 단행한 화성 행차는 그동안 자신을 짓눌러 오던 죄인의 아들이라는 굴레에서 확실히 벗어나는 한편 자신이 꿈꾸어 왔던 새로운 개혁 정치를 알리는 행사였던 것이다.

『원행을묘정리의궤』(규장각한국학연구원 소장)

1) 정리의궤

임시기구인 정리소(整理所)를 설치하여 준비하였기 때문에 정리의궤라고도 부른다. 8책 635장 1270쪽으로 제작되었다. 1795년(정조 19년) 정조가 어머니 혜경궁을 모시고 장헌세자의 무덤인 현륭원(顯隆園)에 행차한 뒤 정리의궤청(廳)을 설치하여 편찬 간행하도록 하였다. 당시 정조는 화성에서 어머니의 회갑연을 열어 주민들에게 잔치를 베풀었는데 그 내용이 소상하게 기록되어 있다. 또한 행차를 위해 한강에 설치한 배다리(舟橋) 건설, 화성에서 거행한 문무과 별시 등 모든 내용이 그림과 함께 소상하게 기록되어 있다.

2) 8일간의 을묘원행

첫째 날 - 새벽에 창덕궁 돈화문을 출발하였다. 어가 행렬은 정조대왕 능행 반차도를 보면 중앙에는 어머니 혜경궁 홍씨 가마가 있고 그 뒤를 정조가 말을 타고 따랐다. 기록에 보면 수행인원은 약 6,000명 정도였으며 행렬 길이가 약 1㎞ 정도였다. 일행은 용산에서 배다리로 한강을 건넜고 노량행궁에서 점심을 먹었다. 저녁 무렵에 시흥행궁에 도착하여 하룻밤을 묵었다.

둘째 날 - 시흥을 출발해 청천평에서 휴식을 취했고, 사근참행궁에서 점심을 먹었다. 빗길에 어려움을 겪으며 행렬이 이어졌다. 장안문을 들어갈 때 정조는 갑옷 차림이었고, 이날 저녁 화성행궁에 도착하여 혜경궁 홍씨는 장락당에 정조는 유여택에 머물렀다.

셋째 날 - 아침 화성향교 대성전에 가서 공자에게 참배를 한 후 낙남헌으로 돌아와 화성 인근의 거주자를 대상으로 문과와 무과 별시를 거행했다. 문과 5인, 무과 56인을 선발했다.

화성성묘전배도(華城聖廟展拜圖)
- 화성향교를 참배하다

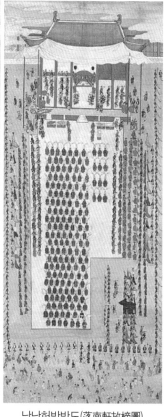

낙남헌방방도(落南軒放榜圖)
- 낙남헌에서 합격자를 발표하다

넷째 날 - 아침에 정조는 어머니 혜경궁 홍씨와 함께 현륭원 참배에 나
섰다. 죄인으로 죽은 남편의 무덤을 33년 만에 처음 방문한 어머니가 오
열하는 모습을 정조는 안타까운 심정으로 지켜봤다. 오후에 정조는 화
성의 지휘 본부가 있는 서장대에 올라가 주간 및 야간 군사 훈련을 주관

하였는데 이날 5000명의 친위 부대가 동원됐다.

다섯째 날 - 행차에서 가장 큰 의미를 띠고 있는 어머니의 회갑연이 거행됐다. '장수를 받는 전당'이라는 이름의 '봉수당(奉壽堂)'에서 거행된 잔치에서는 궁중 무용인 선유락(船遊樂)이 공연됐고 의식 절차, 잔치에 참가한 여자 손님 13명과 남자 손님 69명의 명단, 잔치에 쓰일 춤과 음악, 손님에게 제공된 상의 숫자와 음식까지 낱낱이 기록했다.

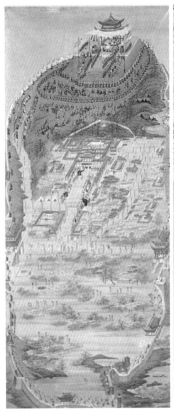

서장대야조도(西將臺夜操圖)
- 서장대에서 야간군사훈련을 하다

봉수당진찬연(奉壽堂進饌宴)
- 봉수당에서 회갑연을 열다

여섯째 날 - 신풍루에서 수원 화성의 백성들에게 쌀을 나눠주고, 오전에는 낙남헌에서 양로연(養老宴)을 베풀었다. 양로연에는 384명의 노인이 참가했는데, 정조는 노인들과 똑같은 밥상을 받았고, 지팡이를 선물로 내렸다. 공식 행사가 끝난 다음 정조는 화성 일대를 둘러봤다.

낮에는 화성에서 가장 경치가 뛰어났던 방화수류정을 살펴보고, 오후에는 득중정에서 활쏘기 시범을 보였다. 저녁에는 불꽃놀이 행사를 하였다.

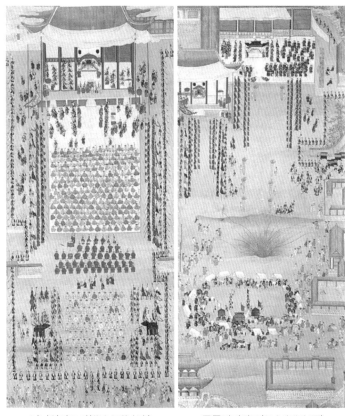

낙남헌양로연(落南軒養老宴)	득중정어사도(得中亭御射圖)
- 낙남헌에서 양로잔치를 베풀다	- 득중정에서 활쏘기와 불꽃놀이를 하다

일곱째 날 - 정조는 오던 길을 돌아서 시흥행궁에 도착해 하룻밤을 묵었다. 돌아오는 길에 정조는 아버지의 묘소가 마지막으로 보이는 고갯길에서 계속 걸음을 멈추며 부친과의 이별을 아쉬워했다고 한다. 수원 지지대(遲遲臺, 걸음이 느려지는 고개)라고 불리는 이 고개 이름은 정조의 효심을 널리 기억하고 있다.

 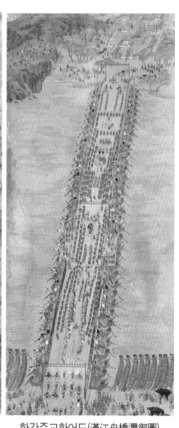

환어행렬도(還御行列圖)　　　한강주교환어도(漢江舟橋還御圖)
- 한양으로 돌아가는 행렬　　　　- 배다리로 한강을 건너다

여덟째 날 - 마지막 날 아침 일찍 시흥행궁을 떠나 노량행궁을 거쳐 다시 배다리를 건너 서울 숭례문을 지나 창덕궁으로 돌아왔다. 그리고 이번 을묘원행을 주관한 영의정 채제공과 신하들에게 상을 내리고 고마움과 감사의 뜻을 전했다.

3) 정조대왕능행반차도(正祖大王陵幸班次圖)

정조대왕능행반차도는 정조(正祖)가 1795년 혜경궁 홍씨의 환갑을 기념하여 아버지 사도세자의 묘가 있는 화성 현륭원으로 행차하는 모습을 그린 기록화이다. 왕의 행차가 창덕궁을 떠나 청계천 광통교를 건너 화성으로 가는 모습을 판각화로 그렸으며 1,779명의 인원과 779필의 말이 행진하는 모습을 담았다. 조선시대 산수화와 풍속화로 유명한 단원(檀園) 김홍도(金弘道)의 지휘 아래 김득신(金得臣), 이인문(李寅文) 등 쟁쟁한 화원들이 합작으로 그린 작품이다. 왕조의 위엄과 질서를 장엄하게 표현하면서도 낙천적이고 자유분방한 인물묘사가 돋보인다.

정조대왕능행반차도는 왕실 기록화이자 한 폭의 커다란 풍속화를 연상시킨다. 당시 행차의 격식(格式)과 복식(服飾), 의상, 악대(樂隊) 구성 등을 살필 수 있는 귀중한 역사적 가치를 지니고 있으며 조선시대 기록문화의 보고(寶庫)라 할 수 있다. 정조대왕능행반차도 벽화는 현재 서울 종로구 장통교 아래 좌우의 청계천 산책로 옹벽에 가로 30㎝ · 세로 30㎝ 크기의 세라믹 자기타일 5,120장을 사용하여 만들었다. 높이 2.4m, 길이 192m로 제작된 도자벽화로, 세계에서 가장 긴 벽화이다. 원본은 흑백 목판본으로 1994년 고증을 통해 새로이 채색, 제작하여 서울대 규장각에 보존되어 있다.

정조대왕능행반차도(일부분)

▌ 단원 김홍도(金弘道)와 도화서 화원들

　김홍도(1745~?)는 조선시대의 풍속화가이다. 김홍도는 풍속화로 가장 잘 알려져 있지만, 신선도와 초상화, 고사인물화 등 인물화 등 모든 장르에서 뛰어난 작품을 남겼으며 여러 분야에도 두루 능통하였다. 어린 시절 스승 강세황의 지도를 받아 그림을 그렸고, 그의 추천으로 도화서 화원이 되어 정조의 신임 속에 당대 최고의 화가로 자리 잡았다. 김홍도는 뛰어난 관찰력과 표현력으로 왕실 기록화를 남겼으며 주요 작품으로 씨름, 무동(舞童), 서당(書堂) 등 조선시대의 우리들의 생활 모습을 해학적이고 아름답게 담아냈다.

4) 융건릉 조성 이야기

　조선 21대 임금인 영조(재위 1724년~1776년)는 자신의 왕위 계승과정에서 겪었던 당쟁의 폐해를 타파하기 위해 탕평책을 적극 구사하여 국정 안정을 도모한다. 영조는 1728년 첫아들 효장세자가 10세의 나이로 죽고 7년 뒤인 1735년(영조 11년) 42세의 나이에 사도세자를 얻자 사도세자를 무척 총애한다. 당시 사도세자는 매우 총명했고 무인적 기질이 있었던 것으로 알려졌다. 영조는 사도세자가 15살이 되자 대리청정을 시키며 무려 5차례의 양위파동을 거치는데 지나친 당쟁으로 부자간의 불신이 깊어진다. 결국 영조는 당쟁 과정에서 그의 아들 사도세자를 뒤주에 갇혀 죽게 만든다. 정조(재위 1776년~1800년)는 10살 때 아버지 사도세자(정조, 1735년~1762년)가 당쟁에 휘말려 왕세자의 신분에서 폐위(1762년, 영조 38)되어 뒤주에 갇혀 죽임 당함을 목격한 후 큰 충격에 빠진다.

이후 정조는 1759년(영조 35년) 세손에 책봉되고 영조의 맏아들 효장세자의 후사가 된다. 그리고 1776년 영조가 죽자 25세의 나이에 왕위에 오른다. 정조는 왕위에 오르기 전 세초(조선시대 실록 편찬이 완료된 뒤 여기에 사용되었던 사초(史草)나 초고들을 파기하던 제도)를 통해 사도세자의 명예를 회복하고자 하였고 왕위에 오르자 김상로 문성국 등 아버지를 죽음으로 내몬 세력에 대한 죄를 묻는다. 이어 왕권을 강화하기 위해 규장각을 만들어 정약용 등의 신진세력을 등용시키고 자신의 안위를 위해 친위부대인 장용영을 설치한다. 이어 자신의 꿈을 이루고자 당시 조선의 신도시이자 제2의 도시인 수원 화성 건설을 계획하고 실행에 옮긴다. 정조는 1789년(정조 13년) 아버지의 무덤을 화성 화산으로 옮겨 왕릉 형식에 맞도록 특별히 격을 높여 조성하고 이름을 현륭원으로 바꾼다. 1815년 (순조 15년) 혜경궁 홍씨(현경황후)가 세상을 떠나자 이듬해 현륭원에 합장한다. 융릉은 고종 재위 시 현륭원을 능으로 높여 부른 이름이다.

건릉은 융릉 곁에 있으며 조선 22대 임금 정조(1752년~1800년, 재위 1776년~1800년)와 효의 왕후 김씨의 합장릉이다. 정조가 1800년 갑작스런 질병으로 세상을 떠나자 그의 아들 순조는 아버지 사도세자의 무덤에서 가까이 묻히기를 원했던 정조의 뜻에 따라 건릉을 현륭원 동쪽에 만든다. 건릉은 순조가 1821년(순조 21

년) 어머니 효의황후의 능을 만들 때 현륭원의 서쪽인 지금의 자리로 옮기고 합장릉 형식의 능으로 다시 조영한 것이다.

제22대 정조 가계도

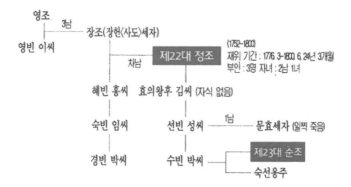

5) 용주사

  정조는 즉위 13년을 맞던 해 배봉산에 있던 아버지 사도세자의 묘를
이곳 화성으로 이장하고, 수원 화성과 행궁을 만드는 대대적인 역사를
벌인다. 아버지 묘와 화성의 건설과정을 보기 위해 수시로 이곳까지 거
둥하게 되자 아예 시흥으로 질러가는 새로운 길을 만들기도 하고 안양
의 만안교라는 돌다리도 새로 만들어 놓게 된다. 이때 장흥 가지산 보림
사 출신이었던 보일 스님은 정조에게 부모은중경의 내용을 상세히 알려
주었다고 한다. 정조는 보일 스님이 들려준 부모은중경의 내용에 깊은
감명을 받아 사도세자의 묘를 이장하고 그 주변에 폐사된 갈양사 터에
절을 새로 중창하여 용주사라 이름 붙여서 사도세자 묘의 능침사찰로
삼았다. 주요 문화재로는 국보 제120호인 용주사 범종(梵鐘)과 정조가
이 절을 창건할 때 효심을 발원(發願)하여 제작한《불설부모은중경판(佛
說父母恩重經板)》이 있다.

용주사 전경

정조가 하사한 청동향로

아버지의 명복을 빌어 용주사란 이름을 하사

여의주를 품고 정조의 꿈에 나타난 용

불설부모은중경판(佛說父母恩重經板)

II

조선왕릉

조선왕릉의 이해

1. 조선왕릉

조선왕릉(朝鮮王陵)은 조선왕조 역대 27명의 왕과 왕비, 추존왕 들의 무덤을 총칭하는 말로 1897년에 수립된 대한제국의 역대 황제(26대 고종과 27대 순종)와 황후의 무덤도 포함된다.

조선은 수도를 한양(서울)으로 정하였기 때문에 대부분의 조선왕릉은 대부분 한양도성에서 가까운 경기도 지역에 있다. 선정릉, 정릉, 헌인릉 등 일부 왕릉은 원래 경기도 지역에 있다가 1945년 해방 이후 경기도에서 서울특별시로 편입된 왕릉들이며 제릉과 후릉은 북한 지역 개풍군에 있는 조선왕릉이다. 한편 강원도 영월군에 안장된 6대 단종을 모신 장릉은 비수도권 지역에 있는 유일한 조선왕릉이다.

조선왕릉은 왕과 왕비들의 능이 모두 완전하게 보존되어 있으며 왕자와 공주, 후궁들의 무덤까지도 함께 잘 보존되어 있다. 조선시대의 왕릉 제도는 원칙적으로 고려 말의 왕릉제도를 계승하고 있으나 시대적 자연관과 유교적 세계관 그리고 풍수사상 등에 의해 특색 있는 모습을 보이고 있다. 성종 때 만들어진 조선의 기본 예전(禮典)인 《국조오례의》에는 조선왕릉에 대한 구체적인 규정과 각 왕릉들의 조성 과정에 들었던 인력, 그리고 도구에 대한 상세한 기록까지 보존되어 있어 조선시대의 장례 문화와 조선왕릉의 규정 및 역사, 조선왕릉의 제례 과정 등이 잘 나타나 있다. 조선왕릉은 기본적으로 엄격한 예법에 의거하여 조성되었기 때문에 조성의 법식은 원칙적으로 고정되어 있지만 능역 주변의 자연 지형이나 후손들의 의지 및 시대적 정황이 개입되어 각 능마다 약간의 변화와 특징이 나타나기도 한다.

조선왕릉에는 역사적으로 깊은 의미가 담겨 있다. 왕과 왕비의 죽음은 정치적으로나 사회적으로 급격한 변화가 생긴 것으로 즉 권력이 이동하고 동시에 새로운 질서가 유지된다는 사실을 의미한다. 왕이 세상을 떠나 왕릉이 세워지는 시기는 역사의 중요한 분기점으로 조선왕릉 속에는 당시 역사의 현장이 담겨 있다고 할 수 있다.

1392년부터 1910년까지 519년 동안 조선왕조를 이끌었던 왕족의 무덤은 119기로 크게 세 종류로 나누는데 왕과 왕비가 잠들어 있는 조선왕릉(朝鮮王陵)은 42기이다. 왕세자와 왕세자빈이 묻혀 있는 원(園)이 13기이며 대군, 공주, 옹주, 후궁, 귀인이 묻힌 묘(墓)는 64기이다.

1) 조선왕릉(朝鮮王陵)

왕과 왕비, 그리고 추존된 왕과 왕비의 무덤으로 모두 42기가 있으며 이 가운데 2기는 북한에 있다. 현재 남한에 있는 40개의 조선왕릉은 세계문화유산에 등재되어 있다. 조선왕릉에 배치된 석물들과 부속 건물은 다음과 같다.

석물 (능침공간)	망주석 1쌍, 혼유석, 장명등, 문석인과 석마, 무석인과 석마, 석호와 석양 각 2쌍
부속건물 (제향공간)	정자각, 비각(표석), 수라간, 수복방, 재실

구리 동구릉	서울 헌인릉	여주 英陵과 寧陵	영월 장릉
건원릉健元陵 태조고황제 현릉顯陵 문종과 현덕왕후 목릉穆陵 선조와 의인왕후·인목왕후 휘릉徽陵 인조비 장렬왕후 숭릉崇陵 현종과 명성왕후 혜릉惠陵 경종비 단의왕후 원릉元陵 영조와 정순왕후 수릉綏陵 추존 문조와 신정황후 경릉景陵 헌종과 효현왕후·효정왕후	헌릉獻陵 태종과 원경왕후 인릉仁陵 순조와 순원황후	영릉英陵 세종과 소현왕후 영릉寧陵 효종과 인선왕후	장릉莊陵 단종
남양주 광릉 광릉光陵 세조와 정희왕후	고양 서오릉 창릉昌陵 예종과 안순왕후 경릉敬陵 추존 덕종과 소혜왕후 명릉明陵 숙종과 인현왕후·인원왕후 익릉翼陵 숙종비 인경왕후 홍릉弘陵 영조비 정성왕후	서울 선정릉 선릉宣陵 성종과 정현왕후 정릉靖陵 중종	고양 서삼릉 희릉禧陵 중종비 장경왕후 효릉孝陵 인종과 인성왕후 예릉睿陵 철종과 철인황후
서울 태강릉 태릉泰陵 중종비 문정왕후 강릉康陵 명종과 인순왕후	김포 장릉 장릉章陵 추존 원종과 인헌왕후	파주 장릉 장릉長陵 인조와 인열왕후	서울 의릉 의릉懿陵 경종과 선의왕후
파주 삼릉 공릉恭陵 예종비 장순왕후 순릉順陵 성종과 공혜왕후 영릉永陵 추존 진종과 효순황후	화성 융건릉 융릉隆陵 추존 장조와 헌경왕후 건릉健陵 정조와 효의황후	남양주 홍유릉 홍릉洪陵 고종과 명성황후 유릉裕陵 순종과 순명황후·순정황후	서울 정릉 정릉貞陵 태조비 신덕황후
남양주 사릉 사릉思陵 단종비 정순왕후	양주 온릉 온릉溫陵 중종비 단경왕후	개성 제릉 제릉齊陵 태조비 신의황후	개성 후릉 후릉厚陵 정종과 정안왕후

2) 원(園)

왕을 낳은 후궁, 왕세자와 왕세자빈, 왕세손의 무덤으로 모두 13기가 있다. 대표적인 것으로 소경원(소현세자, 인조의 세자), 수경원(영빈 이씨, 추존 장조의 어머니), 효창원(문효세자, 정조의 세자) 등이 있다. 왕릉과는 달리 무석인과 석마가 없으며 석호와 석양도 각 1쌍만 있다

석물 (능침공간)	망주석 1쌍, 혼유석, 장명등, 문석인과 석마, 석호와 석양 각 1쌍
부속건물 (제향공간)	정자각, 비각(표석), 수라간, 수복방, 재실

3) 묘(墓)

폐위된 왕과 왕비 및 왕족(대군, 군, 공주, 옹주, 후궁)과 의 무덤으로 모두 64기가 있다. 종묘에 신주를 모시지 않은 왕과 왕비는 왕릉에 들어갈 수 없기에 연산군과 광해군은 왕릉이 아닌 묘에 잠들어 있으며, 왕비에서 대빈으로 격하된 장희빈 묘도 있다. 왕릉이나 원과 같이 제향공간은 없으며 능침공간의 석물도 간단하게 배치되어 있다.

석물	망주석 1쌍, 혼유석, 장명등, 표석(비석), 문석인, 동자석

2. 조선왕릉의 위치와 명칭

조선왕릉은 거의 대부분이 조선시대 수도였던 한양 외곽에 위치해 있다. 이는 조선의 국법인《경국대전(經國大典)》에서 '능역은 도성에서 10리(약 4km) 이상, 100리(40km) 이하의 구역에 만들어야 한다'는 규정이 있기 때문이다. 이는 궁궐에서 출발한 왕의 참배 행렬이 하루에 도착할 수 있는 거리를 기준으로 삼았기 때문이다. 이와 같은 이유로 궁궐을 중심으로 한양 외곽의 동남쪽과 서북쪽에 주로 모여 있게 되었으며 도성 내 즉 옛 한양 시가지 내에 있는 조선왕릉도 하나도 없다. 단지 조선 초기 태조 이성계의 계비 신덕왕후 강씨의 능인 정릉은 사후 태조의 명에 따라 도성 내(현재 덕수궁 근처인 정동)에 있었으나 이후 태종 집권 당시 현 위치(성북구 정릉동)로 강제 이장했다.

경국대전의 조선왕릉을 조성하는 이 규칙에서도 다음과 같은 몇 가지 예외도 있다.

① 북한 개성에 있는 태조의 첫 번째 부인이자 추존된 신의왕후 한씨의 제릉과 조선 2대 왕인 정종과 정안왕후 김씨의 후릉

② 강원특별자치도 영월군 귀양지에서 죽은 뒤 이후 노산군 묘에서 이후 추존 왕으로 복위하면서 무덤을 그대로 격상한 단종의 장릉

③ 원래 장지에 문제가 생겨서 불가피하게 이장해야 했던 여주 영릉(英陵, 4대 세종)과 영릉(寧陵, 17대 효종)으로 세종의 능(陵)은 본래 부왕 3대 태종의 능인 헌릉 인근에 있었다. 그런데 이미 세종 재위 기간에 최양선이라는 풍수가가 '이곳은 후손이 끊어지고 장남을 잃는 무서운 자리입니다'라고 살벌한 주장을 했다. 이후 계유정난 등 왕실에 피바람이 불고 헌릉 인근 세종의 무덤 터가 불길하다는 인식이 자리 잡으면서 예종 때 현재 위치인 여주로 이장했다. 한편 효종의 능은 본래 동구릉 구역에 있었으나 병풍석을 비롯하여 자꾸 석물이 파손되는 사고가 일어나자 현종 때 현재의 위치인 여주로 이장했다.

④ 국왕 본인의 특별한 지침을 따른 정조의 융건릉. 정조의 아버지인 장조의 무덤을 양주 배봉산(현재 동대문구)에서 경기도 화성으로 이장하고 이후 정조 본인의 유언대로 아버지의 무덤 근처에 왕릉을 만들었다.

1) 구리 동구릉

① 건원릉(健元陵) - 단릉(1대 태조)

② 현릉(顯陵) - 동원이강릉(5대 문종과 현덕왕후 권씨)

③ 목릉(穆陵) - 동원이강릉(14대 선조와 의인왕후 박씨, 인목왕후 김씨)

④ 휘릉(徽陵) - 단릉(16대 인조 비 장렬왕후 조씨)

⑤ 숭릉(崇陵) - 쌍릉(18대 현종과 명성왕후 김씨)

⑥ 혜릉(惠陵) - 단릉(20대 경종비 단의왕후 심씨)

⑦ 원릉(元陵) - 쌍릉(21대 영조와 정순왕후 김씨)

⑧ 수릉(綏陵) - 합장릉(추존 문조와 신정익황후 조씨)

⑨ 경릉(景陵) - 삼연릉(24대 헌종과 효현성황후 김씨, 효정성황후 홍씨)

2) 서울 헌인릉

① 헌릉(獻陵) - 쌍릉(3대 태종과 원경왕후 민씨)

② 인릉(仁陵) - 합장릉(23대 순조와 순원숙황후 김씨)

3) 여주 英陵과 寧陵

① 영릉(英陵) - 합장릉(4대 세종과 소헌왕후 심씨)

② 영릉(寧陵) - 동원상하릉(17대 효종과 인선왕후 장씨)

4) 영월 장릉(莊陵)

단릉(6대 단종)

5) 남양주 광릉(光陵)

동원이강릉

(7대 세조와 정희왕후 윤씨)

영월 장릉(莊陵): 단종

6) 고양 서오릉

① 창릉(昌陵) - 동원이강릉(8대 예종과 안순왕후 한씨)

② 경릉(敬陵) - 동원이강릉(추존 덕종(7대 세조아들)과 소혜왕후 한씨

③ 명릉(明陵) - 동원이강릉(쌍릉과 단릉) (19대 숙종과 인현왕후 민씨, 인원

　　　왕후 김씨)

④ 익릉(翼陵) - 단릉(19대 숙종비 인경왕후 김씨)

⑤ 홍릉(弘陵) - 단릉(21대 영조비 정성왕후 서씨)

7) 서울 선정릉

① 선릉(宣陵) - 동원이강릉(9대 성종과 정현왕후 윤씨)

② 정릉(靖陵) - 단릉(11대 중종)

8) 고양 서삼릉

① 희릉(禧陵) - 단릉(11대 중종비 장경왕후 윤씨)

② 효릉(孝陵) - 쌍릉(12대 인종과 인성왕후 박씨)

③ 예릉(睿陵) - 쌍릉(25대 철종과 철인장황후 김씨)

9) 서울 태강릉

① 태릉(泰陵) - 단릉(11대 중종비 문정왕후 윤씨)

② 강릉(康陵) - 쌍릉(13대 명종과 인순왕후 심씨)

10) 김포 장릉(章陵)

쌍릉[추존 원종(16대 인조의 아버지)과 인헌왕후 구씨]

11) 파주 장릉(張陵)

합장릉(16대 인조와 인열왕후 한씨)

12) 서울 의릉(懿陵)

동원상하릉(20대 경종과 선의왕후 어씨)

13) 파주 삼릉

① 공릉(恭陵) - 단릉(8대 예종비 장순왕후 한씨)

② 순릉(順陵) - 단릉(9대 성종비 공혜왕후 한씨)

③ 영릉(永陵) - 쌍릉[추존 진종소황제(21대 영조 아들)와 효순소황후 조씨]

14) 화성 융건릉

① 융릉(隆陵) - 합장릉[추존 장조의황제(21대 영조아들, 사도세자)와 현경 의황후 홍씨]

② 건릉(健陵) - 합장릉(22대 정조와 효의선황후 김씨)

15) 남양주 홍유릉

① 홍릉(洪陵) - 합장릉(대한제국 고종태황제와 명성태황후 민씨)

② 유릉(裕陵) - 동봉삼실 합장릉(대한제국 순종효황제와 순명효황후 민씨, 순정효황후 윤씨)

16) 서울 정릉(貞陵)

단릉(1대 태조비 신덕고황후 강씨)

17) 남양주 사릉(思陵)

단릉(6대 단종비 정순왕후 송씨)

18) 양주 온릉(溫陵)

단릉(11대 중종비 단경왕후 신씨)

19) 개성 제릉(齊陵)

단릉(1대 태조비 신의고황후 한씨)

20) 개성 후릉(厚陵)

쌍릉(2대 정종과 정안왕후 김씨)

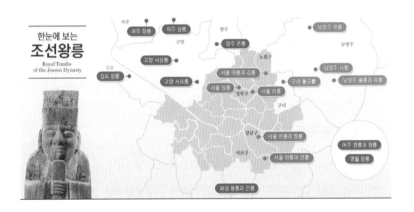

3. 조선왕릉의 형식

조선왕릉은 기본적으로 유교예법에 근거한 상설제도에 따라 공간이 구성되어 있으면서도 봉분의 조성형태에 따라 형태적 차별을 보이고 있다. 이와 같은 형식은 크게 단릉, 쌍릉, 합장릉, 동원이강릉, 동원상하릉, 삼연릉의 여섯 가지로 나눌 수 있다.

1) 단릉(單陵)

단릉은 왕과 왕비의 봉분을 단독으로 조성한 능이다. 조선왕릉 중 왕의 단릉은 3개로 태조 건원릉, 단종 장릉, 중종 정릉이 있으며 왕비의 단릉은 12개로 모두 15기의 능이 있다. 태조 건원릉부터 시작하여 조선 중기까지 나타나며 조선 후기로 내려오면서 능 공사가 점차 간소화되면서 1757년 홍릉(영조계비 정성왕후) 이후에는 거의 찾아볼 수가 없게 된다.

영월 장릉(莊陵): 단종   정릉(靖陵): 중종

2) 쌍릉(雙陵)

쌍릉은 하나의 곡장 안에 왕과 왕비의 두 개의 봉분을 나란히 조성한

능으로 산에서 내려다볼 때 우상좌하(右上左下, 오른쪽에 왕, 왼쪽에 왕비)의 원칙에 따라 조성하였다. 대표적으로 태종 헌릉, 명종 강릉, 영조 원릉, 철종 예릉 등 모두 10기의 능이 있다. 쌍릉 형식은 조선시대 전반적으로 고르게 나타난다. 쌍릉의 석물 배치는 보통 봉분 앞에 각각 혼유석을 배치하고 좌우로 망주석 1쌍과 장명등 1개 및 문무인석과 석마를 1쌍 배치한다. 그러나 태종 헌릉에는 망주석만 빼고 모든 석물을 두 배로 설치하여 왕의 위엄을 높이려 하였다.

헌릉(獻陵): 태종, 원경왕후   강릉(康陵): 명종, 인순왕후

3) 합장릉(合葬陵)

합장릉은 왕과 왕비를 하나의 봉분에 합장한 능이다. 영조 이전의 합장릉은 혼유석을 2좌씩 배치하였으나 영조 이후에는 혼유석을 1좌씩 배치하였다. 대표적으로 세종 영릉, 인조 장릉, 정조 건릉 등 8기의 능이 있다. 특이하게 순종 황제 유릉은 황제와 황후 두 분을 하나의 봉분에 합장한 동봉삼실(同封三室) 합장릉이다. 합장릉의 형식은 18세기 융릉과 건릉(사도세자와 정조의 무덤) 이후에 많이 나타난다. 이유는 능역 조성 시 소요되는 경비와 인력을 절감하기 위해 만든 형식이다.

파주 장릉(張陵): 인조, 인열왕후

유릉(裕陵): 순종, 순명황후, 순정황후

4) 동원이강릉(同原異岡陵)

동원이강릉은 같은(同) 능역의 원(原) 안에 나란한 다른(異) 줄기의 언덕 (岡)에 왕과 왕비의 두 봉분과 석물들을 별도로 설치하는 구조이다. 일반적으로 하나의 정자각을 두고 서로 다른 언덕에 봉분과 상설을 조성한다. 이때 왕은 서쪽 능원에, 왕비는 동쪽 능원에 묻힌다. 최초의 동원이강릉은 세조 광릉이며, 예종 창릉, 성종 선릉 등 7기의 능이 있다. 특이하게 선조 목릉은 세 개의 서로 다른 언덕(동원삼강릉)에 선조, 의인왕후, 인목왕후의 봉분을 별도로 조성하였고, 숙종 명릉은 쌍릉(숙종과 인현왕후)과 단릉(인원왕후)의 형태로 서로 다른 언덕에 봉분을 조성하였다. 동원이강릉 형식은 세조 광릉을 시작으로 15세기에만 집중되었고 조선 후기 이후에는 찾아볼 수 없다.

광릉(光陵): 세조, 정희왕후

목릉(穆陵): 선조, 의인왕후, 인목왕후

5) 동원상하릉(同原上下陵)

동원상하릉은 한 언덕에 왕과 왕비의 봉분을 위아래로 조성한 능으로, 능혈의 폭이 좁아 왕성한 기가 흐르는 정혈(正穴)에서 벗어나지 않도록 하기 위한 풍수지리적인 이유로 조성하였다. 효종 영릉과 경종 의릉 2기가 해당되며, 왕의 능침에만 곡장을 둘렀다. 풍수적인 입지와 공간적으로 협소하여 동원상하릉의 형식이 나타난다.

영릉(寧陵): 효종과 인선왕후   의릉(의릉): 경종, 선의왕후

6) 삼연릉(三連陵)

삼연릉은 한 언덕에 왕과 두 명의 왕비의 봉분을 나란히 조성한 능으로 24대 헌종의 경릉이 유일하다. 우상좌하(右上左下)의 원칙에 따라 오른쪽(앞에서 바라보았을 때 왼쪽)에 왕을 모시고 첫 번째 왕비(효현성황후)와 두 번째 왕비(효정성황후)를 순서대로 모셨다. 삼연릉 역시 풍수적인 입지와 공간적으로 협소하여 나타난 독특한 형태의 무덤이다. 세 봉분은 서로 잇대어 있는데 모두 병풍석이 없고 난간석으로 구별하였다. 봉분 앞에는 각각의 혼유석을 따로 놓았다.

경릉(景陵): 헌종, 효현황후, 효정황후

4. 조선왕릉의 구조

조선왕릉은 고려를 계승하면서도 능에 진입하는 방식이나 배치방식, 석물의 형태 등이 고려와 커다란 차이를 보이고 있다. 조선시대 예전(禮典)인 《국조오례의》에 기초하여 일관성 있게 왕릉의 형태를 유지하여 왔으며 봉분 축조방식이나 각종 석물 배치를 볼 때 중국이나 일본에서는 볼 수 없는 몇 가지 극적인 요소들로 이루어져 있다. 특히 문, 무석인의 배치니 병풍석과 난간석은 조선왕조 조형예술에서 독특한 경지를 잘 보여 준다. 또한 홍살문에서부터 향로(神輅)·어로를 따라 이어지는 돌로 만든 길은 단순하지만 간결하며, 조선왕릉에서 가장 중심적인 건물이라 할 수 있는 정자각은 시대 상황에 따라 다양한 건축 형태를 나타내고 있다.

국조오례의

한편 조선왕조는 유교를 국가의 통치 철학으로 삼았던 이유로 조상을 받들고 섬기는 일을 무엇보다 중시하였다. 당시 유교적인 사상을 가진 지식인들은 물, 산, 땅, 바람 등의 자연 현상이나 지형이 인간의 행복과 불행을 결정하는 중요한 요소라고 믿었다. 그래서 왕이 세상을 떠나면 당대 최고의 지관(풍수지리 학자)들이 총동원되어 심혈을 기울여 왕릉의 위치를 결정하였다. 한편으로는 살아 있을 때 미리 자신이 묻힐 곳을 결정한 왕도 있었다.

왕릉은 돌아가신 왕의 업적과 대를 잇는 후대 왕이 누구인지에 따라 조금씩 달랐지만 일반적으로 비슷한 틀을 갖추고 있다. 왕릉 입구에는 제사를 지내기 위해 준비하는 곳인 재실(齋室)이 있고 이어서 연못과 금천교(禁川橋)를 만들고 왕릉은 신성한 장소라는 것을 나타내는 붉은색 홍살문(紅箭門)을 세웠다. 홍살문 앞에는 전석(塼石) 형식의 박석(薄石)이 길게 놓여 있는 참도(參道)가 있는데 참도는 죽은 왕의 영혼이 이용하는 신도(神道)와 살아 있는 왕이 이용하는 어도(御道)라는 길로 나누어져 있다.

참도가 끝나는 지점에는 제사를 지내는 정자각(丁字閣)이 있다. 정자각
뒤편의 능침(무덤) 공간에는 문인석(文人石), 무인석(武人石)과 함께 석물
이 있으며, 묘역에 불을 밝혀 사악한 기운을 몰아내는 장명등(長明燈)이
있다. 무덤 앞에는 혼유석(魂遊石)이라는 넓은 돌이 있다. 왕이나 왕비의
능침(陵寢)은 왕릉에 따라 난간석(欄干石)과 병풍석(屛風石)을 세운 곳도
있고 없는 곳도 있다. 그리고 무덤 주변에는 곡장(曲墻)이란 담장이 설치
되어 있다.

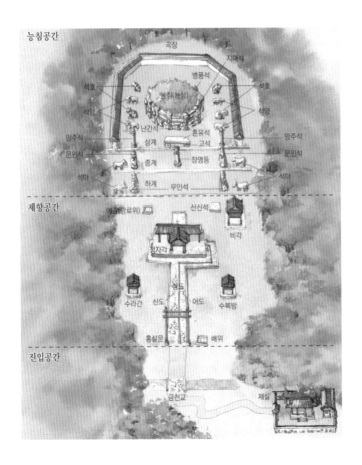

1) 진입공간

① 재실(齋室)

재실은 왕릉의 수호관리를 담당하던 참봉(參奉, 종9품)이 상주하던 곳으로 제사에 쓸 향을 보관하고 제기(祭器)를 간수하며 제사와 관련한 전반적인 준비를 하던 곳이다. 재실의 가장 중심 건물은 향을 보관하는 향대청이며 그 옆에 제관이 머무는 재실이 있고 제수 장만 등을 주관하는 전사청, 제기를 보관하는 제기고 등이 있다. 각각의 건물은 별도의 행랑이나 울타리로 둘러싸여 공간적으로 구분되어 있다. 재실은 원칙적으로 봉분이나 정자각이 있는 능 중심부에서 200m~300m 이상 떨어진 동남쪽에 놓인다. 제사가 있을 때 왕이나 제관은 일단 재실에 들어가 잠시 머물면서 옷을 갈아입고 제사에 나서게 된다. 건물의 구조는 팔작지붕에 민도리 양식을 취하고 있으며 단청을 하지 않았다. 그리고 건물의 칸수는 능의 규모에 따라 달라진다.

동구릉 재실(齋室)　　　　　여주 영릉(효종) 재실(齋室)

② 금천교(禁川橋)

능역의 시작과 함께 왕의 혼령이 머무는 신성한 공간과 속세의 공간을 구분한다. 경계를 구분하는 물길은 명당수(明堂水)라고 한다. 금천교는 대부분 홍살문 밖에 있으나 예외적으로 여주 英陵(世宗大王陵)에는 금천교가 홍살문과 정자각 사이에 있다.

강릉(명종) 금천교(禁川橋)

영릉(세종) 금천교(禁川橋)

2) 제향공간

① 홍살문(紅箭門)

홍살문은 붉은 창살이라는 이름처럼 정자각 아래 남측에 참도(향로, 어로)가 시작되는 곳에 신성 구역임을 표시하기 위해 세워놓은 문이다. 붉은색은 귀신이 꺼리는 색이라 하여 악귀를 물리치고 집안의 안녕과 무병을 기원하는 의미가 있다. 홍살문부터는 청정하고 신령스런 공간이라는 상징성을 갖고 있다. 동구릉의 경우와 같이 왕릉이 군집되어 있는 경우 능의 초입에 외홍살문이 있으며 각 능마다 내홍살문이 따로 있다. 이 경우, 외홍살문이 내홍살문보다 훨씬 규모가 큰 것이 특징이다. 홍살문의 형태에는 홍살의 가운데를 중심으로 좌우가 높아지는 '산(山)'자형과 같은 높이를 유지하는 '일(一)'자형이 있다. 홍살 사이의 간격은 조선 후기로 갈수록 넓어지는 모습을 보이고 있으며 이것은 정자각의 규모가 커지면서 함께 나타나는 현상으로, 시각적인 균형감을 유지하고 있다. 홍살문은 좌우 기둥과 인방, 살 등을 온통 붉은 색으로 칠한다. 이 문을 들어서면 신성한 공간으로 나아간다는 것을 나타낸다. 그리고 홍살문 앞에는 대개 하마비(下馬碑)를 세운다.

건원릉(태조) 홍살문(紅箭門)   건릉(정조) 홍살문(紅箭門)

② 참도(參道)

참도(參道)는 홍살문에서 정자각까지 이르는 길로 가장자리에는 화감암 장대석을 설치하고 안쪽으로 박석이 깔려 있다. 신도(神道, 향로)는 죽은 영혼(왕, 왕비)이 이용하는 길로 왼쪽에 있으며 어도에 비해 높다. 어도(御道)는 살아 있는 왕이 제사를 지내기 위해 이용하는 길로 오른쪽에 있으며 상대적으로 낮다.

| 명릉(숙종) 참도(參道) | 수릉(추존 문조, 순조의 아들) 참도(參道) |

③ 수라간(水喇間)과 수복방(守僕房)

수라간은 제향이 있을 때 간단히 음식을 데우거나 조리를 하는 곳이고, 수복방은 능을 지키는 능지기가 임시로 머물면서 제를 준비하던 곳이다. 일반적으로 수라간은 정자각 서남쪽에, 수복방은 정자각 동남 측에 위치하고 있으며, 보통 정면 3칸, 측면 1칸의 맞배지붕으로 건축하였다. 수라간과 수복방은 18세기 중반까지는 2칸 규모로 조성되었으나 이

혜릉(경종 비 단의왕후) 수라간(水喇間)과 수복방(守僕房)

후부터는 3칸 규모로 조성되었다. 수복방은 수라간과는 달리 온돌방을 갖추고 있다.

④ 정자각(丁字閣)

정자각은 산릉제례 시 향을 올렸던 곳으로 제향 공간의 중심 건물이다. 정전(正殿)과 배위청(拜位廳)이 결합한 丁자형 평면을 이루어 정자각(丁字閣)이라 부른다. 정전은 대부분 정면 3칸 측면 2칸으로 구성되어 있는데 정면 3칸은 모두 문이 달려 있다. 양 측면은 화방벽이 설치되어 있는 벽으로 되어 있다. 뒤쪽에는 여닫이 문인 신문(神門)이 설치되어 있으며, 신계(神階)와 신교(神橋)가 있다. 좌우의 협칸은 벽으로 되어 있다. 배위청(拜位廳)은 제사를 지낼 때 움직임을 편하게 하기 위해 일반적으로 정면 1칸에 측면 2칸으로 6개의 나무 기둥만이 세워지고 사방이 개방되어 있다.

건원릉(태조) 정자각(丁字閣)　　　　　건릉(정조) 정자각(丁字閣)

정자각에 오르는 월대와 기단은 화강석 장대석을 쌓아 구성했으며 계단은 월대의 양 측면에 설치되어 있다. 동쪽 계단은 두 곳으로 나뉘며, 두 계단 중에 하나는 향로계(香路階, 神階)로 측면에 태극 문양(구름 문양)

을 새긴 장식이 있는데 향로라고 부르는 향을 모시고 가는 길과 이어진다. 왕조차도 이 계단으로는 오르지 못하고 그 옆 간소하게 꾸며진 어로계(御路階, 御階)를 이용한다. 서쪽 계단은 제사가 있을 때 수라간에서 준비한 음식물을 나르는 데 이용되거나 제사가 끝난 후 축문을 태우기 위해 예감으로 축문을 들고 갈 때 사용한다.

선릉(성종) 정자각(丁字閣) 계단　　　　강릉(명종) 정자각(丁字閣) 계단

조선왕릉의 정자각은 5칸 건물이 정형으로 알려져 있으나, 시기에 따라 정전의 좌우에 익랑을 단 8칸 정자각(정전 5칸, 배위청 3칸)이 선택되어 지어졌다. 현존하는 8칸 제도의 정자각은 숭릉을 비롯하여 익릉, 휘릉, 의릉의 정자각이 있다.

의릉(경종) 8칸 정자각　　　　휘릉(인조비 장렬왕후) 8칸 정자각

정자각은 지붕의 형태도 팔작지붕이 일부 사용되었으나 현재 남은 정자각은 대부분이 맞배지붕이다. 산릉도감의궤 등 문헌에 의하면 영릉(英陵), 강릉(康陵), 장릉(長陵), 영릉(寧陵)의 정자각이 팔작지붕이었으나, 후대에 모두 맞배지붕으로 교체되어 현재는 숭릉의 정자각만이 유일한 팔작지붕으로 남아 있다. 한편 홍릉과 유릉에서는 정자각이 日字 모양으로 침전(寢殿) 기능을 한다.

숭릉(현종) 팔작지붕 정자각　　　홍릉(고종) 日字 모양 정자각(丁字閣)

⑤ 예감(瘞坎)

　정자각 뒤편에서 제를 올리고 축문을 태우는 장소로 축문을 태우기 위해 예감으로 축문을 들고 갈 때는 정자각 월대의 서쪽 계단을 이용한다.

정릉(중종) 예감(瘞坎)

⑥ 비각

　무덤 주인공의 표석(表石)에 을 놓고 이를 보호하기 위해 세운 것이 비각이다. 표석은 장방형 돌에 주인공의 호칭을 새기고 간략한 이력을 적는데 하부에 받침돌이 있고 위에도 화강석으로 다듬어 올려놓는다.

　보통 비각 안에는 표석 1개만이 설치되지만 건원릉 비각에는 신도비(神道碑)와 표석 각 1개가 있고, 헌릉 비각에는 신도비가 2개 있다.

　현재 조선왕릉 내에 있는 신도비는 태조 건원릉 신도비와 태종 헌릉 신도비뿐이다. 쌍릉이나 동원이강릉 등 2명 이상의 왕과 왕비를 모실 때 표석을 따로 세우기도 한다.

건원릉 비각내의 표석(좌)과 신도비(우)

3) 능침공간

① 석물 - 석호(石虎)와 석양(石羊), 석마(石馬), 문인석(文人石)과 무인석(武人石)

　왕릉의 뒤편 봉분 주변에는 석호(石虎)와 이 2쌍씩 각 4마리(추존왕은 각 2마리)가 좌우로 배치되어 있다. 우리나라의 왕릉에는 동물상을 배치하는 관습이 있는데 이러한 관습은 이미 중국에 있었다고 한다. 석호(石虎, 호랑이)는 용맹성을 나타내면서 왕릉을 수호하는 역할을 하며 석양(石羊)은 석호와 함께 음양의 기운의 균형을 잡기 위한 상징적인 역할을 한다고 알려져 있다.

　조선왕릉에서 석마(石馬)는 왕의 소유물로 문무석인의 뒤에 좌우로 한 쌍씩 배치된다. 석마의 크기는 문무석인에 비해 비교적 작으며 말의 형태는 실제보다는 사실감이 떨어진다. 석마는 죽은 왕의 이동을 위해 상징적으로 만든 형상이라고 할 수 있다.

문인석은 관대(冠帶)를 갖추고 홀(笏)을 들고 있으며 공복을 착용한 백관의 모습이며, 무인석은 일반적으로 문인석 아래쪽에 배치되는데 한 쌍의 석마(石馬)를 대동한 채 갑주(甲冑)를 걸치고 검(劍)을 땅에 짚은 모습이다. 석마와 무인석은 왕릉이 아닌 원(園)인 경우에는 배치하지 않는다.

한편 홍유릉에서는 문·무석인과 석양, 석호, 석마 등 능침을 수호하는 상징적 기능을 했던 석물들은 침전(정자각) 앞으로 배치하였다. 또 전통적인 석호와 석양 대신 기린(麒麟), 코끼리(象), 사자(獅子), 해태(獬豸), 낙타(駱駝), 말(馬) 같은 석수들로 새롭게 구성하여 조선왕릉과 차별을 두었다. 이는 1897년 고종이 대한제국 선포 후 직접 조선왕릉 제도를 중국 명나라 당시 황제릉 제도로 바꾼 것이다.

유릉(순종) 석물

② 장명등(長明燈)

장명등(長明燈)은 등불을 밝히기 위한 석등으로 능묘 앞에 세워 사악한 기운을 물리친다는 의미를 갖고 있다. 초기에는 실제로 불을 넣어 묘역을 밝히는 기능을 했을 가능성이 있으나 대부분의 장명등에서는 불을 피운 흔적이 없어 상징적인 조형물이었던 것으로 여겨진다. 구조상으로 보면 일반적인 석등보다 옥개석이 더 길쭉하며 대석(臺石)이 굵어서 부도의 형식을 띠고 있다. 초기에는 고려 공민왕릉과 같이 평면이 사각형이었으나 18세기 초 이후에 주로 팔각형 형태로 바뀌게 된다.

선릉(중종)의 장명등   인릉(순조)의 장명등

③ 혼유석(魂遊石), 석상(石牀)

혼유석의 원래 명칭은 석상(石床, 石牀)이라 한다. 혼유석은 음식을 올려놓는 곳이 아니라 영혼이 능침에서 나와 휴식을 취하거나 놀 수 있도록 만들어 왕릉의 정면에 상의 형태로 놓인다.

혼유석을 받치고 있는 둥근 북 모양의 고석(鼓石)은 '족석(足石)', '부석(跗石)'으로 불리기도 한다. 고석은 보통 4개가 일반적이나 건원릉(태조)과 휘릉(장렬왕후)에는 5개가 설치되었다. 둥근 형태의 사면에는 귀면(鬼面)

모양이 새겨져 있다.

영릉(세종)의 혼유석과 고석

선릉(성종)의 혼유석과 고석

④ 망주석(望柱石)과 세호(細虎)

봉분(封墳) 좌우에 촛대처럼 서 있는 한 쌍의 8각 돌기둥이다. 망주석의 기원은 중국에서 시작된 것으로 중국에서는 묘가 있다는 곳을 멀리서 바라보아 쉽게 알아볼 수 있도록 알려 주는 표지식으로 사용되었다. 망주석은 대체로 고려시대부터 존재하였다. 조선왕릉에서 망주석의 기능은 중국과는 다르게 혼이 세상 밖으로 나와 돌아다니다 자기의 유택을 다시 찾을 때 이용한다고 한다. 망주석은 기둥처럼 생긴 망주(望柱)와 그 받침인 대석(臺石)으로 구분된다.

망주석 가운데에는 세호(細虎)라는 상징적인 무늬를 새기는데 대부분 왼쪽 기둥에는 올라가는 모양을 오른쪽 기둥에는 내려오는 모양을 새긴다고 한다. 세호는 한자의 뜻풀이대로 하면 아주 작은 호랑이라는 뜻이나, 실제는 호랑이 모습과 닮지는 않았다. 시대가 내려오면서 장식화되었고 그 모양도 땅콩 → 호랑이 → 다람쥐 형태 등으로 변화하면서 다양해진다.

건원릉[태조]　　광릉[세조]　　장릉[인조]　　홍릉[고종]

선릉(성종)의 망주석

⑤ 능침(陵寢)

조선시대 무덤은 무덤 주인의 신분에 따라 명칭이 달라진다. 1626년 (인조 4년) 이후부터 조선의 묘제는 왕과 왕후의 무덤을 능침(陵寢) 또는 능(陵)이라 칭하였으며, 왕세자나 왕세손 등의 무덤은 원소(園所)라 하였고 그 외 일반사람들의 무덤은 묘소(墓所)라 하였다. 조선왕릉의 둥근 봉분(능침)은 대개 보통 6m 정도의 높이이며, 호석의 역할을 하는 병풍석과 난간석으로 둘러져 있는 경우도 있고 병풍석이나 난간석이 없는 경우도 많다. 원형 봉분(능침)의 주변에 12지신상을 호석으로 두른 구조는 한국 고유의 봉분(능침) 형태이다.

⑥ 병풍석(屛風石)과 난간석(欄干石)

여러 가지 석재로 이루어진 병풍석은 다른 나라와 왕릉에서는 찾아볼 수 없는 독특한 구조이다. 병풍석은 봉분의 흙이 흘러내는 것을 실질적으로 방지하는 기능을 하고, 상징적으로는 능을 수호하는 역할을 한다.

병풍석은 통일신라왕릉의 호석에서 유래하였다. 통일신라왕릉의 호석은 원형 또는 4각형이었으며 고려왕릉에서는 원형, 4각형, 12각형으로 변화하였다. 조선왕릉에서는 12각형으로 정착

융릉(장조) 병풍석

되었으며 폐지와 부활을 반복하면서 태조 건원릉부터 27대 순종 유릉까지 꾸준히 유지되었다.

난간석은 병풍석 밖으로 봉분을 울타리처럼 두르거나 병풍석 없이 봉분을 두르고 있는 석물이다. 왕릉의 봉분 주변에 난간석을 조성한 것은 조선왕릉의 특징이다. 세조 광릉 이후 병풍석이 조성되지 않은 경우가 많지만, 병풍석의 유무와 상관없이 거의 모든 왕릉에는 난간석이 조성되어 있다. 물리적으로나 시각적으로 봉분을 보호하는 기능을 한다.

헌릉(태종) 병풍석과 난간석

⑦ 곡장(曲墻)

곡장은 무덤의 뒤쪽과 좌우를 감싸며 굽어지게 만든 담장이다. 왕릉의 경우 봉분과 곡장 사이에 석양과 석호 및 망주석이 배치된다. 곡장은 고려시대의 무덤에서는 볼 수 없다. 조선왕릉은 풍수지리를 살펴 혈처가 결정되고 봉분의 크기도 결정되는데 그에 따라 곡장의 너비도 조정된다. 조선왕릉의 곡장은 대체적으로 ㄷ자 형태의 담장이다. 하지만 지형에 따라 모서리를 접거나 둥글게도 하였으며 직선이 아닌 곡선으로도 조성된 것도 있다.

건원릉(태조) 곡장   김포 장릉(추존 원종과 인헌왕후) 곡장

┃ 조선시대 국장(國葬)

국장(國葬)은 국가 차원에서 치러지는 장례식으로 조선시대 최초의 국장은 태조 이성계가 사랑했던 계비 신덕왕후의 국장이었다. 신덕왕후의 국장은 불교형식이었지만 이후부터는 조선의 통치 이념인 유교식으로 국장을 치렀고 국장 절차는 《국조오례의》라는 책에 상세히 남아 있다.

왕이나 왕후가 죽으면 장례기간 제사와 의례를 행하는 곳으로 빈전도감이 설치되고 왕이나 왕후의 시신은 능에 안치되기 전까지는 빈전(상여가 나갈 때까지 관을 모시던 전각)에 안치한다. 빈전은 주로 왕이 집무를 보던 편전이나 침전을 이용한다. 이어 능에 모시기까지 소요되는 물건을 준비하기 위해 곧바로 임시 행정 기관인 국장도감이 설치되는데 국장도감 책임자는 정승이 맡고 예조와 호조 판서 등을 중심으로 고위 관리들이 국장도감의 업무를 담당했다.

조선시대 왕과 왕비의 국장은 5개월 동안 진행되었는데 국장을 이토록 길게 잡은 이유는 왕조의 위엄과 권위를 보이기 위해서이다. 하지만 시신이 썩는 것을 막기 위해 5개월 동안 시신을 관리하는 것은 무엇보다 어려운 일이었을 것이다. 당시 궁궐에서는 시신이 썩는 것을 막기 위해 시신은 얼음으로 만든 냉동 영안실을 만들어서 보관했다고 한다. 현재 한강에서 가까운 곳에 있는 서울의 동빙고과 서빙고는 바로 얼음을 보관했던 곳이다. 겨울철 한강에서 얼음을 채취하여 보관하기 쉬웠기 때문이다. 또한 얼음은 시신 보존용뿐만 아니라 여름에 시원한 음식을 만들거나 음식을 보관하는 데도 사용되었다.

한편 산릉도감은 왕릉의 축조 의무를 담당하는 기관으로 지관이나 대신이 능을 조성할 지역을 결정하게 된다. 왕릉이 결정되면 사방 십리 안에 있는 무덤들은 전부 파묘하였으며 거의 강제로 토지를 국유지로 매수하여 왕릉을 정하고 공사를 강행하였다. 풍수지리를 중요시했던 조선 사회에서 택지는 중요한 사안으로 정치적으로 자신들의 세력과 이익을 위해 대립되는 경우도 많았다. 국장을 치르고 나면《국장도감의궤》,《빈전도감의궤》,《산릉도감의궤》라는 3종의 의궤가 동시에 작성되었는데 이러한 의궤는 조선시대 국장의 진행 상황을 한눈에 알 수 있어 매우 귀중한 자료가 된다. 조선시대 의궤는 유네스코 세계기록유산으로 등재되어 있을 정도로 조선시대 기록 문화의 높은 수준을 보여 주는 책이라 할 수 있다. 조선시대 국장은 국난을 극복하고 하나로 뭉치는 기회를 제공하였으며 왕실과 온 백성이 함께 슬픔을 나누는 중요한 국가적 행사였던 것이다.

국장도감의궤(헌종) 산릉도감의궤(인조) 혼전도감의궤(선의왕후, 경종비)

제2장

조선왕릉과 역사이야기

1. 조선 왕실 가계도

1) 조선 전기(1)

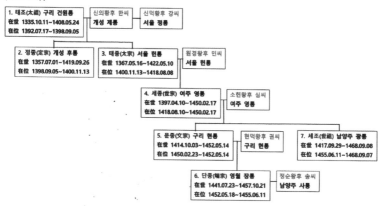

1대 태조(太祖, 1335~1408) 재위 1392~1398

- 1388년 고려의 무신으로 위화도 회군

- 1392년(태조 1) 조선왕조를 세움

- 1393년(태조 2) 국호를 조선으로 확정

- 1394년(태조 3) 수도를 개성에서 한양으로 옮김

- 1394년(태조 3) 《조선경국전》 편찬
- 1395년(태조 4) 경복궁 창건
- 1395년(태조 4) 《고려국사》 편찬
- 1396년(태조 5) 한양도성 축조
- 1398년(태조 7) 제1차 왕자의 난

2대 정종(定宗, 1357~1419) 재위 1398~1400

- 1399년(정종 1) 수도를 한양에서 개성으로 옮김
- 1400년(정종 2) 도평의사사와 중추원를 폐지하고 의정부와 삼군부로
  개편
- 1400년(정종 2) 제2차 왕자의 난. 즉위 2년 만에 방원에게 왕위를 물
  려주고 상왕이 되었음

3대 태종(太宗, 1369~1422) 재위 1400~1418

- 1401년(태종 1) 왕자들의 왕위 다툼(왕자의 난)에서 이겨 왕위에 오름.
  신문고 설치
- 1402년(태종 2) 《혼일강리역대국도지도》 편찬
- 1403년(태종 3) 주자소 설치. 계미자 주조
- 1405년(태종 5) 수도를 개성에서 다시 한양으로 옮김
- 1405년(태종 5) 창덕궁 창건
- 1413년(태종 13) 호패 제도 실시
- 1414년(태종 14) 6조 직계제 실시

4대 세종(世宗, 1397~1450) 재위 1418~1450

- 1419년(세종 1) 이종무의 대마도 정벌
- 1420년(세종 2) 집현전 확대 개편
- 1433년(세종 15) 혼천의 제작
- 1434년(세종 16) 자격루 및 앙부일구 제작. 간의대 설치. 갑인자 주조
- 1441년(세종 23) 측우기 제작
- 1443년(세종 25) 압록강 상류 일대 사군(四郡) 개척
- 1446년(세종 28) 훈민정음 반포
- 1447년(세종 29) 《용비어천가》 간행
- 1449년(세종 31) 두만강 하류 일대 육진(六鎭) 개척

5대 문종(文宗, 1414~1452) 재위 1450~1452

- 1451년(문종 1) 유교적 이상 정치를 베풀고 문화를 발달시켰음. 《고려
  사》 편찬
- 1452년(문종 2) 《고려사절요》 편찬

6대 단종(端宗, 1441~1457) 재위 1452~1455

- 1453년(단종 1) 12살에 왕위에 올랐으나 계유정난으로 영월에 유배되
  었다가 죽임 당함
- 1453년(단종 1) 이징옥의 난

2) 조선 전기(2)

| 7. 세조(世祖) 남양주 광릉
在世 1417.09.29~1468.09.08
在位 1455.06.11~1468.09.07 | 정희왕후 윤씨
남양주 광릉 |

| 추존 덕종(德宗) 고양 경릉
在世 1438.09.15~1457.09.02 | 소혜왕후 한씨
고양 경릉 | 8. 예종(睿宗) 고양 창릉
在世 1450.01.01~1469.11.28
在位 1468.09.07~1469.11.28 | 안순왕후 한씨
고양 창릉 | 장순왕후 한씨
파주 공릉 |

| 9. 성종(成宗) 서울 선릉
在世 1457.07.30~1494.12.24
在位 1469.11.28~1494.12.24 | 폐비 윤씨 | 정현왕후 윤씨
서울 선릉 | 공혜왕후 한씨
파주 순릉 |

| 10. 燕山君 서울 연산군묘
在世 1476.11.06~1506.11.06
在位 1494.12.29~1506.09.02 | 11. 중종(中宗) 서울 정릉
在世 1488.03.05~1544.11.15
在位 1506.09.02~1544.11.15 | 단경왕후 신씨
양주 온릉 | 장경왕후 윤씨
고양 희릉 | 문정왕후 윤씨
서울 태릉 | 창빈 안씨 |

| 12. 인종(仁宗) 고양 효릉
在世 1515.02.25~1545.07.01
在位 1544.11.20~1545.07.01 | 13. 명종(明宗) 서울 강릉
在世 1534.05.02~1567.06.28
在位 1545.07.06~1567.06.28 | 덕흥대원군 |

| 14. 선조(宣祖) 구리 목릉
在世 1552.11.11~1608.02.01
在位 1567.07.03~1608.02.01 |

7대 세조(世祖, 1417~1468) 재위 1455~1468

- 1455년(세조 1) 6조 직계제 부활

- 1455년(세조 1)《경국대전》편찬 시작

- 1456년(세조 2) 단종 복위 운동에 참여한 사육신 처형

- 1457년(세조 3) 단종 유배 및 사사(賜死)

- 1463년(세조 9) 홍문관 설치

- 1466년(세조 12) 직전법 실시

- 1467년(세조 13) 이시애의 난

- 1467년(세조 13) 명나라와 협공하여 건주위 여진족 정벌(정해서정)

8대 예종(睿宗, 1441~1469) 재위 1468~1469

- 1468년(예종 원년) 무관 남이의 옥사

9대 성종(成宗, 1457~1494) 재위 1469~1494

- 1470년(성종 1) 관수 관급제 실시

- 1474년(성종 5) 숭유억불 정책으로《국조오례의》편찬

- 1476년(성종 7)《삼국사절요》편찬

- 1478년(성종 9) 홍문관 역할 확대 및 개편. 경연 재개로 인재등용

- 1481년(성종 12)《동국여지승람》편찬

- 1482년(성종 13) 폐비윤씨 사사(賜死)

- 1484년(성종 15) 수강궁을 증축하여 창경궁 건립

- 1485년(성종 16)《경국대전》반포

- 1493년(성종 24)《악학궤범》편찬

10대 연산군(燕山君, 1476~1506) 재위 1494~1506

- 1498년(연산군 4) 무오사화

- 1500년(연산군 6) 홍길동 체포

- 1504년(연산군 10) 갑자사화

- 1506년(연산군 12) 사간원 폐지

- 1506년(연산군 12) 중종반정으로 폐위됨

11대 중종(中宗, 1488~1544) 재위 1506~1544

- 1506년(중종 1) 사간원 복구

- 1510년(중종 5) 삼포왜란. 최초의 비변사 설치(임시 기관)

- 1516년(중종 11) 혁신정치를 시도하며 의정부 서사제 실시

- 1519년(중종 14) 기묘사화. 현량과 폐지

- 1530년(중종 25) 《신증동국여지승람》 편찬

- 1543년(중종 38) 최초의 서원인 백운동 서원 건립

- 1544년(중종 39) 사량진왜변

12대 인종(仁宗, 1515~1545) 재위 1544~1545

- 1545년(인종 1) 기묘사화로 폐지되었던 현량과 부활

13대 명종(明宗, 1534~1567) 재위 1545~1567

- 1545년(명종 원년) 을사사화. 현량과 다시 박탈

- 1555년(명종 10) 을묘왜변. 비변사 상설 기구화

- 1556년(명종 11) 직전법을 폐지(토지 수조권 폐지, 녹봉제 실시)

- 1559년(명종 14) 임꺽정의 난 발발

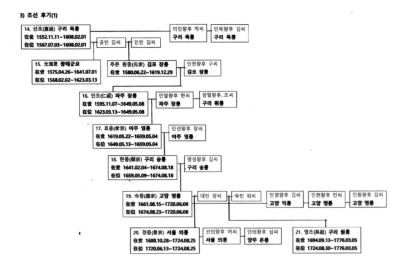

14대 선조(宣祖, 1552~1608) 재위 1567~1608

- 1568년(선조 1) 이이, 이황 등의 인재를 등용. 현량과 완전 회복(사림의 득세)
- 1575년(선조 8) 사림이 서인과 동인으로 분화
- 1589년(선조 22) 기축옥사(정여립 모반 사건)
- 1591년(선조 24) 동인이 북인과 남인으로 분화
- 1592년(선조 25) 임진왜란 발발
- 1592년(선조 25) 한양 도성 함락. 의주로 피신
- 1592년(선조 25) 한산도대첩(이순신)
- 1593년(선조 26) 평양성 전투, 평양 탈환(명군 원조)
- 1593년(선조 26) 벽제관 전투
- 1593년(선조 26) 행주대첩(권율)
- 1593년(선조 26) 훈련도감 설치
- 1597년(선조 30) 정유재란
- 1597년(선조 30) 명량대첩(이순신)
- 1598년(선조 31) 노량해전(임진왜란 종전)

15대 광해군(光海君, 1575~1641) 재위 1608~1623

- 1608년(광해군 원년) 선혜청 설치. 경기도에서 최초로 대동법 시행
- 1609년(광해군 1) 기유약조 체결
- 1610년(광해군 2) 《동의보감》 완성
- 1613년(광해군 5) 임해군, 영창대군을 역모로 죽임(계축옥사)
- 1617년(광해군 9) 일본에 회답 겸 쇄환사 파견

- 1618년(광해군 10) 인목대비(영창대군의 어머니) 유폐
- 1618년(광해군 10) 명나라와 후금에 대한 양면 정책으로 난국에 대처함
- 1623년(광해군 15) 인조반정으로 폐위됨

16대 인조(仁祖, 1595~1649) 재위 1623~1649

- 1623년(인조 1) 어영청, 총융청 설치
- 1623년(인조 1) 강원·충청·전라도에 대동법 확대 시행
- 1624년(인조 2) 이괄의 난
- 1627년(인조 5) 정묘호란(강화도 피신)
- 1628년(인조 6) 박연 제주에 표착
- 1636년(인조 14) 병자호란
- 1637년(인조 15) 삼전도의 굴욕
- 1645년(인조 23) 소현세자 의문사

17대 효종(孝宗, 1619~1659) 재위 1649~1659

- 1651년(효종 2) 충청도에 대동법 시행
- 1653년(효종 4) 하멜 제주에 표착
- 1654년(효종 5) 제1차 나선정벌
- 1655년(효종 6)《농가집성》간행
- 1658년(효종 9) 제2차 나선정벌

18대 현종(顯宗, 1641~1674) 재위 1659~1674

- 1659년(현종 원년) 기해예송(제1차 예송 논쟁, 서인 득세)

- 1662년(현종 3) 전라도 산간 지역에 대동법 시행. 동철제 활자 10만여
  글자를 주조함
- 1670년(현종 11) 경신대기근
- 1674년(현종 15) 갑인예송(제2차 예송 논쟁, 남인 득세)

19대 숙종(肅宗, 1661~1720) 재위 1674~1720

- 1678년(숙종 4) 경상도에 대동법 시행
- 1678년(숙종 4) 상평통보 주조 및 유통 확대
- 1680년(숙종 6) 경신환국(남인, 서인의 당파싸움. 서인 득세)
- 1682년(숙종 8) 금위영 설치
- 1683년(숙종 9) 서인이 노론과 소론으로 분화
- 1689년(숙종 15) 기사환국(남인, 서인의 당파싸움. 남인 득세)
- 1694년(숙종 20) 갑술환국(남인, 서인의 당파싸움. 서인 득세)
- 1701년(숙종 27) 무고의 옥. 희빈장씨 사사(賜死)
- 1708년(숙종 34) 황해도에 대동법 시행. 대동법의 전국적 실시
- 1711년(숙종 37) 북한산성 수축
- 1712년(숙종 38) 백두산정계비 건립

20대 경종(景宗, 1688~1724) 재위 1720~1724

- 1721년(경종 1) 신축옥사
- 1722년(경종 2) 임인옥사

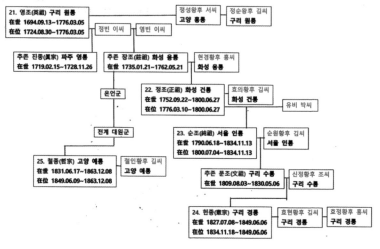

4) 조선 후기(乙)

21. 영조(英祖) 구리 원릉 在世 1694.09.13~1776.03.05 在位 1724.08.30~1776.03.05	정빈 이씨 / 영빈 이씨 / 정성왕후 서씨 고양 홍릉 / 정순왕후 김씨 구리 원릉

추존 진종(眞宗) 파주 영릉
在世 1719.02.15~1728.11.26

추존 장조(莊祖) 화성 융릉
在世 1735.01.21~1762.05.21

현경황후 홍씨
화성 융릉

은언군

전계 대원군

22. 정조(正祖) 화성 건릉
在世 1752.09.22~1800.06.27
在位 1776.03.10~1800.06.27

효의황후 김씨
화성 건릉

유비 박씨

25. 철종(哲宗) 고양 예릉
在世 1831.06.17~1863.12.08
在位 1849.06.09~1863.12.08

철인황후 김씨
고양 예릉

23. 순조(純祖) 서울 인릉
在世 1790.06.18~1834.11.13
在位 1800.07.04~1834.11.13

순원황후 김씨
서울 인릉

추존 문조(文祖) 구리 수릉
在世 1809.08.03~1830.05.06

신정황후 조씨
구리 수릉

24. 헌종(憲宗) 구리 경릉
在世 1827.07.08~1849.06.06
在位 1834.11.18~1849.06.06

효현황후 김씨
구리 경릉

효정황후 홍씨
구리 경릉

21대 영조(英祖, 1694~1776) 재위 1724~1776

- 1725년(영조 1) 탕평 교서 반포. 탕평책 실시

- 1727년(영조 3) 정미환국

- 1728년(영조 4) 이인좌의 난

- 1744년(영조 20) 《국조속오례의》 편찬

- 1750년(영조 26) 균역법 실시

- 1755년(영조 31) 나주벽서사건

- 1760년(영조 36) 청계천 준천(경진준천)

- 1762년(영조 38) 사도세자 사망

- 1770년(영조 46) 《동국문헌비고》 편찬

- 1771년(영조 47) 신문고 부활

22대 정조(正祖, 1752~1800) **재위 1776~1800**

- 1776년(정조 원년) 규장각 설치로 실학을 발전시키는 등 문화적 황금
  시대를 만듦
- 1779년(정조 3) 규장각 검서관에 서얼 임용. 탕평책에 의거하여 인재
  를 등용
- 1785년(정조 9)《대전통편》편찬
- 1788년(정조 12) 노론이 시파와 벽파로 분화
- 1789년(정조 13) 현륭원(사도세자의 무덤, 오늘날 융릉) 조성
- 1790년(정조 14)《무예도보통지》편찬
- 1791년(정조 15) 신해통공. 육의전을 제외한 모든 시전에 금난전권 철폐
- 1793년(정조 17) 장용영 설치
- 1796년(정조 20) 수원 화성 건설
- 1797년(정조 21)《오륜행실도》편찬

23대 순조(純祖, 1790~1834) **재위 1800~1834**

- 1801년(순조 1) 세 차례의 천주교 대탄압(신유박해). 선교사 이승훈 순교
- 1801년(순조 1) 황사영 백서 사건. 김조순(金組淳) 등 안동김씨의 세도
  정치가 시작됨
- 1811년(순조 11) 홍경래의 난
- 1834년(순조 34) 김정호 청구도 제작

24대 헌종(憲宗, 1827~1849) **재위 1834~1849**

- 1839년(헌종 5) 천주교를 탄압(기해박해)

- 1846년(헌종 12) 병오박해. 김대건 신부 순교

25대 철종(哲宗, 1831~1863) 재위 1849~1863

- 1851년(철종 2) 김문근의 딸을 왕비로 맞아들이면서 안동 김씨의 세도 정치가 계속 이어짐
- 1860년(철종 11) 최제우 동학 창시
- 1861년(철종 12) 김정호 대동여지도 편찬
- 1862년(철종 13) 진주민란(임술 농민 봉기)
- 1862년(철종 13) 삼정이정청 설치

5) 대한제국

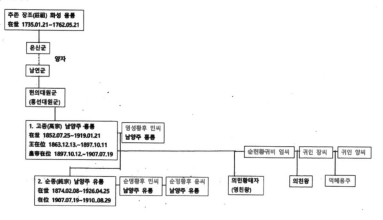

26대 고종(高宗, 1852~1919) 재위 1863~1907

- 1865년(고종 2) 경복궁 중건
- 1865년(고종 2) 《대전회통》 편찬. 비변사 폐지

- 1866년(고종 3) 병인박해. 제너럴셔먼호 사건. 병인양요
- 1868년(고종 5) 남연군 분묘 도굴 사건(오페르트 도굴 사건)
- 1871년(고종 8) 서원 철폐령. 신미양요. 척화비 건립
- 1875년(고종 12) 운요호 사건
- 1876년(고종 13) 강화도조약(조일수호조규) 체결. 제1차 수신사 파견
- 1881년(고종 18) 별기군 창설. 영선사 파견
- 1882년(고종 19) 임오군란. 흥선대원군 청에 납치. 제물포조약 체결
- 1883년(고종 20) 태극기를 조선의 국기로 제정·공포
- 1883년(고종 20) 조일통상장정 체결. 한성순보 창간
- 1884년(고종 21) 우정총국 설립. 조러수호통상조약 체결. 갑신정변.
  한성조약 체결
- 1885년(고종 22) 제중원 설립. 배재학당 설립
- 1886년(고종 23) 노비 세습제 폐지. 육영공원 설립. 이화학당 설립
- 1894년(고종 31) 고부민란. 동학농민운동. 황토현 전투
- 1894년(고종 31) 청일전쟁. 군국기무처 설립. 갑오개혁. 홍범 14조 선포
- 1895년(고종 32) 을미사변
- 1896년(고종 33) 아관파천. 독립신문 창간. 독립협회 설립
- 1897년(고종 34) 대한제국 선포. 대한제국의 첫 연호로 '광무(光武)' 사용
- 1899년(고종 36) 전차 개통. 경인선 개통
- 1904년(고종 41) 러일전쟁. 한일의정서 체결. 대한매일신보 창간
- 1905년(고종 42) 경부선 개통. 화폐 정리 사업. 가쓰라-태프트 밀약.
  한일협약(을사늑약)
- 1907년(고종 44) 국채 보상 운동. 신민회 설립. 헤이그 특사 사건. 고

종 퇴위

27대 순종(純宗, 1874~1926) 재위 1907~1910

- 1907년(순종 1) 대한제국의 두 번째 연호로 '융희(隆熙)' 사용. 한일신협약(정미7조약). 대한제국 군대 해산. 정미의병 투쟁. 13도 창의군 창설
- 1908년(순종 2) 동양척식주식회사 설립
- 1909년(순종 3) 기유각서 체결. 간도협약 체결. 안중근의 이토 히로부미 사살
- 1910년(순종 4) 경무총감부 설치. 한일병합조약. 국권 피탈

2. 종묘(宗廟)

서울특별시 종로구 훈정동에 있는 사당으로 1985년 1월 8일 국보로 지정되었다. 종묘 정전은 조선 역대 국왕과 왕비의 신위(神位)를 모신 곳이며, 정전은 종묘의 중심 건물로 태묘(太廟)라 부르기도 한다. 한편 영녕전은 조선 전기 태조의 4대조와 정전에서 이안한 왕과 왕비의 신주를 모신 사당이다. 의례(儀禮)를 중요시하던 조선시대에는 특히 왕가(王家)의 조상신(祖上神)을 제사 지내는 종묘를 중요시하여, 건축 형식도 엄격하게 규정된 제도를 따르게 마련이었다.

1) 정전(正殿)

정전은 정면 19칸, 측면 3칸으로 맞배지붕이다. 1395년(태조 4)에 준공되었으나 임진왜란 때 소실되어 1608년(광해군 즉위년)에 11칸을 완공하

였다. 이후 1726년(영조 2)에 4칸, 1836년(헌종 2)에 다시 4칸을 증축하여 현재와 같은 19칸 건물 구조를 갖추었으며, 이는 우리나라에서 가장 긴 목조건물이다. 여기에 모신 신위는 제1실의 태조를 비롯하여 태종·세종·세조·성종·중종·선조·인조·효종·현종·숙종·영조·정조·순조·문조·헌종·철종·고종·순종 등 19명의 왕과 왕비이다. 정전 좌우에는 접속시켜 지은 익실(翼室)이 따로 있다. 정전의 정문은 신문(神門)으로 정면 3칸, 측면 2칸이다. 이 문의 좌우 양쪽으로 담장이 둘러져 있다.

종묘 정전의 정문인 신문(神門)　　　　　종묘 전경 지도

2) 영녕전(永寧殿)

영녕전은 1421년(세종 3년) 정종의 신주를 종묘에 모실 때 태실(太室)이 부족하므로 정전(正殿)에 대한 별묘(別廟)를 건립하여 태조의 4대조를 함께 옮겨 모신 이후로도 정전에 계속 모시지 않는 왕과 왕비의 신주를 옮겨 모시고 제사하는 곳이다. 조선에서는 국왕이 승하하면 종묘 정전에 모셔두었다가 5세의 원조(遠祖)가 되면 영녕전으로 옮겨 모셨다. 현재 영녕전에는 중앙의 4실을 양 협실보다 높게 꾸미고 각 실에 태조의 4대조인 목조(穆祖)·익조(翼祖)·도조(度祖)·환조(桓祖)와 왕비들의 신주를 모셨으며, 서쪽 제5실에서부터는 정종·문종·단종·추존 덕종·예종·인종·명종·추존 원종·경종·추존 진종(眞宗)·추존 장조·의민황태자(영친왕)와 각각 그의 왕비 등 32위의 신주가 제16실에 이르기까지 모셔져 있다.

영녕전은 정전의 서쪽에 남향으로 세워져 있는데, 구성 형식을 보면 4면을 낮은 돌담으로 둘러막아 의례를 행할 수 있는 외부공간을 형성하고, 정면인 남쪽에는 3문 형식의 남문을, 동쪽과 서쪽 담에는 각기 동문 3칸, 서문 1칸을 두어 제사 지낼 때의 통로를 마련하고 있다.

17세기 조선 중기 건축양식을 보여 주는 이 건물은 제사를 드리는 곳이라는 목적에 맞도록 구조와 장식, 색 등이 간결하고 장중한 느낌을 주도록 만들었다. 일부 구조에서는 옛 방식을 따라 입구에 널문을 달고 발을 쳤으며, 건물 안쪽 방 사이에는 담벽을 치지 않고 발을 늘여 나누어 놓았다. 신위를 모시는 집으로 옛 전통을 잘 간직하고 있는 문화재 중 하나이다.

조선시대 왕의 칭호 - 조와 종의 차이

조 - 나라를 세우거나 백성을 구하는 등 큰 업적을 이룬 왕에게 붙는 칭호
종 - 덕으로써 나라를 다스린 왕에게 붙는 칭호

조(祖)	7명	태조(1), 세조(7), 선조(14), 인조(16), 영조(21), 정조(22), 순조(23)
종(宗)	18명	정종(2), 태종(3), 세종(4), 문종(5), 단종(6), 예종(8), 성종(9), 중종(11), 인종(12), 명종(13), 효종(17), 현종(18), 숙종(19), 경종(20), 헌종(24), 철종(25), 고종(26), 순종(27)
기타	2명	연산군(10), 광해군(15)

3. 이야기가 있는 주요 조선왕릉

1) 구리 동구릉

　구리시에 있는 동구릉은 조선왕릉을 대표하는 곳으로 서울의 동쪽에 모여 있는 아홉 기의 능이란 뜻이다. 동구릉은 1408년(태종 8년) 태조 이성계가 세상을 떠나면서 처음 조성되기 시작했다. 태조가 묻혀 있는 건원릉을 중심으로 17명의 왕과 왕비들이 묻혀 있는데 조선왕릉의 무덤군 가운데 가장 규모가 크다. 태조 이성계가 묻힐 당시에는 건원릉으로 불리다가 이후 문종과 선조, 장렬왕후, 현종이 묻히면서 동오릉으로 불렸

고, 단의왕후와 영조의 능이 만들어지면서 동칠릉으로 불렸다. 그리고
헌종과 문조(효명 세자가 나중에 얻은 칭호)가 안장되면서 19세기 중반부터
동구릉이라 부르게 되었다.

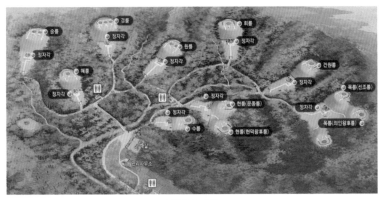

동구릉 전경

① 건원릉(健元陵)

　건원릉은 조선 1대 태조 이성계의 능으로 조선왕릉 제도의 표본이라
고 할 수 있다. 고려왕릉에는 없던 곡장을 봉분 주위에 두르는 등 석물의
조형과 배치 면에서 변화를 보여 주고 있다. 태조는 생전에 두 번째 왕
비 신덕왕후와 함께 묻히기를 원하여 신덕왕후의 능인 정릉(貞陵)에 본
인의 무덤 자리를 미리 마련해 두었으나 아들 태종은 태조의 유언을 따
르지 않고, 태조의 능을 양주 검암(현재 경기도 구리시)에 조성하였다. 태
조는 자신이 죽으면 고향 함흥에 묻어 달라고 유언 했지만 아들인 태종
은 함흥이 너무 멀다고 하며 궁궐에서 80리 안에서 명당을 찾도록 지시
하였는데 풍수지리를 잘 알았던 영의정 하륜이 직접 찾아가 명당이라는

걸 확인하고 능지로 선택했다고 한다. 건원릉은 명당 가운데서도 최고의 명당이라고 한다.

봉분에는 태조의 유교(遺敎)에 따라 다른 왕릉처럼 잔디가 아닌 함흥의 억새풀을 덮었다. 그리고 화강암 병풍석과 12칸의 난간석이 둘러져 있으며 주위에 석호와 석양이 각각 2쌍이 있다.

| 건원릉(태조) | 건원릉 비각(보물 1803호) |

혼유석에는 도깨비가 새겨진 북 모양의 고석 5개가 놓여 있고 양 옆으로는 망주석이 한 개씩 서 있으며 장명등과 문석인, 무석인, 석마 1쌍이 있다. 능 아래에는 정자각(보물 1741호), 비각, 수복방, 수라간, 홍살문이 배치되어 있는데 비각 안에는 태조가 세상을 떠나고 태종대에 세운 신도비(보물 1803호)와 대한 고황제 건원릉(大韓 高皇帝 健元陵)이라는 표식이 있다.

건원릉 정자각(보물 1741호)

▐ 신덕왕후와 정릉(貞陵)

정릉은 조선 1대 태조의 두 번째 왕비 신덕황후 강씨의 능이다. 신덕
황후는 태조 재위 시절 자신의 둘째 아들(의안대군 방석)을 왕세자로 책봉
하는 등 지지 기반을 닦았으나 이는 후에 왕자의 난이 일어나는 계기가
되었다. 1396년(태조 5년)에 신덕황후 강씨가 세상을 떠나자 태조는 현재
영국 대사관 근처에 정릉을 조성하고, 훗날 자신이 묻힐 자리까지 함께
조성하였다. 그러나 그녀의 정적이었던 태종이 즉위하고 태조가 세상을
떠나면서 정릉은 푸대접을 받기 시작하였다. 태종은 정릉의 능역 100보
근처까지 집을 짓는 것을 허락하였고, 정릉이 도성 안에 있다는 이유로
현재 성북구 정릉 자리로 천장하였다. 이후 청계천 광통교가 홍수에 무
너지자 능의 석물 중 병풍석과 난간석을 광통교 복구에 사용하였으며,
그 밖에 목재나 석재들은 태평관을 짓는 데 쓰게 하도록 하였다. 정릉은

260여 년이 지난 1669년(현종 10년)에 왕릉의 형식을 갖추게 된다.

② 숭릉(崇陵)

숭릉은 조선 18대 현종과 명성왕후 김씨의 능으로 봉분을 나란히 배치한 쌍릉(雙陵) 형식이다. 봉분은 난간석만 둘렀고 능침 앞에는 혼유석이 각각 1좌씩 놓여 있다. 그 밖의 석양, 석호, 망주석, 문무석인, 석마 등은 일반적인 조선왕릉의 형태로 배치되었다. 숭릉의 석물은 명성왕후의 지시에 따라 효종의 구 영릉(寧陵) 석물을 다시 사용한 것으로, 영릉(寧陵)이 여주로 천장될 때 석물을 묻어 두었던 것을 다시 꺼내 사용하였다. 능침 아래에 있는 정자각은 조선왕릉 40기 중 유일하게 남은 8칸의 팔작지붕 정자각이며, 보물로 지정되었다.

현종은 효종과 인선왕후 장씨의 아들로 1641년(인조 19년)에 청나라 심양 관사에서 태어난 조선 역대 임금 중에 유일하게 외국에서 태어난 왕이다. 1645년(인조 23년)에 인조의 세자인 소현세자가 급서하고 아버지 봉림대군이 왕세자로 책봉되는 동시에 원손이 되었고, 1648년

(인조 26년)에 왕세손이 되었다. 효종이 왕위에 오르자 왕세자가 된 후 1659년에 왕위에 올랐다.

현종은 재위 기간 동안 호남 지방에 대동법을 시행하였다. 동(銅)과 철(鐵)로 만든 활자 10만 자를 주조시켰으며, 천문 관측과 역법 연구를 위하여 혼천의를 다시 제작하게 하는 등 다양한 업적을 남겼다. 그러나 두 차례의 예송논쟁으로 붕당의 싸움이 시작되는 원인을 제공하고 환국이라는 조선 역사의 아픔을 겪기도 하였다.

숭릉(현종과 명성왕후)　　　　　숭릉 팔작지붕 정자각

▌예송 논쟁과 당쟁의 발전

현종 재위 당시대 효종과 효종비가 승하하자, 인조의 계비이던 장렬왕후 자의대비(慈懿大妃)의 복상 기간 문제가 대두되었다. 이때 조정에서는 두 차례에 걸쳐 남인과 서인 간에 격렬한 논쟁이 벌어졌는데, 이를 예송 또는 예송 논쟁이라고 한다. 먼저 1659년에 효종이 죽자, 효종의 모후(계모)인 장렬왕후 자의대비의 복상 기간을 3년으로 할 것인가 1년(기년, 朞年)으로 할 것인가에 대한 논쟁이 일어났는데, 이 논쟁을 1차 예송인 기해예송(己亥禮訟)이라고 한다. 복제가 문제된 것은 효종이 집안의 사적인 관계로 보면 대비의 둘째 아들인 셈이고, 왕위 계승이라는 면에서 보면 적자가 되므로 어느 쪽으로 보는가에 따라 상복을 입는 기간이 달라졌기 때문이다. 당시 일반 사대부들은 《주자가례》의 사례를 따르고, 왕가에서는 《국조오례의》를 따르고 있었는데, 《국조오례의》에 바로 이러한 사례가 없는 것이 문제였다. 또 하나의 문제는 자의대비가 인조의 맏아들인 소현세자의 상을 당하여 이미 삼년상의 상복을 입은 상태였기 때문이다.

《주자가례》에 따르면 부모가 아들을 위해 상복을 입는 경우, 장자가 죽었을 때는 삼년상이고 둘째 이하의 아들일 경우에는 기년상이었다. 송시열을 중심으로 한 서인은 "효종이 자의대비에게는 둘째 아들인 데다 비록 왕위를 계승하였다고는 하여도 적자이면서 장자가 아닌 경우에 해당되어 기년상을 해야 한다"라고 주장하였다. 이에 비하여 허목(許穆) 등 남인들은 "효종이 왕위를 계승하였으므로 장자로 대우하여 삼년상을 해야 한다"라고 주장하였다. 1차 예송은 서인들의 주장에 따라 기년복으로 일단락되었고, 효종의 장지를 결정한 남인의 거두이자 풍수지리에 능했다고 전해지는 윤선도는 유배를 떠나야 했다. 1차 예송은 서인 세력을 역모로 몰아 제거하고 남인 세력이 정권을 장악하려는 의도에서 표면적으로는 복제 문제라는 단순한 논란에서 벗어나 2차 예송으로 이어진다. 2차 예송은 그 뒤 현종 15년(1673년) 효종비 인선왕후(仁宣王后)가 죽자 자의대비의 복상 기간이 다시 문제가 되었다. 서인은 1차 예송 때의 주장과 같이 '효종비를 둘째 며느리로 다루어 대공 9월'을 주장하고, 남인은 '맏며느리로 예우하여 기년'을 주장하여 2차 예송인 갑인예송(甲寅禮訟)이 일어나게 되었다. 두 번째 예송에서는 김석주 등 서인의 일부가 남인을 거들어 기년설을 찬성함으로써 복제는 기년상으로 정해졌다. 그 결과 정권은 남인에게 기울었으며, 송시열이 유배되고 서인은 권력에서 밀려났다. 뒤이어 숙종이 즉위하여 남인에게 정권을 맡기자 서인들이 송시열의 구명운동을 벌이는 가운데 남인의 허적(許積)과 윤휴 등을 역모로 몰아 이들 세력을 제거하는 숙종 6년(1680년)의 경신대출척(庚申大黜陟)이 일어나면서 예송은 일단락되었다. 두 차례의 예송에서 본질이 훼손되고 붕당정치라는 오점만 남기고 말았다.

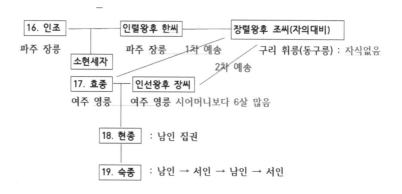

③ 경릉(景陵)

동구릉에서 인상적인 왕릉으로는 조선왕릉 가운데 유일하게 존재하는 삼연릉(3기의 능묘로 구성되어 있는 릉)이다. 경릉은 정자각에서 바라보면 왼쪽에 24대 헌종이, 가운데에 효현왕후가, 오른쪽에 효정왕후가 잠들어 있다. 경릉은 당시 세력을 가진 가문들이 얼마나 큰 권력을 누리고 있었는지 잘 보여 주는 곳이다. 보통 왕이 세상을 떠나면 혼자 묻히거나(단릉) 자신의 능호(능의 이름)를 가진 능에 왕후와 함께 묻히거나(합장릉)

왕과 왕비가 각각 따로 능을 사용하였다(쌍릉, 동원이강릉, 동원상하릉). 그러나 어린 탓에 자신의 지지 세력이 없었던 헌종은 먼저 세상을 떠나 동구릉에 묻힌 효현왕후의 능인 경릉에 안장되었다. 왕의 능호를 사용하는 것이 당연한데도 왕비의 능호가 붙은 왕릉에 묻히게 된 것이다.

헌종은 일곱 살 어린 나이에 왕위에 올랐는데 안동 김씨 출신인 할머니 순원왕후가 수렴청정을 하며 실질적인 권력을 행사하였고 안동 김씨의 세력이 왕권보다 더 막강했다. 그런 이유로 왕비의 능호가 붙은 곳에 임금이 함께 묻히는 일이 일어난 것이다.

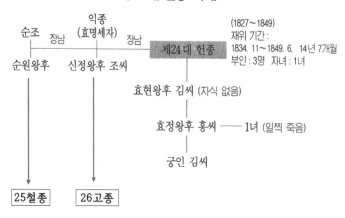

제24대 헌종 가계도

경릉은 세 봉분은 모두 병풍석을 생략하고 난간석을 둘렀으며, 난간석이 서로 연결되어 있다. 각 봉분 앞에는 혼유석을 따로 설치하였다. 능침 아래에는 정자각, 비각, 홍살문, 판위 등이 배치되었으며, 비각에는 한 개의 표석이 있다. 표석은 대한제국 선포 후 황제 추존으로 바꾼 표석으로, 전면에는 '대한 헌종성황제 경릉 효현성황후 부좌 효정성황후 부좌'라 써 있다.

헌종의 첫 번째 왕비 효현성황후 김씨가 1843년(헌종 9년)에 세상을 떠나, 현재의 자리에 처음 능을 조성하였다. 6년 뒤인 1849년에 헌종이 세상을 떠나자, 13곳의 택지를 간심한 끝에 '십전대길지(十全大吉地)'의 명당이라고 주장한 효현성황후의 경릉 오른쪽에 능을 조성하였다. 대한제국 선포 후 1904년(광무 8년)에 헌종의 두 번째 왕비 효정성황후 홍씨가 세상을 떠나 현재의 자리에 능을 조성하였다.

경릉(景陵): 우측부터 24대 헌종, 가운데에 효현왕후, 왼쪽이 효정왕후

▌ 헌종(憲宗)과 낙선재 이야기

1830년(순조 30)에 왕세손으로 책봉되고, 1834년에 순조가 세상을 떠나자 왕위에 올랐다. 7세의 어린 나이로 즉위하였으므로 할머니인 순원숙황후 김씨가 수렴청정을 하였다. 헌종 재위 시에는 안동 김씨와 풍양 조씨의 세도정치가 서로 대립하여 두 차례의 역모 사건이 일어났으며 삼정(전정, 군정, 환곡)의 문란으로 백성들이 큰 부담을 안고 살아가던 시

기였다.

1837년(헌종 3)에 효현성황후를 왕비로 맞이하였으나, 6년 뒤에 소생 없이 세상을 떠났다. 그 후 두 번째 왕비를 맞아들이기 위하여 스스로 간택에 참여하였는데, 이는 왕이 간택에 직접 참여한 유일한 예였다. 당시 헌종은 김씨 여인을 마음에 두고 있었으나 간택의 최종 결정권은 왕실의 어른인 대왕대비에게 있었고, 김씨 여인이 아닌 효정성황후가 최종 간택되어 왕비로 책봉되었다. 이에 헌종은 3년을 고심한 끝에 왕비가 후사를 생산할 가능성이 없다는 핑계로 대왕대비의 허락을 받아 삼간택에서 낙선한 김씨를 후궁으로 간택하였다. 헌종은 경빈 김씨를 위하여 1847년(헌종 13년) 창덕궁 서쪽에 별궁인 낙선재를 지어주기까지 하였다. 예술을 사랑한 헌종은 경빈 김씨와 함께 이 별궁에서 고금 명가의 유필을 벗 삼아 지내기를 좋아하였다. 낙선재에 여러 차례 불려 들어갔던 조선 후기 서화가 소치 허유(許維)의 기록에는 낙선재는 헌종이 평상시 거처하는 곳이며, 추사 김정희의 글씨로 쓰인 현판이 가득하다는 등의 묘사가 드러나 있다.

헌종이 거처하던 낙선재

헌종이 경빈 김씨를 위해 지어 준 석복헌
(낙선재 부속건물)

2) 서울 헌인릉

헌인릉은 조선 제3대 태종과 원경왕후의 능인 헌릉과 제23대 순조와 순원왕후 능을 합쳐 이름 붙인 곳이다. 서울시 생태경관보전 지역으로 지정한 대모산의 우거진 숲속에 잘 꾸며져 있다. 태종이 살아생전에 가뭄이 심하여 '죽어서라도 비를 내리도록 하겠다'는 말을 했다고 전해지는데 그래서인지 헌릉에는 아름다운 오리나무 숲에 둘러싸인 습지가 있다. 인릉은 순조와 순원왕후의 합장묘로 능을 지키고 있는 무인석과 문인석의 조각이 섬세하고 아름답다. 400년 이상의 시간차를 두고 조성된 왕릉이라 조선 초기와 후기의 왕릉 양식을 한곳에서 비교해 볼 수 있다.

대모산 자락의 헌인릉

① 헌릉(憲陵)

헌릉은 조선 전기시대에 만들어진 쌍릉의 대표적인 능이다. 정자각 앞에서 바라보았을 때 왼쪽이 태종, 오른쪽이 원경왕후의 능으로 능침은 모두 병풍석과 난간석을 둘렀다. 전체적으로 조선 전기 왕릉의 위엄성을 잘 드러내 준다. 문무석인은 각 2쌍씩, 석마, 석양, 석호는 각각 4쌍식 배치되었는데 이는 북한 개성에 있는 고려 공민왕과 노국공주의 현, 정릉(玄, 正陵)제도를 그대로 본받아 계승한 것이다. 헌릉은 조선왕릉 중에서 석물이 2배로 많아 완벽한 쌍릉의 형식을 띄고 있다. 혼유석을 받치는 고석도 5개로 조선 전기의 상설제도를 잘 보여 주고 있다. 정자각 북서 측에는 소전대가 있는데, 이는 제향 후 축문을 태우는 곳으로 조선 전기 태조의 건원릉, 신덕황후의 정릉, 태종의 헌릉에서만 볼 수 있다.

| 헌릉: 태종과 원경왕후의 쌍릉 | 헌릉 소전대 |

▎ 제1차 왕자의 난, 무인정사

태종 이방원은 태조와 신의황후 한씨의 다섯째 아들로 1367년에 함흥에서 태어났다. 1392년 조선이 건국되자 왕자로서 정안군에 책봉되었다. 태종은 아버지를 도와 조선 건국에 큰 공을 세웠지만 신덕황후 강씨, 정도전 등과 대립하여 왕세자 책봉에서 탈락하였다. 이 과정에서 신덕황후의 둘째 아들인 방석이 왕세자 자리에 오르게 되었고 정도전이 재상 중심 정책을 추진하기 위해 왕자들이 가지고 있던 사병(私兵)을 혁파하려 하자 수세에 몰린 방원은 1398년(태조 7년)에 정변을 일으키게 된다. 방원은 신의황후 한씨 소생의 왕자들과 함께 사병을 동원하여 정도전, 남은, 심효생 등을 제거하고 배다른 동생 왕세자 방석과 그의 형 방번도 살해한다.

제1차 왕자의 난에서 방원이 정도전 등의 반대 세력을 제거하고 득세할 수 있었던 데에는 부인인 원경왕후 민씨의 도움이 컸다. 난이 일어나기 열흘 전, 정도전 일파는 왕자들이 거느리고 있던 사병을 혁파하였다. 이때 사병을 거느린 왕자들은 병사뿐만 아니라 지니고 있던 무기와 군장비를 모두 내놓아야 했다. 그러나 원경왕후는 만일의 사태를 대비하여 얼마간의 사병과 무기를 친정집에 숨겨 두었다. 1398년 8월 26일 사건 당시 정도전 등의 계략으로 왕자들을 살해하려는 움직임이 있었다. 태조의 병환이 깊다는 이유로 왕자들은 근정전 문밖 서쪽 행랑에 모여 숙직을 하고 있었다. 원경왕후는 집사를 보내 자신이 갑자기 복통이 심하다는 핑계를 들어 방원을 불러내었다. 그 후 방원은 집에 와서 갑옷을 입고 왕자의 난을 준비하였고, 원경왕후는 친동생인 민무구, 민무질 형제에게 도움으로 숨겨 둔 사병과 무기를 풀어 태종에게 내주었다. 이로 인해 제1차 왕자의 난은 성공하였고, 태조는 둘째 아들인 영안군 방과를 왕세자로 책봉하는 교지를 내렸고 자신은 상왕으로 물러나고 왕세자 방과는 조선 2대 왕(정종)으로 왕위에 올랐다.

▌제2차 왕자의 난, 박포의 난

그로부터 2년 후 신의황후의 소생 사이에 권력투쟁이 일어났다. 불공평한 논공행상으로 방원에게 불만을 품고 있던 박포가 태종의 넷째 형 회안군 방간으로 하여금 정변을 일으키도록 부추겼다. 이로 인해 방간과 방원은 개경 시가지에서 무력 충돌을 하게 되었다. 이 사건으로 방원이 승리하고, 박포는 사형에 처했으며, 방간은 유배된다. 이후 지위가 더욱 확고해진 방원은 그해 2월 왕세자로 책봉이 되었고, 11월에 3대 왕(태종)으로 왕위에 올랐다. 태종 이방원은 왕위에 오른 후 창덕궁을 지었으며, 1405년(태종 5년)에 개경에서 한양으로 다시 천도를 하였다.

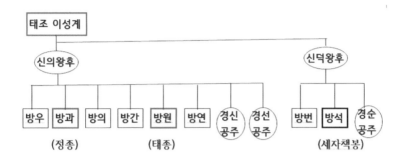

② 인릉(仁陵)

인릉은 조선 23대 순조와 순원황후 김씨의 합장릉이다. 진입 및 제향 공간에는 홍살문, 판위, 향로와 어로, 정자각, 비각이 배치되어 있다. 능침에는 병풍석 없이 난간석만 둘렀다. 1834년(순조 34년)에 순조가 세상을 떠나자 이듬해인 1835년(헌종 1년)에 파주의 인조 장릉(長陵) 근처에 능을 조성하였다. 그러나 풍수지리상 왕릉의 문제가 제기되면서 1856년(철종 7년)에 서초구 내곡동 헌릉 서쪽 언덕인 현재 자리로 천장하였다. 천장 시 사용한 석물은 1469년(예종 1년)에 세종의 영릉(英陵)을 천장하고 묻은 구 영릉(英陵) 석물과 1537년(중종 32년)에 장경왕후의 희릉(禧陵)을 천장하고 묻은 구 희릉(禧陵) 석물이다. 문무석인, 석마, 장명등, 혼유석,

망주석, 석양과 석호 등 대부분의 석물은 구 영릉과 구 희릉의 석물을 다시 사용하였고, 일부 석양과 망주석, 석마는 새로 제작하였다. 이는 당시 나라의 재정이 어려워 왕릉 천장으로 인한 국고문제를 해결하기 위한 것이었다. 그리고 이듬해인 1857년(철종 8년)에 순원황후가 사망하자 인릉에 합장으로 능을 조성하였다. 홍살문 남쪽 도로변에 재실이 있다. 원래는 헌릉과 인릉에는 각각 별도의 재실이 있었으니 현재는 1개의 재실만이 남아 있는 헌릉 재실인지 인릉 재실인지 분명하지 않다.

인릉: 순조와 순원왕후 합장릉

▌ 순원왕후와 안동 김씨의 세도정치

순조는 1800년(정조 24년) 6월에 정조가 세상을 떠나자 11세의 나이로 왕위에 올랐다. 즉위 후 대왕대비인 영조의 계비 정순왕후 김씨가 수렴청정을 하면서 경주 김씨의 세도가 시작되었다. 이 시기는 정순왕후를 비롯한 벽파와 시파가 대립하는 시기로 천주교 박해로 이어졌다. 1801년(순조 1년) 신유박해라고 불리는 대규모 천주교 탄압이 벌어져 정약용 등이 유배당하고 1년 사이에 300명의 교인이 학살당했다.

정순왕후가 수렴청정에서 물러나고 순조가 친정(親政)을 하면서 세도가 잠시 약화되었지만 그러나 정국의 주도권은 다시금 순조의 장인(순원황후의 아버지) 김조순에게 돌아가고, 이때부터 안동 김씨의 세도정치가 시작된다. 조정의 요직은 안동김씨 중심으로 독점되었고, 척신들 사이에는 부정부패가 만연했다. 더불어 수해와 전염병 등으로 민심이 피폐해지자 홍경래의 난(1811년) 등 민란이 일어나고 사회가 혼란에 빠지게 되었다. 순조는 세도정치를 견제하기 위해 아들 효명세자(문조)에게 대리청정을 명하여 수습하려 하였으나 효명세자가 일찍 세상을 떠나자 무산되고 말았다. 이후 순원왕후와 안동 김씨의 세도정치는 약 60여 년간 계속되는데 순원왕후는 1834년(순조 34년)에 손자 헌종(24대)이 8살의 나이로 즉위하자 수렴청정을 하였고, 인척 김조근의 딸을 헌종의 왕비(효현성황후)로 간택시켰다. 이후 헌종이 세상을 떠나고 장조(사도세자)의 손자인 전계대원군의 아들 원범을 양자로 삼아 왕위를 잇게 하였다(25대 철종). 철종이 즉위하면서 다시 수렴청정을 하였으며, 인척 김문근의 딸을 왕비(철인장황후)로 간택시켜 세도정권의 절정기를 맞게 하였다. 조선의 왕비 중 최초로 2대를 걸쳐 수렴청정을 한 순원황후는 1857년(철종 8년)에 69세로 세상을 떠났다.

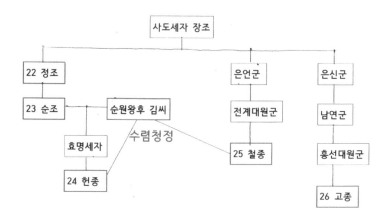

조선시대 수렴청정(총 7차례)

시기	수렴청정 인물	수렴청정 기간
성종 재위	세조비 정희왕후 윤씨	7년
명종 재위	중종비 문정왕후 윤씨	8년
선조 재위	명종비 인순왕후 심씨	8개월
순조 재위	영조비 정순왕후 김씨	4년
헌종 재위	**순조비 순원왕후 김씨**	7년
철종 재위		3년
고종 재위	익종비 신정왕후 조씨	4년

3) 여주 영릉(英陵)과 영릉(寧陵)

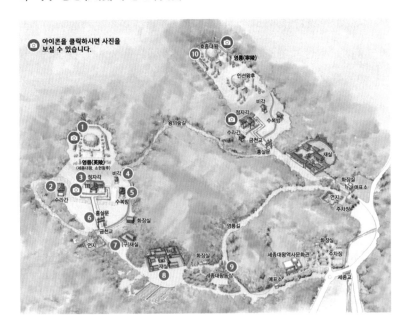

① 영릉(英陵)

영릉은 조선 제4대 임금 세종과 비 소헌왕후의 합장릉으로 조선 초기 왕릉의 표본으로 알려져 있다. 1446년(세종 28년)에 세종의 비 소헌왕후가 승하하자 당시 광주(廣州, 현재 서울시 서초구 내곡동) 헌릉의 서쪽에 쌍실의 능을 만들었다. 당시 오른쪽 석실은 세종을 위해 미리 만들어 놓았다가 세종이 승하하자 합장하였다. 세조 대에 영릉(英陵)의 자리가 불길하다는 이유로 능을 옮기자는 주장이 있었으나 실현되지 못하다가 1469년(예종 1년)에 광주에서 여주로 천장한다.

당시 왕릉은 도읍지를 기준으로 하루 이동이 가능한 80리 이내에 위치하는 것이 원칙이었지만 영릉이 위치한 여주는 80리가 넘었음에도 조선왕릉의 3대 명당자리라는 생각으로 천장을 한다.

영릉은 세조의 유명(遺命)에 따라 병풍석을 두르지 않고 난간석만 설치하였으며 난간석에도 관례대로 십이지신상을 조각하여 방위를 표시하지 않고 간소화하여 십이지를 문자로 표현하였다. 영릉에는 2개의 혼유석이 있다. 혼유석은 일반 묘에서는 제사 음식을 차려 놓는 곳으로 이용하지만, 왕릉에서는 무덤 속에 잠들어 있는 영혼이 나와 노는 공간이다. 영릉에 있는 2개의 혼유석은 왕과 왕후가 함께 잠들어 있는 합장묘라는 사실을 의미한다. 영릉에는 신도비는 없고 1745년(영조 21년)에 세워진 표석이 있는데 표석에는 조선국 세종대왕 영릉 소헌왕후 부좌(朝鮮國 世宗大王 英陵 昭憲王后 祔坐)라 적혀 있다. 한편 여주로 천장하면서 원래의 영릉 터에 있었던 상석, 망주석, 장명등, 문석인, 무석인, 석수, 신도비 등은 그 자리에 묻혔는데 이 석물들은 360여 년이 지난 후 순조의 무덤을 천장하는 과정에서 재사용된다.

영릉(英陵): 세종과 소헌왕후의 합장릉

▍세종과 집현전 학사

세종은 31년 6개월의 재위 기간 동안 많은 업적을 남겼다. 유교 정치와 자주적인 문화의 융성을 통하여 조선시대 정치, 경제, 사회, 문화에 큰 번영을 가져온 시대를 넘어 역사상 최고의 왕으로 평가받는다. 세종은 부국강병의 가장 중요한 요소는 민본 정치라는 생각하에 이를 실현하기 위해 1420년(세종 2년) 학문연구기관이자 참모기구였던 집현전의 기능을 강화한다. 세종은 과거를 통해 박팽년, 정인지, 신숙주, 성삼문, 장영실, 박연 등 젊고 유망한 인재를 양성하고, 학문을 진흥하여 유교정치의 기반이 되는 의례와 제도를 정비한다. 집현전을 중심으로 한 당대의 가장 큰 업적인 훈민정음을 비롯하여 앙부일구(해시계), 자격루(물시계), 혼천의(천문관측기)도 제작되었다. 그리고 향약집성방, 농사직설 등 과학, 의학, 농업 전문서적 약 50여 종이 편찬되었고 우리의 고유음악도 완성되었다. 세종의 인재경영은 집현전을 통해 열매를 맺은 것이다.

② 영릉(寧陵)

영릉은 조선 제17대 임금 효종과 비 인선왕후의 동원상하릉이다. 이는 풍수지리적 이유에서 비롯된 것으로 왕릉과 왕비릉을 좌우로 나란히 놓을 경우 생기가 왕성한 정혈을 비켜 가야 하기 때문에 좌우 쌍릉을 쓰지 않고 상하혈 자리에 왕릉과 왕비릉을 조성한 것이다. 이러한 배치를 동원상하릉이라고 하는데 동원상하릉 중에서는 영릉이 조선 최초이다. 영릉은 왕릉의 봉분 주위로는 곡담이 설치되어 있다. 그러나 왕비의 능에는 곡장이 없는데 어는 두 능이 한 영역 안에 있음을 알려 주는 사실이다. 왕릉과 왕비릉 모두 간소화된 능제로서 병풍석이 없으며 난간석의 기둥에 방위를 표시하는 십이지를 문자로 새겨 놓았다.

효종과 인선왕후

영릉: 효종과 인선왕후의 동원상하릉

본래 영릉(寧陵)은 효종이 1659년 창덕궁 대조전에서 승하하자 구리 건원릉 서쪽 산줄기에 능을 조성하였다. 그런데 1673년(현종 14년) 병풍석에 틈이 생겨 능침에 빗물이 스며들었을 우려가 있다는 가능성이 제기되면서 윤선도 등 남인 세력을 중심으로 능을 옮겨야 한다는 천장론이 불거졌다. 그 후 현재의 위치인 여주 세종왕릉 영릉(英陵) 동쪽으로 입지를 정하고 능을 열어보았는데 그동안의 우려가 무색하게 물이 들어온 흔적이 발견되지 않았다. 결국 영릉(寧陵)은 천장하였으나 이에 연루된 자들은 면직과 유배를 당해야 했다. 영릉(寧陵) 천장 다음 해인 1674년(현종 15년) 인선왕후가 사망하자 효종왕릉 아래에 인선왕후의 능을 조성하였다.

▌효종과 송시열의 북벌계획

효종은 16대 인조와 인렬왕후의 차남이다. 1636년(인조 14년) 청나라는 황제 홍타이지가 대군을 이끌고 조선을 침입하여 불과 며칠 만에 강화도까지 점령한다. 이 전쟁을 병자호란이라고 하는데 소현세자와 봉림대군(훗날 효종)의 아버지 인조는 남한산성으로 피신해 있다가 삼전도(현재 송파구)에서 청나라 황제 앞에 무릎을 꿇고 머리를 세 번 찧는 굴욕을 당한다. 그리고 두 아들은 청나라에 볼모로 잡혀가 8년간 심양에 머물게된다. 청나라에서 두 사람의 삶은 매우 달랐다. 소현세자는 청나라의 문물을 수용하고, 조선의 외교관 역할을 하며 국제 감각을 키웠다. 하지만 봉림대군은 청나라의 군대를 의지와 상관없이 큰 고생을 해가며 따라다녀야 했고, 조선과 우호적이었던 명나라가 점령당하는 것을 목격하면서 청나라에 원한을 품게 되었다.

귀국 후인 1645년(인조 23년) 소현세자가 급작스런 죽음을 맞은 후 봉림대군은 세자에 책봉되어 1649년 17대 왕(효종)으로 즉위한다. 효종은 정묘호란, 병자호란으로 인한 사회의 혼란을 바로잡기 위하여 다양한 노력을 기울였다. 대동법을 실시하고 상평통보를 주조하였으며, 표류해 온 네덜란드인 하멜을 시켜 서양식 무기를 제조하게 하기도 하였다. 그리고 어영군(御營軍), 금위영(禁衛營) 등을 설치하고 훈련도감(訓鍊都監)을 확장하는 등 군제의 개편, 군사훈련 강화에 힘쓰며 청나라를 향한 북벌 계획을 수립하였다. 김집, 송시열, 송준길 등 청나라에 대해 강경한 입장을 가진 자들을 중용하였으며 남한산성과 강화도의 군영도 보수하였다.

효종은 청나라와의 전쟁을 낙관하고 있었다. 이유로는 청과의 전쟁이 일어나면 중국 내의 명나라 잔존 세력과 조선의 피로인(被擄人)등이 합세할 것을 믿고 있었다. 그러나 계속되는 흉년과 재해로 나라 전체가 기근에 빠지고 군사력을 유지하기 위한 재정적 부담이 커지자 민원이 증가하였다. 효종은 계속하여 북벌을 주장하였지만 나중에는 효종의 어릴적 스승이었던 서인 송시열마저도 내수외양(內修外攘)을 강조하며 반대하였다. 이 과정에서 청나라의 국세가 더욱 강해지고 북벌의 기회를 얻지 못하면서 효종은 북벌에 대한 스트레스로 인하여 1659년 41세의 나이로 급작스럽게 사망한다.

4) 영월 장릉과 남양주 사릉

① 영월 장릉(莊陵)

장릉은 조선 6대 단종의 능이다. 단종이 1457년(세조 3년) 세조에게 왕위를 빼앗기고 노산군(魯山君)으로 강봉되어 영월에서 죽음을 당한 후 동강에 버려지자 영월 호장 엄흥도(嚴興道)가 단종의 시신을 거두어 현재의 자리에 가매장하였다. 오랫동안 묘의 위치조차 알 수 없다가 1541년 (중종 36년) 당시 영월군수 박충원이 묘를 찾아내어 묘역을 정비하였고, 1580년(선조 13년) 상석·표석·장명등·망주석등을 세웠다. 이후 1698년 (숙종 24년) 단종으로 복위되면서 능호는 장릉(莊陵)으로 정하고 묘소를 능제에 맞게 다시 조성하였다.

영월 장릉

영월 장릉은 가파른 구릉지에 조성이 되어 제향 공간과 능침 공간이 높이가 상당한 차이를 보인다. 장릉의 진입 공간에는 재실 외에 일반적인 조선왕릉과 다르게 단종의 충신들을 위한 건조물이 있다. 장릉 입구에는 1541년 노산군묘을 찾아 제를 올린 영월 군수 박충원(朴忠元)의 뜻을 기린 낙촌비각(駱村碑閣), 재실 옆에는 단종의 시신을 거두어 묘를 만든 엄흥도의 정려각(旌閭閣), 단종을 위해 목숨을 바친 종친, 충신, 환관, 궁녀, 노비 등 268명의 위패를 모신 장판옥(藏版屋)과 이들에게 제사를 올리는 배식단(配食壇)이 있다. 왕릉에 사당, 정려비, 기적비 등이 있는 곳은 영월 장릉뿐인데 이는 모두 왕위를 빼앗기고 죽음을 맞은 단종과 관련된 유적들이다.

박충원 낙촌비각

엄흥도 정려문

268명의 위패를 모신 장판옥(藏版屋)

제사를 올리는 배식단(配食壇)

제향공간에는 홍살문, 정자각, 비각, 수복방, 수라간이 있으며 비각 안에는 '조선국 단종대왕 장릉(朝鮮國 端宗大王 莊陵)'이라고 새겨진 표석이 있다. 향로와 어로는 지형에 맞게 조성하여 한 번 꺾어 있다. 능침에는 추존왕릉 제도에 따라 병풍석과 난간석을 생략하였고, 능침 주변의 석양과 석호도 한 쌍만 조성하였다. 그 밖에 장명등, 망주석, 문석인, 석마 등은 정종의 후릉(厚陵)의 능제에 따라 작게 조성하였으며, 무석인은 생략하였다.

장릉(단종) 비각

장릉(단종) 정자각

▌단종(端宗)과 청령포, 관풍헌 이야기

단종은 문종과 현덕왕후 권씨의 아들로 1441년(세종 23년)에 경복궁 자선당에서 태어났으나, 태어난 다음날 어머니 현덕왕후 권씨가 세상을 떠나고 세종의 후궁 혜빈 양씨의 손에서 자란다.

1448년(세종 30년) 왕세손에 책봉되었고 아버지 문종이 왕위에 오르자 왕세자가 되었으며, 1452년 문종이 세상을 떠나자 12세의 어린 나이로 왕위에 올랐다. 당시 수렴청정을 할 대비(大妃)가 없어 고명대신 김종서 등이 단종을 대신하여 국정을 운영하였다. 그러나 숙부 수양대군(세조)이 불안정한 왕권을 되찾는다는 명분으로 1453년(단종 1년)에 계유정난(癸酉靖難)을 일으켜 실권을 장악하였다. 그리고 단종은 수양대군에게 왕위를 물려주고 상왕(上王)이 되었다.

1456년(세조 2년) 성삼문, 박팽년, 송현수(단종의 장인)들 사육신들이 단종 복위 운동을 계획하였으나, 사전에 발각되어 실패하였다. 이 사건으로 단종은 1457년(세조 3년) 노산군(魯山君)으로 강등되어 영월 청령포에 유배된다. 그해 여름 홍수로 영월 서강이 범람하여 청령포가 물에 잠기자 단종은 강 건너 영월부의 객사인 관풍헌(觀風軒)으로 처소를 옮겨 두어 달간 생활하였다. 청령포는 워낙 지세가 험하고 강으로 둘러싸여 있어서 단종이 이곳을 '육지고도(陸地孤島)'라고 표현했다고 전한다. 청령포에는 단종이 그곳에 살았음을 말해 주는 단묘유지비(端廟遺址碑)와 어가(御家), 단종이 한양을 바라보며 시름에 잠겼다고 전하는 노산대, 한양에 남겨진 정순왕후를 생각하며 쌓은 돌탑, 외인의 접근을 금하기 위해 영조가 세웠다는 금표비(禁標碑)가 남아 있다.

청령포 금표비

관풍헌은 1392년(태조 1년)에 건립된 영월 객사의 동헌 건물인데 단종은 잠시 동안 관풍헌에 머물며 인근의 자규루에 올라 애절한 자규시(子規時)를 읊었다고 전해진다. 1457년 숙부 금성대군 등이 계획한 복위 운동이 또다시 실패하자 단종은 17세의 나이로 관풍헌에서 사사된다. 《세조실록》에는 노산군이 자결하자 예로써 장례를 치렀다는 기록이 있으나, 실제로 사사된 단종은 그 누구도 시신을 수습하지 못하게 하였다고 한다.

영월 청령포

청령포 노산대

| 청령포 단종어소 | 영월 관풍헌 자규루 |

② 남양주 사릉(思陵)

사릉은 조선 6대 단종의 왕비 정순왕후 송씨의 능이다. 정순왕후 송씨는 15세에 왕비가 되었다가 단종이 노산군으로 강등되어 영월에 유배되고 18세에 단종과 사별하자 군부인으로 강등되어 현재의 동대문 밖 정업원에서 생활하였다. 1521년(중종 16년)에 군부인의 신분으로 세상을 떠나 대군부인의 예로 장례를 치렀으나 1698년(숙종 24년)에 정순왕후로 복위되어 묘소를 능제에 맞게 다시 조성하였다. 능침에는 병풍석과 난간석을 생략하였고 석양과 석호를 하나씩 줄였으며, 무석인을 생략하였다. 문석인과 석마, 장명등, 혼유석, 망주석은 정종의 후릉(厚陵)의 능제에 따라 작게 조성하였다. 진입 및 제향공간에는 홍살문, 정자각, 비각을

남양주 사릉(단종 비 정순왕후)

설치하였다. 정자각은 다른 왕릉에 비해 아담한 모습이고, 정자각으로 연결되는 향로와 어로는 중간에 끊어져 있다.

5) 남양주 광릉

광릉은 조선 7대 세조와 정희왕후 윤씨의 능으로 좌우 언덕을 달리하여 왕과 왕비를 각각 따로 모시고, 중간 지점에 하나의 정자각을 세우는 형식인 동원이강릉(同原異岡陵)의 형태이다. 광릉 자리는 본래 동래정씨 정창손의 선대묘역이 있던 자리였으나, 광릉이 조성되면서 동래정씨 묘역은 다른 곳으로 이장되었다. 정자각 앞에서 바라보았을 때 왼쪽 언덕이 세조, 오른쪽 언덕이 정희왕후의 능이다. 세조는 "내가 죽으면 속히 썩어야 하니 석실과 석곽을 사용하지 말 것이며, 병풍석을 세우지 말라." 는 유명을 남겼다. 이러한 세조의 유언에 따라 이전까지 석실로 되어 있던 능을 회격(灰隔: 관을 구덩이 속에 내려놓고, 그 사이를 석회로 메워서 다짐)으로 바꾸어 부역 인원을 반으로 줄이고 비용을 절감하였다. 광릉의 향로와 어로는 유실되어 있는 상태이다.

남양주 광릉(세조와 정희왕후)

6) 고양 서오릉

조선시대 궁궐 동쪽에 동구릉이 있다면 서쪽에는 서오릉과 서삼릉이 있다. 서오릉은 서쪽에 5기의 능이 모여 있다고 해서 붙여진 이름으로 조선왕릉은 저마다 독특한 특징과 이야기를 갖고 있지만 서오릉에는 특별히 흥미로운 왕릉이 많다. 경릉은 의경세자(추존 덕종)와 그의 부인 소혜왕후가 묻혀 있는데 왕비의 능이 왕보다 더 높은 곳에 세워져 있으며 더 화려하다.

명릉은 숙종과 계비 인현왕후가 나란히 묻혀있는 쌍릉이나 다른쪽 언덕에 두 번째 숙종의 계비 인원왕후가 묻힌 독특한 형태를 띠고 있으므로 동원이강릉과 쌍릉이 혼재된 독특한 능이다.

영조의 정비 정성왕후가 묻혀 있는 홍릉은 원래 영조가 왕비의 무덤을 만들면서 자신이 세상을 떠나면 묻힐 공간까지 쌍릉 형식으로 마련해 놓은 곳인데 그러나 영조가 정순왕후와 함께 동구릉에 묻히는 바람에 영조의 자리는 지금까지 빈 공간으로 남아 있다.

서오릉에는 제8대 예종과 안순왕후가 잠들어 있는 창릉과 제19대 숙종의 정비 인경왕후가 묻혀 있는 익릉 및 명종의 아들 순회 세자와 세자빈이 묻혀 있는 순창원, 숙종의 후궁 희빈 장씨가 묻힌 대빈묘 등이 있다.

① 경릉(敬陵)

서오릉에 처음으로 생긴 능은 세조의 장남인 의경 세자가 묻힌 경릉이다. 훗날 덕종으로 추존된 의경 세자의 묘는 아버지인 세조가 직접 묘지를 선택했다. 1457년(세조 3년)에 덕종이 왕세자의 신분으로 세상을 떠나자 의경세자의 시호를 받았다. 처음의 이름은 의경묘(懿敬廟)였으며 이후 의묘(懿墓)로 바뀌었다. 본래 이 자리는 태종의 둘째 아들 효령대군의 장인 정역(鄭易)의 묘역이 있던 자리였으나, 의묘(懿墓)가 조성되면서 정역의 묘역은 이장되었다. 이후 덕종의 둘째 아들 잘산군(자을산군)이 9대 성종으로 왕위에 오른 후 의묘는 경릉(敬陵)으로 높여졌으며, 1504년(연산군 10년)에 소혜왕후 한씨가 세상을 떠나자 경릉 서쪽 언덕에 새로운 능을 조성하였다. 경릉은 조선왕릉 가운데 왕과 왕비의 위치가 바뀐 유일한 왕릉이다. 산에서 내려다볼 때 임금은 오른쪽에, 왕비는 왼쪽에 묻히는 것이 일반적인데 경릉은 덕종이 왼쪽(동쪽)에 소혜왕후가 오른쪽(서쪽)에 있다. 그리고 왕비 소혜왕후의 능이 추존왕 덕종보다 더 높은 곳에 세워진 곳도 경릉뿐이다. 덕종이 세상을 떠날 때 신분이 왕세자였으나 소혜왕후는 대왕대비였다. 그래서 자연스럽게 죽을 때의 지위가 높은 소혜왕후가 더 높은 곳에 잠들게 되었다. 덕종의 능은 세조의 명으로 간소하게 제작되어 오늘날까지도 처음 만들어졌던 소박한 대군묘의 형식으로 남아 있다.

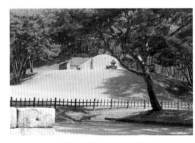
경릉(덕종): 동원이강릉

왕(덕종)과 왕비(소혜왕후)의 무덤 위치가 바뀜

소혜왕후(昭惠王后, 인수대비)와 연산군 이야기

소혜왕후 한씨(인수대비)는 연산군과 중종의 친할머니며 당시 권신이었던 한명회의 막내딸 공혜왕후, 연산군의 어머니 폐비 윤씨, 중종의 어머니 정현왕후의 시어머니이다. 1450년(문종 1년) 수양대군의 장남 도원군 숭(추존 덕종)과 결혼하여 군부인(郡夫人)이 되었다.

수양대군이 계유정난을 통해 왕위에 오르면서 덕종은 의경세자에 봉해졌고 그녀 역시 세자빈으로 위치가 격상되었다. 그러다가 남편 의경세자의 갑작스러운 죽음으로 세자빈 자리는 아랫동서에게, 남편의 세자자리는 시동생에게 물려준다. 한씨는 '정빈(貞嬪)'이라는 빈호를 받아 4살이던 장남 월산대군, 2살이던 명숙공주, 생후 5개월 갓난아기였던 차남 자을산군을 데리고 궁궐을 떠난다. 한씨는 사가(私家)에 머무르는 동안 시아버지 세조의 사랑을 계속 받으며 매우 엄격하게 자식 교육에 전념한다. 그리고 정빈이라는 칭호는 태종의 비인 원경왕후가 세자빈으로 있을 때의 빈호와 같았으므로 한씨의 빈호는 '수빈(粹嬪)'으로 바뀐다.

수빈 한씨는 차남 자을산군을 권신 한명회의 딸과 결혼시켰고, 시어머니 정희왕후 윤씨와 친밀한 관계를 유지하는 등 여전히 권력과 밀접한 관계를 맺고 있었다. 8대 예종이 4살인 제안대군을 남기고 사망하자 자을산군이 숙부 예종의 양자로 입적하여 왕위에 오른다(9대 성종). 당시 권신 한명회와 왕실 최고 어른 정희왕후의 지지를 받은 자을산군이 형인 월산대군을 제치고 즉위하였다. 수빈 한씨는 아들이 왕위에 오른 뒤에도 한동안 빈(嬪)의 지위에 있었다. 국왕의 생모로서 궁 안에서 살게 되면서 다시 수빈의 지위가 논의된다. 그리고 성종이 친아버지를 덕종으로 추존하면서 수빈 한씨도 왕대비가 된다.

성종은 중전이었던 공혜왕후 한씨가 몸이 약하고, 혼인 후 6년 가까이 아이가 없다가 사망하자 성종은 따로 중전을 간택하지 않고 후궁인 숙의 윤씨(폐비 윤씨)를 중전으로 책봉한다.

당시 4명의 후궁들이 있었는데 결국 왕에게 제일 총애를 많이 받고 있었고 유일하게 임신 중이었던 윤씨가 왕비로 책봉된 것이다. 당시 인수대비가 이를 허락한 이유는 윤씨는 어렵게 자라 소박한 차림과 성격에다 친정 세력도 죽고 없었기 때문이라 한다. 이후 성종과 윤씨 사이에 불화설이 생기고 결국 연산군의 어머니 폐비 윤씨는 사약을 받고 사사한다. 이 과정에서 인수대비가 성종의 부인 즉 자신의 며느리인 폐비 윤씨의 사사(賜死)를 주도하였다는 이야기가 있는데 아직 확실한 역사적인 사실은 아니다. 인수대비가 아들 성종의 편을 들어 신하들에게 윤씨의 폐위가 옳다고 하였고 시어머니 정희왕후 또한 언문 교지를 직접 내려 성종의 폐비 선택에 힘을 실어주었다는 것이다. 한편으로는 폐비 윤씨를 사사한 것은 인수대비가 아니라 신하들의 동정론에도 불구하고 성종이 결단하여 진행한 것이라는 이야기도 있다. 어찌되었든 폐비 윤씨의 아들인 연산군이 친할머니 인수대비에게 가진 원한이 있었던 것은 잘 알려진 사실이다. 연산군은 인수대비의 지위를 격하하여 왕세자빈의 예로 장례를 치르려 하였으나 신하들의 반대로 시행되지 못했다고 한다. 현재의 경릉은 1504년(연산군 10년)에 '소혜왕후(昭惠王后)'라는 시호를 받고 만들어진 왕릉이다.

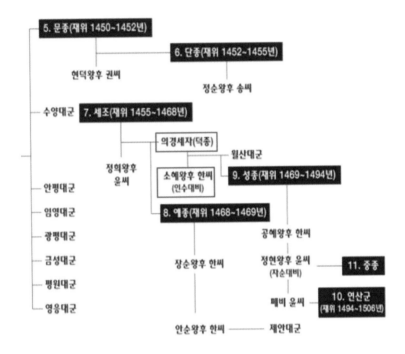

의경세자(덕종)의 가계도

② 명릉(明陵)

명릉은 조선 19대 숙종과 두 번째 왕비 인현왕후 민씨와 세 번째 왕
비 인원왕후 김씨의 능이다. 명릉은 같은 능역 안에 하나의 정자각을
세우고 서로 다른 언덕에 쌍릉과 단릉으로 능을 조성한 동원이강릉(同
原異岡陵)의 형식이다. 정자각 앞에서 바라보았을 때 앞쪽 오른쪽 언덕
이 숙종과 인현왕후의 쌍릉이고 더 높이 있는 왼쪽 언덕이 인원왕후의
단릉이다.

명릉(숙종과 인현왕후, 인원왕후)의
동원이강릉

명릉(숙종과 인현왕후)의 쌍릉

향로와 어로 양 옆에는 신하들이 걸었던 변
로를 깔아 놓아 겉으로 보았을 때 4개의 길로
보인다. 비각 안에는 2개의 능표석이 있는데,
하나는 숙종과 인현왕후의 능표석이고 또 하
나는 인원왕후의 능표석이다. 특히 숙종의
명으로 능역에 드는 인력과 경비를 감소하기
위하여 석물 치수를 줄였다. 대표적으로 8각
장명등이 4각 장명등으로 바뀌었다.

4각형 장명등

향로와 어로 양 옆에 변로가 있다

명릉(숙종 비 인원왕후)의 단릉

숙종은 1701년(숙종 27년)에 인현왕후 민씨가 사망하자 명릉에 제일 처음으로 능을 조성하였다. 숙종은 인현왕후의 능을 공사할 때 오른쪽 자리를 비우게 하여 자신의 능자리를 미리 만들었다. 1720년(숙종 45년)에 숙종이 사망하자 인현왕후 옆으로 능을 조성하여 쌍릉의 형식을 이루었다. 명릉을 조성한 지 37년이 지난 후 1757년(영조 33년)에 숙종의 세 번째 계비 인원왕후 김씨가 사망하자 인원왕후는 생전에 명릉에서 약 400보(300m) 떨어진 곳에 미리 묻힐 자리를 정하였으나, 영조는 당시 영조의 첫 번째 왕비 정성왕후의 홍릉을 공사하고 있던 상황을 염려하여 인원왕후 능을 명릉 서쪽 언덕에 자리를 선정하고 필요한 인력과 국고를 줄여 산릉(山陵) 공사의 부담을 덜었다. 이로써 명릉은 쌍릉과 단릉이 함께하는 동원이강릉이 된다.

명릉: 동원이강릉

▌숙종과 그의 여인들

19대 숙종(1661년~1720년) 재위 1674년~1720년

		재세	왕비 생활	왕릉(원) 장소
1	인경왕후	1661~1680	숙종 즉위와 함께 왕비 간택	서오릉 익릉
2	인현왕후	1667~1701	1681년 15세의 나이에 왕비 간택 1689년 폐위(기사환국) 1694년 복위(갑술환국)	서오릉 명릉
3	장희빈	1659~1701	1689년~1694년 5년 동안 왕비 1694년 갑술환국으로 후궁 강등	서오릉 대빈묘
4	인원왕후	1687~1757	1702년 숙종의 세 번째 왕비로 간택	서오릉 명릉
5	최숙빈	1670~1718	1694년 후궁으로 아들(영조) 낳음 왕비에 오르지는 못함	파주 소령원

숙종 집권기의 환국(換局) 정치

숙종은 현종과 명성왕후 김씨의 아들로 태어나 1674년에 14살의 나이로 왕위에 올랐다. 조선시대는 왕위 계승에 있어 적장자가 왕위를 잇는 것은 매우 중요했다. 숙종은 할아버지 효종과 아버지 현종을 잇는 적장자로 태어나 어린 나이에 즉위 하였지만 수렴청정을 받지 않고 매우 강력한 왕권을 확립할 수 있었다. 흔히 숙종시대를 일컬어 환국 정치기라고 하는데 숙종은 재위 기간 동안 3번의 환국으로 정권을 바꾸면서 자신의 왕권을 강화해 나갔다.

첫 번째 환국은 1680년 남인의 영수인 영의정 허적의 집에 잔치가 있는데 그날 비가 왔다. 숙종이 잔치에 쓰게 하려고 유악(油幄, 기름 먹인 천막으로 임금만 사용하던 것)을 허적의 집에 보내려 하였으나 이미 가져가서 사용한 것을 알고 크게 노하여 남인이 장악하고 있던 군권을 서인에게 넘기는 인사 조치를 단행하였다. 이 사건을 계기로 숙종은 남인들을 쫓

아내고 서인들을 적극 등용하였는데 이를 경신환국(1680년)이라고 한다.

두 번째 환국은 인현왕후 민씨(閔氏)가 왕비가 된 지 여러 해가 되도록 후사를 낳지 못하자, 숙종은 민씨가 왕후로 간택되기 이전부터 마음에 두고 있었던 궁녀 장옥정을 후궁으로 삼는다. 그러던 차에 장씨가 왕자 윤(昀)을 낳게 되자 숙종은 윤을 원자(元子)로 책봉하고 장씨를 희빈(禧嬪)으로 삼으려 하였다. 이때 당시의 집권 세력이던 서인은 정비(正妃) 민씨가 아직 나이 젊으므로 그의 몸에서 후사가 나기를 기다려 적자(嫡子)로써 왕위를 계승함이 옳다 하여 원자 책봉을 반대하였다. 그러나 남인들은 숙종의 주장을 지지하였고, 숙종은 그 권력이 왕권을 능가하는 세력으로 성장한 서인의 전횡을 누르기 위하여 남인을 등용한다. 이때 서인의 영수인 송시열(宋時烈)은 숙종의 처사를 잘못이라고 간하다가 삭탈관직 당하고 후에 사사(賜死)된다. 이로써 서인은 많은 사람이 파직되고 또는 유배되어 조정에서 물러나고, 그 대신 남인이 정치적 실세로 등용되었다. 이 환국(換局)의 여파로 인현왕후 민씨는 폐비가 되고, 장희빈은 정비가 되었다. 이를 두고 기사환국(己巳換局, 1689년)이라 한다.

세 번째 환국은 1694년에 서인들이 폐비 민씨의 복위 운동을 전개하는 과정에서 일어난다. 숙종이 장씨를 희빈으로 책봉하고 후에는 왕후의 자리에 올렸지만 폐비 사건을 차츰 후회하게 된 숙종은 다시 인현왕후를 복위시키고, 남인들을 퇴출한다. 이로 말미암아 서인들은 다시 재집권을 하게 된다. 이를 두고 갑술환국(甲戌換局, 1689년)이라 한다.

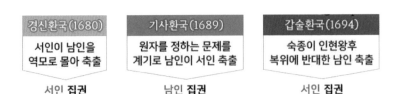

경신환국(1680)	기사환국(1689)	갑술환국(1694)
서인이 남인을 역모로 몰아 축출	원자를 정하는 문제를 계기로 남인이 서인 축출	숙종이 인현왕후 복위에 반대한 남인 축출
서인 집권	남인 집권	서인 집권

인현왕후와 장희빈의 악연

인현왕후(서인)	장희빈(남인)
1667년~1701년(35세 죽음) **나이는 장희빈보다 8살 적음**	1659년~1701년(43세 죽음)
1681년 15세 숙종의 계비	숙종의 후궁
자식 없음	1688년 왕자 윤을 낳음 - 昭儀가 됨
1689년 왕자 윤을 양자로 들임(세자 책봉) 인현왕후 폐위(서인 세력 숙청)	1689년 왕비(중전)에 오름 남인 장악 - **기사환국**
1694년 폐비 복위운동 인현왕후 복귀 - **갑술환국**	1694년 禧嬪으로 강등 (남인 세력 몰락)
1701년 병으로 죽음	1701년 취선당 주변 신당 설치 발각 장희빈 사약 받고 죽음

③ 홍릉(弘陵)

홍릉은 조선 21대 영조의 첫 번째 왕비 정성왕후 서씨의 단릉이다. 1757년(영조 33년) 영조는 정성왕후가 세상을 떠나자 예종의 창릉 동쪽 언덕에 숙종의 명릉(明陵)제도를 참작하여 쌍릉 형식으로 조성할 계획을 세운다. 그리고 영조는 자신의 능 자리를 미리 잡아 정성왕후 능의 오른쪽 자리를 비워둔다. 그러나 1776년에 영조가 세상을 떠나고 정조가 즉위하면서, 영조의 능 자리에 대한 대신들의 의견이 나뉘는데 여러 차례 논의 끝에 효종의 구 영릉(寧陵, 현재 동구릉 자리)으로 최종 결정되어 원릉이라는 이름으로 영조의 능을 조성하였다. 이로 인해 홍릉의 오른쪽 자리는 현재의 모습으로 비어 있으면서 남아 있게 되었다.

정성왕후는 1704년(숙종 30년)에 숙종의 왕자 연잉군과 가례를 올렸고, 1721년(경종 1년)에 왕세제빈으로 책봉된 후 1724년에 영조가 왕위에 오르자 왕비로 책봉되었다. 정성왕후는 조선 역대 왕비 중에서 중전 재임을 가장 오래하였으나 영조 사이에서 소생을 낳지 못하였다. 두 후궁에서 낳은 효장세자와 사도세자가 왕세자로 책봉될 때 양자로 입적하기도 하였으며, 영조와 사도세자가 대립하게 되자 그 중심에 서서 갈등을 풀기 위해 노력하였다.

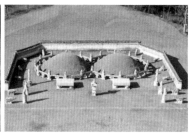

서오릉 홍릉(영조비 정성왕후)   동구릉 원릉(영조와 정순왕후)

▌영조의 여인들

영조(1694년~1776년) - 1724년 31세에 왕위에 올라 1776년 83세의 나이로 사망(재위 53년간)

① 정성왕후 서씨(1692년~1757년) - (양자) 효장세자, 사도세자
· 1704년 연잉군과 혼인
· 1724년 33세에 왕비가 됨
· 1757년 사망 - 홍릉(서오릉)에 묻힘
② 정빈이씨 - 효장세자(1719년~1728년): 10세에 사망
③ 영빈이씨 - 사도세자(1735년~1762년): 영조가 42세에 낳은 유일한 아들
④ 정순왕후 김씨(1745년~1805년) - 정조 독살설의 배후자
· 1759년 왕비 - 15세에 간택되어 17년간 왕비
· 1776년 대비 - 영조 사후 정조 즉위 후 24년간 대비
· 1800년 대왕대비 - 정조 사후 순조 즉위 후 7년간 수렴청정 후 사망

7) 서울 선정릉

　조선왕조의 궁궐이 자리한 서울에는 8개의 왕릉이 있다. 정릉(신덕왕후), 헌릉(태종과 원경왕후), 선릉(성종과 정현왕후), 정릉(중종), 태릉(문정왕후), 강릉(명종과 인순왕후), 의릉(경종과 선의왕후), 인릉(순조와 순원왕후)이 그것이다. 서울 강남에 자리한 선정릉은 아버지와 아들 사이인 제9대 성종과 제11대 중종이 묻혀 있다. 그중 선릉은 유별나게 많은 수난을 겪은 왕릉으로 임진왜란 때 왕릉이 파헤쳐진 것을 시작으로 재실과 홍살문, 정자각이 화재로 사라져 버린 적이 있다. 선릉 동쪽에는 중종이 잠들어 있는 정릉(靖陵)이 있다. 중종은 많은 부인과 자식을 두었지만 세상을 떠난 뒤에는 홀로 커다란 정릉에 잠들어 있는 비운의 왕이다.

선정릉 조감도

① 선릉(宣陵)

선릉은 조선 9대 성종과 계비 정현왕후 윤씨의 동원이강릉(同原異岡陵) 의 형태이다. 정자각 앞에서 바라보았을 때 왼쪽 언덕(서쪽)이 성종, 오른쪽 언덕(동쪽)이 정현왕후의 능이다. 1494년(성종 25년)에 성종이 세상을 떠나자 이듬해인 1495년에 현재의 선릉 자리에 능을 먼저 조성하였다. 원래 이 자리는 세종의 아들인 광평대군 묘역이 있던 자리였으나, 선릉이 조성되면서 광평대군 묘역은 현재 강남구 수서동으로 이장되었다. 이후 30여 년이 지나 1530년(중종 25년)에 성종의 왕비 정현왕후 윤씨가 세상을 떠나자 선릉 동쪽 언덕에 능을 조성하였다. 선릉은 유독 수난을 많이 겪었다. 선릉은 중종의 정릉과 함께 임진왜란 때 왜적의 도굴로 인해 파헤쳐져서 시신이 없는 왕릉이 되었다. 1625년(인조 3년)에는 정자각에 불이 나고, 그다음 해에는 능침에도 불이 났다.

| 선릉(성종) | 선릉(정현왕후) |

▌성종(成宗)과 정현왕후 이야기

성종은 추존 덕종(의경세자)과 소혜왕후 한씨(인수대비)의 둘째 아들로 1457년(세조 3년)에 경복궁에서 태어났다. 태어난 지 두 달 만에 아버지

의경세자가 세상을 떠나자 할아버지인 세조가 잠시 궁궐 안에서 키웠는데 세조의 사랑을 많이 받았다고 한다. 1461년(세조 7년)에 자을산군에 봉해졌고, 숙부 예종이 1469년(예종 1년)에 세상을 떠나자 할머니인 정희왕후 윤씨의 명으로 예종의 양자로 입적되어 13세의 나이로 왕위에 올랐다. 즉위 후 정희왕후 윤씨의 수렴청정을 7년 동안 받았으며 1476년(성종 7년)에 친정(親政)을 시작하였다. 성종은 법령을 정리하여 세조 시대부터 편찬해 오던《경국대전》을 반포하였고 유교적 통치의 전거가 되는 법제를 완비했다. 세조 측근 공신을 중심으로 하는 훈구세력을 견제하기 위하여 신진 사림세력을 등용하여 훈신과 사림 간의 세력 균형을 이루게 함으로써 왕권을 안정시키고, 조선 중기 이후 사림정치의 기반을 조성하는 등 많은 업적을 남겼다.

연산군의 생모 윤씨가 폐비된 이후 중전의 자리에 오른 정현왕후는 연산군을 친아들처럼 키웠고 연산군 역시 정현왕후 윤씨를 친어머니로 알고 자랐다. 그러나 연산군은 즉위 후 성종의 능지문을 제작하는 과정에서 자신의 친어머니의 존재에 대해 알게 되었다고 한다. 연산군은 정현왕후의 아버지 윤호가 폐비 윤씨의 복위를 앞장서서 반대하였음에도 불구하고 정현왕후에 대한 예우를 소홀히 하지 않았다고 한다.

┃ 월산대군

성종의 형으로 일찍이 아버지(세조의 큰아들 덕종, 의경세자)를 잃고 할아버지인 세조의 총애를 받으면서 궁궐 안에서 자랐다. 예종 사후에 왕세자인 제안대군(齊安大君)과 월산대군이 있었음에도 불구하고 성종이 왕위에 즉위한 것은 정치적 내막이 깔려 있다. 성종의 즉위는 세조비 정희왕후(貞熹王后)가 세조의 유명을 받들어 시행한 것이라고 하지만 실제로는 당시의 최고 권신이자 성종의 장인인 한명회(韓明澮)의 주선에 의한 것이었다. 당시의 왕위 계승에서 가장 유리한 위치를 차지하던 월산대군은 권신들의 농간에 의해 좌리공신에 책봉되는 비운을 맞자 이로 인해 현실을 떠나 자연 속에 은둔해 조용히 여생을 보낸다.

성종 가계도

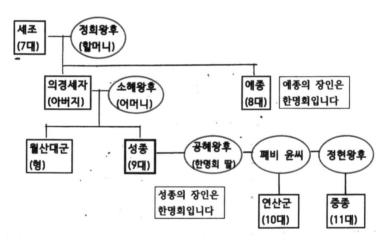

| 성종의 업적과 주요사건

1469년 11월   성종 즉위, 수렴청정 실시

1471년 3월   좌리공신(75명) 책봉

1476년 1월   수렴청정이 끝나고 성종의 친정이 시작됨

1477년 11월   훈구대신 탄핵, 남효온의 소릉 복위 상소

1481년 6월   압구정 사건으로 한명회 곤경에 처함

1482년 8월	폐비 윤씨를 사사함
1485년 1월	《경국대전》완성
1487년 11월	한명회 사망
1490년 7월	홍문관의 탄핵으로 대간 전체 사직
1492년 8월	김종직 사망
1493년 10월	대사헌 허침과 우의정 허종의 갈등
1494년 12월	성종 사망, 세자(연산군) 즉위

▌성종과 창경궁(昌慶宮)의 역사

창경궁의 역사는 1482년(성종 13년) 대비전의 세 어른인 세조의 비 정희왕후, 덕종의 비 소혜왕후, 예종의 계비 안순왕후를 모시기 위해 폐허처럼 남아 있던 수강궁(창경궁의 처음 이름) 수리를 명하면서 시작된다. 궁궐다운 규모를 갖추게 된 창경궁은 창덕궁의 부족한 기능을 일정 부분 보완하는 궁궐로 자리 잡게 된다. 즉, 창경궁은 궁궐로서 독립적인 규모를 갖추기는 했으나 당시에 왕이 기거하면서 정사를 보는 궁궐로는 거의 쓰이지 않았다.

창경궁은 1592년 임진왜란 초기 도성 안의 모든 궁궐이 불타면서 함께 소실되었다. 전쟁이 끝나고 1615년(광해군 7년)에 광해군이 중건된 창덕궁으로 이어하면서 바로 다음 해에 이웃해 있던 창경궁 중건이 이루어졌다. 1624년(인조 2년) 이괄의 난으로 창덕궁과 함께 또다시 소실되었다. 1633년(인조 11년) 인왕산 밑에 지어놓은 인경궁의 전각을 헐어 창경궁을 수리하게 된다.

그 후 큰 화재가 발생하였고 창경궁의 복구는 1833년(순조 33년)에 이루어지는데 이때의 공사는 1790년(정조 14년)에 소실되었던 통명전을 비롯해 환경전·경춘전·숭문당·함인정·양화당·영춘헌·오행각 등을 중건하는 것으로, 이듬해 마무리되었다.

창건 이래 끊임없는 소실과 복원을 거듭하면서도 궁궐로서의 격과 위상을 지켜 왔던 창경궁이 돌이킬 수 없을 만큼 심각하게 훼손된 것은 1907년 순종이 즉위하면서부터이다. 순종은 즉위하자 거처를 慶運宮(현 덕수궁)에서 昌德宮으로 옮겼다. 이 일을 계기로 일제는 순종을 위로한다는 명목으로 그해부터 창경궁의 전각을 헐고 그 자리에 동물원과 식물원을 만들어 1909년(융희 3년)에 개원하였다. 그리고 내친김에 1911년에는 궁궐의 이름도 창경원으로 바꾸어 궁궐이 갖는 왕권과 왕실의 상징성을 격하시켰다. 1912년에는 지금의 율곡로 개설을 시작하여 창경궁과 종묘를 단절시켜 놓았다.

창경원을 창경궁으로 복원하는 공사는 1984년부터 시작되었다. 창경원에 있던 동물원을 과천 서울대공원으로 옮기고, 일본인이 고의적으로 심어 놓았던 벚나무도 뽑아내었다. 1986년에는 명정전 회랑과 문정전 등 일부 전각을 복원하였으며, 해방 이후 조선시대 왕실의 도서를 관리하던 장서각의 이름으로 남아 있던 자경전터의 박물관은 그 기능을 한국정신문화연구원에 넘겨준 뒤 1992년 헐리고 지금은 녹지가 되었다.

창경궁의 정전 명정전　　　　　　　창경궁의 내전 통명전

② 정릉(靖陵)

장경왕후 윤씨가 죽고 20년이 지난 1537년(중종 22년) 김안로 세력은 장경왕후 사후에 능을 조성(고양 서삼릉 희릉) 했을 때 돌이 나왔다며 국모를 매장하는데 좋지 못한 자리를 썼다고 주장했다. 때문에 천장(이장)이 결정되었는데 몇 달 뒤 김안로가 몰락해서 실제로 옮겨지지 않았다.

1544년(중종 29년)에 중종이 세상을 떠나자 이듬해인 1545년에 두 번째 왕비 장경왕후 윤씨의 희릉(고양 서삼릉) 서쪽 언덕에 능을 조성하고 능호를 정릉(靖陵)이라 하였다. 그러나 17년 후인 1562년(명종 17년)에 세 번째 왕비 문정왕후 윤씨에 의해서 중종의 능을 선릉 부근으로 천장하였다. 문정왕후는 봉은사 주지였던 보우와 논의(?)하여 고양 희릉 부변 중종의 능침이 풍수지리상 좋지 않으므로 풍수상 길지라 여기는 선릉 동쪽 언덕으로 천장하였다. 그러나 선릉 동쪽 언덕은 지대가 낮아 비가 오면 홍수 피해가 자주 있던 자리였다. 결국 중종과 함께 묻히기를 바랐던 문정왕후는 그 뜻을 이루지 못하고, 현재 태릉(泰陵)에 능을 조성하였다. 그 후 정릉은 임진왜란 때 선릉과 함께 왜구에 의해 능이 파헤쳐지고 재궁이 불태워지는 수난을 겪기도 하였다.

정릉(중종)

정릉(중종)의 신도

중종반정과 개혁정치

중종은 성종과 정현왕후 윤씨의 아들로 1494년(성종 25년)에 진성대군 (晉城大君)에 봉해졌다. 1506년 박원종, 성희안, 유순정 등은 연산군의 폭정에 반기를 든다. 훈련원을 출발한 반정세력은 창덕궁 어귀의 하마비동에서 함께 진을 치고 경복궁에 있는 대비(정현왕후 윤씨)에게로 가서 거사의 사실을 알렸다. 처음에는 부정적인 반응을 보이던 대비는 신료들의 요청이 계속되자 연산군 폐위와 진성대군의 추대를 허락하는 교지를 내렸다. 교지를 받은 반정 주도세력들은 먼저 권신 임사홍, 신수근 등 연산군의 측근을 죽인 다음 군사를 몰아 텅 빈 창덕궁에 들어가서 연산군에게 옥새를 내놓을 것을 요구하였다. 사태가 기울었음을 안 연산군은 옥새를 내어 주었고 반정군의 호위를 받으며 진성대군은 대비의 교지를 받들어 왕위에 올랐다.

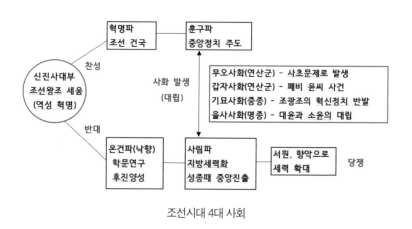

조선시대 4대 사화

중종은 연산군시대의 잘못된 정치를 바로잡고 새로운 왕도정치의 이상을 실현하고자 노력하였다. 새로운 개혁정치를 표방한 조광조를 내세워, 훈구세력을 견제하고 사림을 등용하였으나, 소격서 폐지, 위훈삭제 등 급진적인 정책이 큰 반발을 불러와 기묘사화가 일어나기도 하였다. 그러나 사회적으로는 향약이 전국적으로 실시되어 유교적 향촌질서가 자리를 잡았으며, 인쇄술의 발달로 《신증동국여지승람》을 비롯한 많은 서적이 편찬되었다. 경제적으로도 동전의 사용을 적극 장려하고 도량형의 통일을 꾀하였으며, 사치를 금하는 등 많은 노력을 기울였다.

▍중종의 왕비들

가. 단경왕후(端敬王后) 신씨 - 인왕산 치마바위 주인공

단경왕후 신씨 신수근과 한씨의 딸로 1487년(성종 18년)에 태어났다. 1499년(연산군 5년)에 성종의 아들인 진성대군과 가례를 올려 부부인이 되었으며, 1506년에 중종반정으로 진성

양주 온릉(중종 비 단경왕후)

대군이 왕위에 오르자 왕비로 책봉되었다. 그러나 단경왕후의 아버지가 역적(연산군의 처남으로 중종반정을 반대했었음)이라는 이유로 왕비 책봉 7일 만에 폐위되었다. 1515년(중종 10년)에 중종의 두 번째 왕비 장경왕후 윤씨가 세상을 떠나자 폐비 신씨의 복위론이 있었으나 무산되었고, 세상을 떠난 지 182년이 지난 1739년(영조 15년)에 복위되어 시호를 단경왕후라 하였다. 단경왕후릉은 온릉으로 경기도 양주군 장흥에 있다.

나. 장경왕후 윤씨 - 외삼촌이 중종반정의 1등 공신인 박원종

파평부원군 윤여필의 딸이다. 어린 시절 큰이모인 월산대군의 아내 박씨의 집에서 자랐다. 중종의 첫째 왕비인 단경왕후 신씨가 반정 세력의 요구에 따라 7일 만에 폐출되고 이후 비어진 국모의 자리에 숙의 윤씨가 왕비로 간택된다. 장경왕후의 친정은 대대로 왕비를 배출할 만큼 당대 최고 명문가였던 파평 윤씨 가문이고 결정적으로 외삼촌이 중종반정의 1등 공신인 박원종이었다. 중종의 계비가 된 이후 1515년(중종 10년)에는 적통 대군인 원자를 낳았으나 산후병으로 엿새 만에 25세 나이로 숨을 거두었다.

장경왕후가 죽자 중종은 훗날 합장을 염두에 두고 현재 대모산 유역의 헌릉 서쪽에 희릉을 만든다. 그러나 산릉 과정에서 물이 나오자 봉분의 위치하는 혈처를 약간 옮기는 일이 발생되었고 이 일은 훗날 천릉의 단초를 제공하게 된다. 1537년(중종 32년) 장경왕후가 죽은 지 20년이 지나서 중종대의 대표적인 권신인 김안로는 희릉 자리가 국모를 매장하는데 좋지 못한 자리라고 주장한다. 그리하여 결국 희릉(禧陵)은 고양시 덕양구 서삼릉 자리로 천장이 된다. 1544년 중종이 죽은 후 희릉은 동원이강릉 형식으로 다시 만들어져 중종은 장경왕후 곁에 묻혔고 이름도 정릉(靖陵)으로 고쳐졌다. 그러나 1562년(명종 17년) 중종의 제2계비인 문정왕후가 봉은사 주지 보우와 상의하여 자신이 죽은 후 중종의 봉분 옆에 묻히고자 했기 때문에 중종의 봉분만 현재 강남구 삼성동 선릉(宣陵) 근처로 옮겨 버린다. 이로써 장경왕후의 능인 희릉은 홀로 남게 되며 단릉이 된다. '대윤(大尹)'과 '소윤(小尹)'을 나눌 때 대윤의 우두머리가 되는 윤임이 장경왕후의 친오빠이다. 이 때문에 을사사화 당시 윤임을 비롯한 장경왕후의 친정 가족들은 문정왕후와 소윤 세력에게 정치적으로 몰려 대거 숙청당했다.

고양 서삼릉 희릉(중종 계비 장경왕후)

다. 문정왕후 윤씨 - 조선왕조실록에서 가장 혹독한 평가를 받은 왕비

문정왕후 윤씨 1515년에 중종의 두 번째 왕비 장경왕후가 세상을 떠나자 1517년(중종 12년)에 왕비로 책봉되었다. 문정왕후는 중종이 세 번째로 맞은 왕비였다. 장경왕후 사후 단경왕후를 다시 맞아들이자는 논란이 잠시 일어나기는 했으나 세자(훗날 인종)의 외삼촌 윤임은 세자를 보살펴 줄 왕비로 자신 가문의 처녀를 왕비 후보로 밀었다. 문정왕후는 초기에는 자신보다 나이 많은 후궁들의 견제와 아들을 낳지 못하고 딸만 넷을 줄줄이 낳은 탓에 왕비로서 초기의 삶은 녹녹하지 못했다. 그렇지만 세자의 보호자를 자처하면서 자신의 안위를 간신히 유지하였다.

이후 장경왕후의 아들인 인종이 왕세자로 책봉된 가운데 문정왕후가 경원대군(명종)을 낳자, 인종을 지지하는 대윤(大尹)과 경원대군을 지지하는 소윤(小尹) 간의 권력 싸움이 일어난다.

1544년에 중종이 세상을 떠나고 인종이 즉위하자 대윤이 정권을 잡았으나, 인종이 재위 9개월 만에 승하하고 경원대군(명종)이 12살의 나이에 왕위에 오르자 문정왕후가 수렴청정을 하면서 소윤이 정권을 잡았다. 소윤은 의도적으로 대윤을 제거하기 위해 을사사화를 일으켰다. 이어 1547년(명종 2) 경기 광주 양재역에 벽보가 붙어 세상이 시끄러워진다. 벽보는 '여왕이 집정하고 간신배들이 권세를 휘둘러 나라가 망하려 하는데 보고만 있을 것인가'라는 내용이었다. 이 벽보를 계기로 문정왕후와 그녀의 형제들인 윤원형, 윤원로를 비롯한 소윤은 자신들의 정적인 대윤 세력과 신진사림 세력을 완전히 제거시켰다. 문정왕후 수렴청정 기간 동안에 정국은 불안정하여 매관매직이 빈번하였고, 임꺽정의 난이 일어나기도 하였다.

문정왕후는 불교에 관심을 두어 불교 부흥에 앞장서 선교 양종 및 승과제도를 부활시켰고, 보우를 가까이하여 봉은사의 주지로 임명하였다. 8여 년의 수렴청정을 끝내고 명종이 친정하였으나, 실질적인 권세는 문정왕후에게 있었다. 문정왕후는 중국의 측천무후와 비교되는데 남존여비가 정당한 가치관이라고 굳게 믿어지던 시대에 조선의 남성지배 관료층을 아우르며 자신의 권력을 유지하였다는 점에서 탁월한 정치가로도 평가될 수도 있다.

라. 창빈 안씨

1507년(중종 2년)에 궁녀로 입궁했다. 뛰어난 미인은 아니었지만 성품이 차분하고 행동거지가 정숙하여, 정현왕후의 신임을 받았다. 중종의 왕비 문정왕후와 사이도 돈독하였다. 문정왕후의 외아들 명종이 후사 없이 세상을 떠나자, 명종의 왕비 인순왕후는 창빈 안씨의 손자인 하성군을 선조로 즉위시켰다. 선조와 선조 이후의 모든 조선 국왕은 창빈 안씨의 후손들이다. 창빈 안씨는 그녀의 손자인 하성군이 왕위에 오른 덕분에 내명부 정1품 빈(嬪)으로 추존되어 창빈의 칭호를 받았다. 묫자리에 현재 국립서울현충원에 있다.

	왕릉	장소	자식	비고
중종(11대)	정릉	강남구 선정릉		재세 1488~1544 재위 1506~1544
단경왕후 신씨	온릉	양주 온릉	자식 없음	1506년 왕비 책봉 7일 만에 폐비
장경왕후 윤씨	희릉	고양 서삼릉	1남 1녀 인종(12대)	1515년 인종을 낳고 6일 만에 산후병으로 사망
문정왕후 윤씨	태릉	도봉구 태강릉	1남 4녀 명종(13대)	대윤: 윤임 소윤: 윤원형
창빈 안씨		동작구 국립현충원	2남 1녀 덕흥대원군	손자: 선조(14대)

8) 고양 서삼릉

고양 서삼릉에는 한때 이곳에 있었던 중종(中宗)의 정릉(靖陵)을 중심으로 희릉(禧陵), 효릉(孝陵)이 있었다. 그러다가 중종(中宗)의 정릉(靖陵)이 천장(이장)되고 다시 고종(高宗) 원년에 예릉(睿陵)이 들어서면서 효릉,

희릉, 예릉의 3능이 되는데 이를 일컬어서 서삼릉이라 한다.

① 효릉 - 중종의 아들 인종(仁宗)과 인성왕후 박씨(仁聖王后朴氏)의 능

효릉은 쌍릉(雙陵)으로 당시 어려웠던 시대적인 상황으로 상례 절차를 간소화하여 산릉(山陵)공사에 소홀한 점이 많았던 모양이다. 선조(宣祖) 10년에 효릉을 다시 보수하였다.

② 희릉 - 중종의 계비(繼妃) 장경왕후(章敬王后)의 능

왕후가 승하하자 처음에는 능터를 현재 강남구 헌릉(獻陵) 구역 내에 택정하였으나 이를 둘러싼 권력다툼의 결과로서 새로이 길지(吉地)를 찾아 현재의 위치에 모시게 하였다. 그 후 중종의 정릉은 장경왕후 희릉 곁

에 정해지면서 정자각(丁字閣)을 가운데 옮겨 세우고 동원이강형식(同原
異岡形式)을 취하게 되었다. 그러다가 이후 중종의 정릉만이 강남구 삼성
동으로 천장하면서 단릉이 되었다.

③ 예릉 - 조선시대 말기 철종(哲宗)과 철인왕후 안동김씨(安東金氏)의 능

　능 제도는 쌍릉제도를 취하고 있으며 양식상 화성 융건릉(隆健陵)의 영
향을 받은 것으로 보인다.

예릉(철종과 인순왕후) 정자각　　　　희릉(중종비 장경왕후) 비각

9) 서울 태강릉(泰康陵)

　서울특별시 노원구 공릉동에 위치한 태강릉에는 태릉(단릉, 문정왕후 윤
씨)과 강릉(쌍릉, 명종과 인순왕후 심씨)이 있다. 문정왕후는 자신이 중종 옆
에 묻힐 요량으로 장경왕후의 능(고양 휘릉) 옆에 있었던 중종의 능침을
풍수지리가 좋지 않다 하여 선릉(宣陵) 옆으로 옮겼다. 하지만 새로 옮긴
왕릉의 지대가 낮아 홍수 피해가 자주 일어났고, 결국 문정왕후는 중종
의 옆 자리에 묻히지 못하고 현재의 위치에 묻히게 된다. 태강릉은 불암
산을 주산으로 하여 약 1㎞ 떨어져 있다.

　태릉은 왕비의 단릉(單陵)이라 믿기 힘들 만큼 웅장한 능으로, 조성 당시 문정왕후의 세력이 얼마나 컸는지를 짐작케 한다. 봉분은 병풍석과 난간석을 둘렀으며, 봉분 앞에 상석과 망주석 1쌍을 세웠다. 봉분 주위로 석양(石羊)·석호(石虎) 각 2쌍을 교대로 배치시켰으며, 뒤쪽으로는 곡장(曲墻)을 쌓았다.

　강릉은 쌍릉의 형식으로 정자각 앞에서 바라보았을 때 왼쪽이 명종, 오른쪽이 인순왕후의 능이다. 전체적인 능침은 문정왕후의 태릉과 같은 형태로 조성하여, 봉분에는 병풍석과 난간석

강릉(명종과 인순왕후)

을 모두 둘렀고, 장명등, 혼유석, 망주석, 석양, 석호, 석마, 문무석인 등을

배치하였다. 정자각, 비각, 홍살문이 남아 있으며 정자각 왼편에는 둥근 어정(御井)이 있다.

태릉(중종 비 문정왕후)

10) 파주 장릉(張陵)

장릉은 조선 16대 인조와 첫 번째 왕비 인열왕후 한씨의 능으로 합장릉의 형식이다. 1635년(인조 13년)에 인조의 첫 번째 왕비 인열왕후 한씨가 세상을 떠나자 이듬해인 1636년에 파주 운천리에 능을 조성하였다. 이때 인조는 자신의 능자리를 쌍릉의 형태로 미리 공사하였다. 그러나 장릉에 화재가 자주 일어나고 뱀과 전갈이 능 주위에 무리를 이루고 석물 틈에 집을 짓는 변이 계속되자 1731년(영조 7년)에 현재의 자리로 천장하면서 합장릉으로 조성하였다. 특히 옛 장릉의 석물과 천장하면서 다시 세운 석물이 같이 있어 17세기와 18세기의 왕릉 석물을 동시에 볼 수 있다. 능침에는 병풍석과 난간석을 모두 둘렀으며, 문무석인, 석마, 장명등, 혼유석, 망주석, 석양과 석호를 배치하였다. 혼유석은 합장릉의 형태로 2좌를 배치하였다.

장릉(인조와 인열왕후)

장릉 혼유석

인조반정과 이괄의 난

- 1623년 3월 서인들 쿠테타로 광해군 축출하고 능양군(인조) 추대
- 광해군 폐위명분: 廢母殺弟, 궁궐 토목공사 확대, 명의 再造之恩 배신
- 인조반정 주체는 광해군대 권력에서 소외된 인물들(이이, 성혼, 이항복의 제자들)
- 인조정권의 자신감과 親明拜金 정책, 후금과의 관계 악화
- 국정과제로 민생안정, 오랑캐(여진) 정벌
- 광해군대 적폐청산: 대동법, 호패법, 양전(量田)제 실시 시도
- 이괄의 난(1624년): 논공행상의 문제점과 이괄의 불만, 영변으로 발령 난 이괄의 거병(擧兵)
- 이괄의 한양도성 점령, 인조 공주로 피신. 피신 직전 정치범 즉결 처분
- 내전 과정에서 무너진 군사력과 경제 기반, 拜金 불가해짐
- 권력 유지를 위한 정치 사찰과 공작정치로 군사력 크게 약화됨

이괄(李适, 1587년~1624년)의 난

1623년(인조 1년) 서인 세력은 광해군과 대북파를 몰아내고 인조를 옹립하였다. 이괄은 반정이 성공한 뒤에 임지로 돌아가지 않고 좌포도대장으로서 한성부의 치안 유지를 담당했다. 하지만 김유, 이귀 등 서인계 공신들은 이괄을 배척하고 견제하였다. 인조반정에 대한 논공행상 과정에서도 이괄은 정사공신(靖社功臣) 2등에 봉해지는 데 그쳤으며 평안도 영변(寧邊)에 주둔하면서 후금의 침략에 대비하라고 명해진다. 그러자 이괄의 아들과 동생은 불만을 품게 되었다. 그러던 중 1624년 음력 1월 서인들은 이괄과 이괄의 아들 및 일부 무장세력들이 역모를 꾸몄다는 무고하였다. 역모의 단서가 발견되지 않자 서인들은 대신 이괄의 아들 이전을 서울로 압송하기로 결정을 내렸다. 이에 이괄은 압송하러 온 사람들을 죽이고 1624년 항왜병(降倭兵) 100명을 선봉장으로 하여 1만 2000명의 군사를 이끌고 반란을 일으켰다. 반란군은 서울을 점령하고 선조의 열 번째 아들인 흥안군(興安君) 제(堤)를 왕으로 추대하였다. 반란 과정에서 인조는 도성 부근에 피신처가 없어 공주까지 피란을 떠났다. 그러나 결국 반란군은 내부 분열로 관군의 공격을 받아 크게 패하고 이괄의 난은 평정된다. 인조와 서인 정권은 호위청 군관의 수를 배로 늘리고 어영청과 총융청을 설치하고 남한산성 축조를 신속하게 진행하는 등 군사력을 강화하였다. 이괄의 난 이후 기내(畿內) 군사력의 정비가 일부 이루어졌지만 서북로를 비롯한 지방군의 정비는 거의 이루어지지 못하였다. 인조와 서인 정권은 정치 감찰을 통해 지방세력의 군사화를 크게 견제하였고 지방군은 제대로 된 훈련을 하지 못하고 조정의 눈치만 보는 상황에 이른다. 이러한 상황에서 결국 후금에 대한 정보 부족과 군사력의 열세로 정묘호란과 병자호란을 맞게 된다.

▌정묘, 병자호란 및 조선의 외교

- 후금 승승장구와 만주장악, 요양에서 심양으로 천도. 누르하치의 아들 홍타이지 등장
- 1627년 홍타이지는 대기근으로 인한 경제적 위기 극복하기 위해 조선 遠征(정묘호란). 인조는 강화도로 피난
- 최명길의 강화 주장을 받아들여 형제의 의를 약속하는 정묘화약(丁卯和約)을 맺음
- 1636년 후금은 국호를 '청'으로 바꾸고 조선 정벌에 나섬(병자호란). 인조는 남한산성으로 후퇴하여 항거. 인조는 각 도에 납서를 보내 근왕군을 불러 모음
- 남한산성 성안의 군사들은 추위와 기근에 사기가 떨어짐
- 척화파(김상헌)와 주화파(최명길) 논쟁이 가열됨
- 59일간을 버티던 인조는 삼전도에서 청 태종 홍타이시에게 三拜九叩頭禮를 행하고 항복
- 소현세자, 봉림대군과 척화론자인 홍익한, 윤집, 오달제를 청나라에 인질로 보냄

송파 삼전도비

▌ 인조와 경희궁의 역사

- 1592년부터 1599년까지 임진왜란 기간 중에 경복궁, 창덕궁, 경희궁이 모두 불에 타 버림. 선조는 평양에서 서울로 돌아와 정릉동 행궁(월산대군의 후손 집, 성종의 형)에서 지냄
- 1608년 광해군이 조선 15대 왕으로 즉조당에서 즉위함
- 1610년 창덕궁과 창경궁이 일부 복원됨. 광해군은 창덕궁을 흉궁이라 하고 창덕궁으로 가지 않고 정릉동 행궁에서 지냄
- 1616년(광해군 8년) - 인조의 아버지 정원군(원종, 광해군의 사촌동생)의 저택이었던 경희궁 부지가 왕기가 흐른다 하여 광해군이 부지를 몰수하여 국왕의 별채로 삼음. 광해군은 경덕궁(경희궁)과 인경궁 2개의 새로운 궁궐을 지으라고 명령함
- 1623년(광해군 15년) 경덕궁(경희궁)이 지은 지 6년 만에 완공됨. 경희궁의 크기는 경복궁의 2/3 크기임. 인경궁은 인조반정으로 공사가 중단됨
- 1623년 3월(인조 1년) 경희궁 완성 후 1달 반 지나 인조반정 이 일어나고 인조는 경희궁에서 즉위
- 1624년 3월 이괄의 난으로 창덕궁과 창경궁이 불타 버림. 인조는 공주로 피신. 이괄의 난 이후 인조는 주로 경희궁(慶喜宮, 西闕)에 거주함

경희궁에서 거처하던 조선시대 왕

광해군(15) → 인조(16) → 현종(18) → 숙종(19) → 경종(20) → 영조(21) → 정조(22) → 순조(23) → 헌종(24) → 철종(25) 10대 240년간

광해군: 한 번도 지낸 적이 없음

인조: 경희궁에서 즉위. 재위 26년 중에서 25년간 경희궁에서 지냄

숙종: 경희궁에서 태어나고 자라고(13세까지) 1720년 죽음

경종: 경희궁에서 태어남

영조: 인조 이후 경희궁에서 가장 오랜 시간동안 거처한 왕, 1772년 이후에는 16년간 주로 경희궁에서 지내다 죽음

정조: 경희궁에서 즉위

순조: 경희궁에서 죽음

헌종: 경희궁에서 즉위

철종: 경희궁에서 6개월 머뭄

경희궁 숭정전

경희궁 자정전

11) 화성 융건릉(隆健陵)

　융릉(隆陵)은 사도세자(장조)와 현경왕후의 합장릉이다. 본래 사도세자의 묘는 원래 경기도 양주시 배봉산(현재 서울시 동대문구) 기슭에 수은묘(垂恩墓)로 있었으나 1776년(정조 1년) 3월 수은묘를 영우원(永祐園)으로 개칭하고, 존호도 사도(思悼)에서 장헌(莊獻)으로 개칭하였다. 이어 정조는 이장을 준비하고 지금 자리로 옮겨 현륭원(顯隆園)이라 이름 붙였으며 이후 1899년 대한제국 고종은 왕계 혈통상 고조부인 장헌세자를 장조로 추숭하면서 현륭원이란 명칭도 융릉으로 격상시켰다. 능침과 정자각은 방향이 일치하지 않고 틀어져 있다. 이는 정조의 효심에서 나온 것으로 뒤주에 갇혀 죽은 사도세자가 사후라도 앞이 터 있는 공간을 마련하기 위한 것이라 한다. 현륭원 조성 당시 세자였음에도 왕릉의 형식을 갖추어 병풍석, 무인석, 문인석을 만들고 화려하게 꾸며져 있다.

융릉: 능침과 정자각은 방향이 일치하지 않는다　　융릉(장조와 현경왕후)의 병풍석

융릉(장조와 현경왕후) 비각　　　　　융릉(장조와 현경왕후) 혼유석

　건릉(健陵)은 조선 제22대 왕인 정조와 효의왕후의 합장릉이다. 1800 년 정조가 49세의 나이로 승하하자 유언대로 아버지의 능인 현륭원(훗날 융릉) 동쪽 두 번째 언덕에 안장되었다. 21년 후 순조 21년 1821년 왕비 효의왕후가 승하하자 정조의 간릉을 현재의 위치로 이장하고 효의왕후 와 합장해서 오늘날의 건릉이 되었다. 건릉은 합장릉으로 병풍석을 설치 하지 않고 난간석만 둘렀다. 난간석 밖으로 석호와 석양을 각각 2쌍 배 치하였고 봉분 앞에는 1개의 혼유석이 있다. 망주석과 장명등이 있으며 문인석과 무인석, 석마 2쌍이 있다. 비각에는 대한 정조선황제건릉 효의 선황후부좌(大韓 正祖宣皇帝健陵 孝懿宣皇后祔坐)라 쓰여 있다. 홍살문에서 정자각까지 참도 좌우 양측에 박석(薄石)을 깔아 놓은 것이 특이하다.

건릉(정조와 효의왕후) 비각

건릉(정조와 효의왕후) 전경

건릉(정조와 효의왕후) 정자각

건릉(정조와 효의왕후) 병풍석

건릉(정조와 효의왕후) 8각 장명등

▎사도세자(장조, 莊祖)와 비운의 현경왕후 이야기

　사도세자는 1735년(영조 11년) 영조와 영빈 이씨의 아들로 태어나 1736년(영조 12년)에 왕세자로 책봉되었다. 어려서부터 매우 총명하여 3세가 되었을 때 이미《효경》을 외울 정도였다 한다. 왕세자로서의 뛰어난 면모를 갖춰 아버지 영조의 기대는 매우 컸다. 그러나 1749년(영조 25년) 영조의 명으로 대리청정을 하게 되면서 사도세자를 경계하는 노론 벽파 대신들이 왕세자를 모함하면서 영조와 왕세자인 사도세자 간의 갈등이 시작된다. 1762년(영조 38년)에 형조판서 윤급의 청지기였던 나경언이 세자의 비행을 고하는 상서를 올리자 크게 노한 영조는 나경언을 처형하고, 왕세자를 폐하기로 결심하고 왕세자에게 자결할 것을 명하였다. 그러나 왕세자가 명을 따르지 않자 영조는 왕세자를 폐서인 시킨 후 뒤주에 가두었다. 결국 뒤주에 가둔지 8일 만에 왕세자는 사망한다. 영조는 자신의 행동을 곧 후회하고 애도하는 뜻에서 사도(思悼)라는 시호를 내렸다. 그 후 1776년에 사도세자의 아들 정조가 왕위에 오른 후 장헌세자라는 존호를 올렸다.

　헌경황후 홍씨는 영풍부원군 홍봉한의 딸로 1744년(영조 20년)에 왕세자빈에 책봉되었고, 1762년(영조 38년)에 장조가 세상을 떠나자 혜빈에 봉해졌다. 1776년에 정조가 왕위에 오르자 호칭을 높여 혜경궁(惠慶宮)이라 하였다. 헌경황후 아버지 홍봉한과 숙부 홍인한은 외척이면서도 폐세자를 주장하는 노론을 지지하는 입장에 있었다. 숙부 홍인한은 훗날 정조가 되는 세손의 대리청정도 노골적으로 반대하고 나선 인물이었다. 이러한 집안의 분위기 속에서 혜경궁 홍씨는 왕세자의 참변을 지켜볼 수밖에 없는 운명이었다. 이후 1795년(정조 19년) 장조의 참변을 중심으로 한 자전적 회고록《한중록》을 남겼다.

현경왕후(혜경궁 홍씨)에 대한 역사학계의 상반된 견해

① 사도세자가 정신병자로 몰려 죽임을 당하면서 그런 남편을 보고 견뎌야 하는 인고의 여성상으로 결국 모진 세월을 뚫고 아들인 정조를 왕위에 올린 훌륭한 어머니이다.

② 사도세자가 정신병이 아닌 노론과 소론의 당쟁 속에서 비참하게 희생되었다면 그녀는 권력 지향적인 냉혹한 여성이다.

思悼世子(장조) 1735년~1762년(28년)	思悼世子의 죽음 관련 인물들
영조의 둘째아들: 영조가 40세에 낳음	정순왕후 김씨(1745~1805)
부인: 혜경궁 홍씨(정조의 어머니) 장인: 홍봉한 (노론)	· 15세에 66세의 영조와 결혼 · 정조에 이어 순조 때 수렴청정 · 천주교 탄압
영조의 정비: 정성왕후 서씨 영빈 이씨(후궁): 사도세자 어머니 영조의 계비: 정순왕후 김씨 (노론)	노론: 세자 비행 10조목(1761년) 홍씨 일가: 폐세자 주장하는 노론 지지 영조, 영빈 이씨와의 갈등 (사도세자의 우울증)

▍사도세자(장조)와 그의 여인들

사도세자(장조, 1735년~1762년): 28세(영조의 나이 69세)에 폐세자가 되어 죽임 당함

가. 현경왕후 홍씨(혜경궁 홍씨, 1735년~1815년) - 아들(의소 세손, 정조)

· 1744년 10세의 나이에 세자빈으로 간택되어 궁궐에 들어옴

- 1750년 장남 의소 세손 낳음
- 1752년 차남 정조 낳음
- 영조가 딸 화평옹주의 죽음으로 감정 기복이 심해지면서 사도세자와 갈등이 시작됨
- 영조의 계속된 宣讓(왕위 양도) 문제로 남편 사도세자는 정신적으로 심한 우울증을 앓음
- 1762년 사도세자가 뒤주에 갇혀 죽임 당함
- 현경왕후는 15년간 자신의 아들 정조를 보호하기 위한 살얼음판 인생살이를 함
- 1776년 정조 즉위, 혜경궁으로 호칭이 변경됨
- 1795년 60세에 한중록 발간

나. 숙빈 임씨

사도세자의 후궁으로 원래는 궁인이었다. 1762년(영조 38년) 남편 사도세자가 뒤주 속에 갇혀 죽은 후 궁궐 밖으로 쫓겨났으며 1776년(정조 1년) 음력 8월 3일 정조의 명에 의해 양제로 복작되었다. 장조와의 사이에서 두 아들을 두었는데, 장남은 은언군(恩彦君)이고, 차남은 은신군(恩信君)이다. 은언군은 철종의 할아버지이며, 은신군은 법통상 고종의 증조할아버지이다.

다. 경빈 박씨

원래 숙종의 계비 인원왕후 김씨의 나인이었다. 영조는 자신의 아들

사도세자가 법통상 할머니가 되는 인원왕후의 나인을 건드린 것에 대해 매우 분개하였다고 한다. 이후 박씨는 남편 사도세자와의 사이에서 은전군을 낳았으나 박씨는 사도세자의 비행에 대해 자주 지적하였는데 이것이 사도세자의 분노를 사게 되었고 결국은 사도세자에 의해 죽임을 당한다. 노론 벽파에서는 그의 아들 은전군이 사도세자의 아들임에도 아버지 사도세자에게 원한을 품을 수 있다는 점을 주목했으며, 노론 벽파에 의해 역모의 수괴로 몰려 1778년 사사된다.

▎ 정조(正祖)와 그의 여인들

정조(正祖, 재위 1776년~1800년)는 추존 장조와 헌경황후 홍씨의 둘째 아들이다. 1759년(영조 35년)에 왕세손으로 책봉되고, 1762년(영조 38년)에 아버지 장조의 죽음을 목격하는 일을 겪었다. 1762년에 영조는 정조에게 왕위 계승의 명분을 주기 위해 일찍 세상을 뜬 첫째 아들 효장세자의 양자로 입적시킨다. 1775년(영조 51년)부터는 영조를 대신하여 대리청정을 하였으며, 이듬해인 1776년에 영조가 세상을 떠나자 25세의 나이로 왕위에 올랐다.

22대 조선의 왕으로 등극한 정조는 아버지 장조의 명예를 회복하는데 노력하였으며, 왕권을 위협하는 노론 벽파를 정계에서 물러나게 하였다. 이어 정조는 왕권을 강화하고 체제를 정비하기 위해 영조의 탕평책을 계승하여 발전시키고, 규장각 설치하였으며 신분 제약 없이 능력과 학식 위주로 인재를 등용하였다. 실학을 발전시켰으며 임진자 등을 새로 만들어 인쇄술의 발달을 기하고 많은 서적을 간행하는 등 조선 후기 문예부흥을 가져왔다.

한편 정조는 아버지 장조의 무덤을 화성 현륭원(융릉)으로 이장하면서 수원에 신도시를 건설하고 성곽을 축조했으며 서울에서 수원에 이르는 중요 경유지에 여러 행궁 등을 설치하였다. 그 중에서도 화성행궁은 규모나 기능면에서 단연 대표적인 행궁이라 할 수 있다. 정조는 11년간 12차에 걸친 화성 현륭원 능행을 거행하였으며 이때마다 화성행궁에 머물면서 여러 가지 행사를 거행하였다. 수원 화성과 화성행궁은 개혁적인 계몽군주 정조가 지향하던 왕권 강화 정책의 상징물로 정치적으로 큰 의미를 지니고 있다.

가. 효의황후 김씨(1753년~1821년)

효의황후 김씨는 1762년(영조 38년)에 왕세손빈으로 책봉되었고, 1776년에 정조가 왕위에 오르자 왕비로 책봉되었다. 선천적으로 건강이 좋지 않아 자식을 낳을 수 없어 불안한 삶을 살았다. 그러나 천성이 공손하고 온후하여 60세가 넘어서도 정순왕후 김씨와 헌경황후 홍씨를 공양하여 칭송을 받았다고 전해진다. 순조가 즉위하자 왕대비가 되었다.

나. 수빈 박씨(1770년~1822년) - 순조의 어머니

유비 박씨는 영의정 박준원의 딸로 17세가 되던 해인 1787년(정조 11년)에 수빈(綏嬪)으로 간택되어 1790년(정조 14년)에 순조(23대)를 낳았다. 1800년에 순조가 왕위에 오르자 왕의 친어머니로서 예우를 받으며 살았다. 1822년(순조 22년) 53세로 세상을 떠나자 현재 동대문구 서울시립대 부근에 휘경원을 조성하였다.

다. 의빈 성씨(1753년~1786년) - 문효세자의 어머니

아버지는 홍봉한의 말단관리였으며 1762년 어린 나이에 궁녀로 입궁하여 혜경궁 홍씨를 수발한다. 1783년 그의 아들이 세자(文孝世子)에 책봉되자 의빈(宜嬪: 정1품 벼슬의 내명부)이 되었다. 효의왕후와의 사이도 좋았다고 한다. 1784년(정조 8년)에는 딸을 낳았지만 첫돌을 넘기기도 전에 사망하였고 문효세자도 1786년(정조 10년) 5살의 어린 나이로 사망하였다. 의빈 성씨의 묘는 현재 서삼릉 경내의 후궁 묘역에 있다. 정조가 가장 아끼고 사랑하였던 여인으로 알려져 있다.

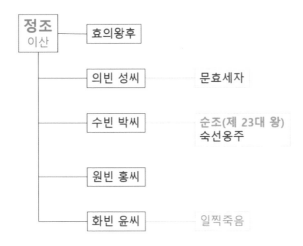

수원 화성 화서문과 서북공심돈

수원 화성 동북각루(방화수류정)

| 화성행궁 낙남헌 | 화성행궁 신풍루(정문) |

▌정조의 정적(政敵)과 개혁 정치

1759년	영조 36년 이산(정조) 세손으로 책봉
1762년	임오화변(영조 39년): 사도세자 죽음(정조 11세)
1775년 (영조 52년)	영조의 선양(?)으로 이산(정조) 대리청정 대리청정 반대론자 ① 영조 계비 정순왕후 김씨(안동 김씨) - 정조가 사망한다면 국왕 임명권을 갖게 됨 ② 노론(벽파) 세력 - 정치적 주도권을 갖고 있으므로 정조가 소론이나 남인의 복권을 허 용하는 것에 대해 극렬한 반대 ③ 정조의 외척(풍산 홍씨) - 가문의 번영을 위해 정치적으로 노론과 결탁 - 혜경궁 홍씨의 모호한 태도(부: 홍봉한, 숙부: 홍인한 - 노론의 영수)
1776년 (정조 1년)	조선 22대 정조대왕 즉위(정조 25세) ① 영조의 후궁 숙위 문씨를 내쫓음 ② 노론의 우두머리 영의정 홍인한(혜경궁 홍씨의 숙부) 귀양 보냄 ③ 정순왕후의 오빠 김귀주 귀양 보냄
1777년 이후 (정조 2년)	3차례 정조 암살 사건 역적의 아들은 왕이 될 수 없다 ① 존현각 침투사건: 홍계희, 강용휘, 장흥문 ② 주술을 통한 무녀 저주사건: 홍술혜(홍계희 아들) ③ 은전군 추대사건: 홍계능(홍계희 친척) → 이어지는 결과와 대책 ① 국왕 친위경호부대인 장용영 설치 ② 도서관인 규장각 설치: 영재 육성프로젝트 운영(정약용) ③ 수원 화성 건설 계획 착수

창덕궁 규장각   장용영 수위 의식

12) 남양주 홍유릉(洪裕陵)

홍릉(洪陵)과 유릉(裕陵)은 경기도 남양주시 금곡동에 있는 능으로 동구릉 인근에 있다. 홍릉(洪陵)은 대한제국의 초대황제 고종 광무제와 명성황후 민씨의 능이며, 유릉(裕陵)은 대한제국 2대 황제 순종 융희제과 순명황후 민씨와 순정황후 윤씨의 능이다.

홍릉(洪陵)은 엄밀하게 말하면 고종 32년(1895년)에 조성된 명성황후의 능호이다. 일본인들에 의해 목숨을 잃은 명성황후는 1919년 고종의 장례식날(3월 1일)에 황후의 재궁을 초장지 청량리 홍릉수목원에서 현재 남양주시 금곡동으로 옮겨 고종과 함께 합장하고 본래의 칭호를 그대로 사용하였다. 이날에는 3.1 운동이 일어났다.

유릉(裕陵)은 조선왕릉 42기 가운데 처음이자 마지막으로 한 무덤에 임금과 왕비, 계비가 함께 묻힌 3인 합장릉의 형식으로 조성되어 있다. 유릉 역시 홍릉처럼 임금의 능호가 아니라 먼저 세상을 떠난 순명황후의 능호이다. 1926년 순종 장례식날(6월 10일)에 황후의 재궁을 초장지 능동 어린이대공원에서 지금의 유릉에 합장하였다. 이날에는 6.10 만세운동이 일어났다. 순종의 유해가 안장된 유릉은 사실상 조선왕릉 중 마지막으로 조선왕조 임금의 유해를 모신 왕릉이 되었다. 이것은 새로운 능을 만드는 것이 아니라 원래 있던 능의 칭호를 가져다 쓰는 것이었기 때문에 일제로서도 이것을 막을 구실은 없었다.

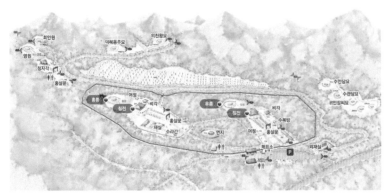

홍유릉 조감도

① 홍릉(洪陵)

홍릉은 대한제국 1대 고종황제와 명성황후 민씨의 능이다. 홍릉은 기존 조선왕릉의 형식과 다른 대한제국 황제릉의 형식으로 조성되었다. 이는 고종이 대한제국을 선포 한

홍릉(고종과 명성왕후) 향로

후 명나라의 황제릉을 인용하고 기존의 조선왕릉을 계승하여 개혁한 형식이다. 홍릉은 왕릉의 정자각(丁字閣) 대신 이전까지 조선왕릉에서는

찾아볼 수 없었던 정면 5칸, 측면 4칸의 침전을 세웠다. 침전 앞으로 양쪽으로 문무석을 세워 홍살문까지 기린, 코끼리, 해태, 사자 등의 석수를 세웠는데 이는 고종 자신이 왕이 아니라 황제임을 의미하는 것이었다. 기존의 조선왕릉과 달리 향로(香路)가 가운데에 깔려 있다. 홍유릉은 서양 문물이 들어오기 시작했다는 것을 보여 주고 있다.

홍릉(고종과 명성왕후) 침전(정자각)

홍유릉 입구 연지(연못)

홍릉(고종과 명성왕후) 비각

② 유릉(裕陵)

유릉은 대한제국 2대 순종 황제와 첫 번째 황후 순명황후 민씨와 두 번째 황후 순정황후 윤씨의 능이다. 유릉은 합장릉의 형태로 한 봉분 안에 세 분을 같이 모신 동봉삼실(同封三室) 합장릉의 형태이다. 유릉은 홍릉과 마찬가지로 기존의 조선왕릉을 계승하고 명나라의 황제릉을 인용한 대한제국의 황제릉으로 조성하였다. 홍릉에 비해 능역 규모가 좁지만, 석물의 조각이 사실적이다.

1904년 순명효황후 민씨가 세상을 떠나자 광진구 능동 어린이대공원에 유릉을 만들었다. 이어 순종이 1926년에 세상을 떠나자 유릉을 경기도 남양주 홍릉 동쪽 언덕으로 천장하는 것이 결정되었고 산릉공사가 이루어졌다. 그 후 순종의 제2왕비 순정효황후 윤씨도 1966년에 세상을 떠나자 따로 능을 조성하지 않고 유릉에 합장릉 형식으로 장사되었다.

유릉(순종, 순명황후, 순정황후) 어정

홍유릉 금찬교

유릉 침전 후면   유릉(순종, 순명황후, 순정황후) 향로

유릉(순종, 순명황후, 순정황후) 석물

의친왕과 덕혜옹주 묘

영원(영친왕) 홍살문,　　　　　　　영원(영친왕) 정자각
향로, 정자각

▌명성왕후와 대원군의 라이벌 관계 이야기
- 조선의 근대화 과정(1864년부터 1894년까지)

1864년 고종 12세의 나이로 즉위(흥선대원군과 부인 여흥 민씨의 차남)
흥선대원군의 섭정 시작: 약 10년간

흥선대원군의 주요 정책

① 조선 후기 최대 정치기구인 비변사를 폐지하고 의정부와 삼군부를 부활시켜
　 왕권 강화
② 붕당의 근거지로 오랫동안 면세의 특권을 누리며 온갖 폐단을 일삼던 서원
　 을 47개소만 남기고 모두 철폐
③ 새로운 법전을 편찬하여 통치규범을 재정비하였다.
④ 왕실의 권위회복을 위하여 임진왜란 때 소실된 경복궁을 중건하였는데 이
　 과정에서 당백전을 발행하여 물가상승을 초래하고, 원납전 등 강제성을 띤

기부금을 징수

⑤ 강력한 쇄국정책으로 세계사적 흐름에서 한발 늦음

1866년 운현궁에서 고종과 명성왕후의 결혼(고종 3년)

명성황후는 여흥 민씨로 여주에서 태어났다. 명성황후의 아버지 민치록은 인현왕후의 아버지였던 민유중의 5대손이었다. 명성황후는 어렸을 때부터 무척 총명하여 주변에 칭찬이 자자하였다. 특히 훗날 왕비 자리에 오르는 데 결정적인 역할을 한 사람은 대원군의 아내 부대부인 민씨였다. 부대부인 민씨는 명성황후의 아버지 민치록의 양자로 들어간 민승호의 누나였다.

대원군은 명성황후의 친정이 단출한 것을 매우 마음에 들어 했다고 한다. 왕비를 내세운 안동김씨의 외척 세도정치를 무척이나 경계하던 대원군은 가문적으로는 그다지 빠지지 않으나 주변에 힘이 될 사람은 별로 없는 명성황후를 전격적으로 왕비로 간택했다. 몰락한 친정을 둔 왕비가 정치에 개입할 여지는 전혀 없다고 판단했기 때문이었다.

1866년 병인박해와 병인양요

대원군에 의한 우리나라 최대 규모의 천주교 박해 사건으로 대원군은 러시아의 남하에 위기를 느끼고 견제하고자, 프랑스를 정치적으로 이용하려 하였으나 프랑스 주교가 동의하지 않자, 정치적 이점을 얻을 수 없을 거라 여겨 프랑스인 신부 9명을 처형하고 천주교도 수천 명을 박해하였다. 프랑스 정부는 병인박해에 대한 항의로서 프랑스 함대를 강화도에 파견하여 공격한다.

1871년 신미양요

미국이 제너럴셔먼호 사건을 빌미로 강화도로 침입한다. 신미양요(辛未洋擾) 이후 흥선대원군은 서양과의 통상 수교를 거부하는 정책을 널리 알리기 위해 전국에 척화비를 세움

1873년 고종은 왕위에 오른 지 10여 년이 되어 더 이상 전제적인 아버지 대원군의 간섭 없이 자신이 왕인 나라를 자기 스스로 다스려야겠다는 결심을 굳히게 된다. 고종과 명성황후는 대원군이 꼼짝할 수 없도록 자신들의 세력을 서서히 형성하여 정치적 입지를 강화하였다. 외세에 대한 정치적 견해 차이와 경복궁 중건 등으로 인한 대원군의 거듭된 실정이 고종의 친정(親政)이라는 시대적 요구를 증폭시키고 있었기에 이를 적극 이용하였다. 마침내 1873년 고종과 명성황후는 최익현이 대원군의 실정과 정책을 비판하는 상소를 올리게 하여 이를 계기로 고종 친정을 선포함으로써 대원군을 권력의 중심에서 축출했다. 이로써 또 다른 세력인 여흥 민씨(명성왕후 외가)에 의한 척신 정치가 시작되었다.

19세기 후반 국제사회는 제국주의가 팽배해 있던 시대로, 강대국이 무력을 앞세워 후진국을 압박하여 개항(開港)을 유도하거나 침략하는 사례가 많았다. 세계열강들은 조선과의 교섭을 시도하였으나 흥선대원군의 양이정책(攘夷政策, 오랑캐를 배척하는 정책)으로 실패하였다.

1869년 천황의 복고 사실을 알리는 일본 제국 사절단이 조선 동래에

도착(일본의 한반도 진출)

1873년 고종 10년, 왜관의 명칭을 무단으로 "대일본국공사관"이라고 바꿈(일본 외무성의 왜관 점령 사건). 이 사건으로 말미암아 조선과 일본의 국교가 정식으로 단절된다.

1875년 운요호사건(雲楊號事件): 일본들이 강화도 초지진에 접근하면서 통상 요구를 함

1876년 강화도조약: 영토 주권과 사법주권이 무시된 불평등 조약

(명성왕후의 개화정책)

고종과 명성왕후는 대원군의 친정에서 벗어나 강화도조약으로 개항을 하고 내정개혁 및 개화운동을 전개하려 하였다. 강화도조약 체결 이후 조선 정부는 세계정세에 보조를 맞추기 위해 개화운동을 전개하였고 이에 따라 내정개혁을 실시하였다. 고종은 군제개혁에 관심을 기울여, 과거 구식 군대인 5군영을 무위영(武衛營)과 장어영(壯禦營)의 양영(兩營)으로 개편하고, 일본식 군제를 도입하여 교육받은 신식 군대인 별기군을 조직하였다. 또한 행정기구의 개혁에 착수하여 청나라 정부의 총리아문 기구를 모방한 통리기무아문을 설치하고, 그 밑에 사대(事大), 교린(交隣), 군무(軍務), 변정(邊政), 통상 등 12사(司)를 두어 각기 사무를 나누어 보게 하였다.

강화도 조약 이후 고종과 명성황후는 외줄타기를 하듯 위태로운 상황에서 정국을 운영한다. 내적으로는 대원군과의 대립과 기존 세력과의 갈등이 있었고, 외적으로는 일본과 수교하였고 이후 차례로 서양의 열강들과 수교를 맺어나갔다. 그러나 외세에 대해 준비가 되지 못한 상태

에서 이루어진 개방은 여러 가지 문제점을 드러내기 시작했다.

강화도 조약의 주요 내용

첫째, 조선은 부산과 원산과 인천 항구를 20개월 이내에 개항한다.
둘째, 치외 법권을 인정하여, 개항장에서 일본인의 범죄가 발생할 경우 일본인
은 일본인의 법률에 의해 처벌된다.
셋째, 조선의 연안 측량을 자유롭게 한다.
넷째, 조선과 일본 양국은 수시로 외교 사절을 파견하고 일본 화폐의 통용과 무
관세 무역을 인정한다.

1882년 고종 19년, 임오군란

1882년 구식 군인들은 신식 군대인 별기군과 차별 대우를 받았고 13
개월간 급료를 받지 못한 것에 불만을 품고 군란을 일으킨다. 구식 군인
들은 일본 공사관을 습격하여 불태우고, 군란의 배후에는 민씨 척족과
명성황후가 있음을 알린다. 명성황후는 신변의 안전을 도모하기 위해
궁궐을 탈출하여 장호원으로 피신한다. 그리고 구식 군인들의 추대로
정계를 떠나있던 흥선대원군이 10년 만에 재집권하였다. 흥선대원군은
명성황후가 이미 죽었다고 선포한 뒤 황후가 입던 옷을 관에 넣고 장례
를 치르기까지 하였다. 그러나 명성왕후의 요청에 의해 청나라 군사적
의 개입으로 임오군란은 진압되고 흥선대원군은 청나라 톈진으로 압송
된다. 청나라 군대의 도움으로 고종과 명성황후는 복권하였다. 이후 청
나라는 고문관을 파견하여 조선의 내정에 간섭하였다. 이 사건으로 인

해 청나라와 일본의 양국 군대가 조선에 주둔하게 되었고, 일본 공사관에 경비병이 주둔하게 되었으며 일본에 막대한 배상금을 지불하게 되었다. 또한 청나라와 무역장정을 체결하여, 청나라 상인의 통상권과 치외법권을 인정하였으며 청이 조선이 종주국임을 규정하였다.

1884년 고종 21년, 갑신정변

청의 개입으로 일본으로부터의 차관 도입이 실패하자 위기의식을 느낀 급진 개화파들은 조선 사회의 커다란 변화를 요구한다. 김옥균, 박영효, 서광범, 서재필 등 일본에서 교육을 받고 자란 급진 개화파들은 우정국 개설 축하연을 이용하여 정변을 일으킨다. 이들은 궁궐로 들어가 국왕의 거처를 경우궁(景祐宮)으로 옮기고 온건적인 개화파 대신들과 민씨 일파의 핵심 세력들을 제거하였다. 14개조의 혁신 정강을 마련했는데 근대적 국민국가의 건설을 목표로 한 것이었다.

그러나 청군의 출동으로 정변은 실패하고 김옥균 등 중심인물들은 일본으로 망명했다. 정변이 실패한 이후 조선의 청에 대한 의존은 더욱 심화되었다. 일본과 청은 텐진조약을 체결하여 조선에 군대를 파병할 권리를 청과 동등하게 확보하여 한국에 대한 침략의 발판을 마련했다.

개화파들이 일으킨 갑신정변으로 왕권이 위협받자 명성황후는 더욱 청나라와 가까이하게 되었고 이후 더 적극적으로 정치에 관여하기 시작했다. 고종은 명성황후와 더욱 밀착되었고 모든 국정을 그녀와 의논하였다. 특히 외교적인 문제는 명성황후와 거의 뜻을 같이하였다.

박규수
(1807~1876)

김옥균~26세
서광범~18세
박영효~16세
서재필~13세

서광범
(1859~97)

서재필
(1864~1951)

박영효
(1861~1939)

(24세, 26세, 21세, 34세)

김옥균(1851~94)

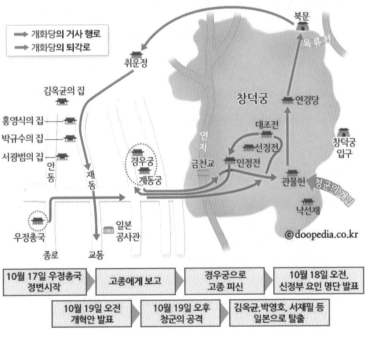

➡ 개화당의 거사 행로
➡ 개화당의 퇴각로

취운정

김옥균의 집

홍영식의 집
박규수의 집
서광범의 집

안동

재동

경우궁
계동궁

우정총국

종로   교동

일본
공사관

창덕궁

연지
금천교

대조전
선정전
인정전

관물헌

낙선재

북문

옥류천

연경당

창덕궁
입구

청군의 개입

©doopedia.co.kr

| 10월 17일 우정총국 정변 시작 | → | 고종에게 보고 | → | 경우궁으로 고종 피신 | → | 10월 18일 오전, 신정부 요인 명단 발표 |

| 10월 19일 오전 개혁안 발표 | → | 10월 19일 오후 청군의 공격 | → | 김옥균, 박영효, 서재필 등 일본으로 탈출 |

1894년 동학농민운동

1894년 동학농민운동이 시작되고, 삼남 지방을 중심으로 시작된 농민 봉기가 거대화되었다. 이에 위기를 느낀 조선 정부는 이를 진압하기 위한 목적으로 청나라에 군대를 파병해 줄 것을 요청하였고, 청나라 군대 1500명이 아산만을 통하여 조선에 들어왔다. 1885년 청나라와 일본 양국이 맺은 톈진조약의 내용에 의거하여 이틀 후인 일본 또한 인천항을 통해 군대를 파병하였다.

파병 요청을 하지도 않은 일본군이 조선으로 들어오자, 이 상황을 예상하지 못한 정부는 농민군과 화약을 맺고 청일 양국에 군대를 철수할 것을 요구하였다. 하지만 일본은 조선의 철수요구를 무시하고 군대를 앞세워 경복궁을 점령하고 왕궁을 포위하였다. 이어 흥선대원군을 앞세워 민씨 일파를 축출하였다. 그리고 김홍집을 비롯한 중도 개화파를 중심으로 친일 정부를 수립하여 갑오개혁을 단행하였다.

흥선대원군 이하응(1820년~1898년)은 조선 역사상 유일하게 왕의 자리에 오른 적이 없었으면서 왕의 아버지로 대원군에 봉해지고, 최고의 권력을 휘두르는 섭정을 맡게 되었다. 그가 정치를 주도했던 19세기 후반 조선은 여러 면에서 많은 변화를 겪었지만, 급변하는 세계정세를 따라잡지는 못했다. 서세동점이라는 새로운 세계사적 흐름과 세도정치로 피폐한 국가의 재건이라는 어려운 문제를 한꺼번에 해결해야 했던 흥선대원군은 오늘날 한편에서는 개혁 정치가로, 다른 한편에서는 보수적인 국수주의자로, 엇갈린 평가를 받고 있다.

명성황후 시해 사건(을미사변)

1894년 동학농민운동이 일어나자 청군이 조선에 파병하였고, 톈진(天
津)조약에 따라 일본군도 조선에 파병 한반도에서 청일전쟁이 벌어졌
다. 일본은 청나라에 국교 단절을 통보하고 선전포고를 함으로써, 청일
전쟁이 시작되었다. 청일전쟁에서 일본이 연승을 거듭하였고, 청군은
이홍장을 파견하여 시모노세키에서 강화조약을 체결하였다. 시모노세
키 조약에서 청은 조선에 대한 종주권을 포기하였다. 청일전쟁 이래로
일본이 한반도에서 우위를 점하게 되었다. 일본은 곧바로 갑오개혁이라
는 '식민지 준비 작업'을 단행함으로써 내정 간섭을 노골적으로 드러내
기 시작하였다. 갑오개혁은 김홍집, 박영효 등을 중심으로 이루어진 것
처럼 보이지만, 사실상 정부 각 부에 일본인들이 배치되어 있었다. 갑오
개혁의 자금을 일본이 제공함으로써 조선을 경제적으로 종속시켰다. 한
반도 지배권과 요동 반도를 할양(割讓) 받은 일본은 한반도뿐 아니라 만
주에 대한 침략을 준비하기 시작하였다. 고종과 명성황후는 이 사태를
주시하고, 일본을 견제하기 위해 러시아의 힘을 이용하려고 하였다.

청일전쟁을 관망하던 러시아는 일본이 시모노세키조약으로 만주를
할양 받자 독일과 프랑스를 끌어 들여 삼국간섭을 단행하였다. 이들은
일본이 요동 지역을 소유하면 청국의 수도를 위태롭게 하고 조선국의
독립까지 유명무실한 것이 되기 때문에 평화에 장애가 된다며 일본 정
부에 요동 반도를 청국에 반환하라고 권고하였다. 명성황후는 조선에
러시아를 개입시켜 일본을 배척하는 정책을 구체화한 것이다. 명성황후
는 친러파와 손잡고 조선의 이권을 러시아에 보장하며 러시아로 하여금
일본을 견제하도록 유도하였다. 이러한 상황에서 일본 공사 이노우에

는 조선에서 러시아를 몰아내기 위한 방법으로 민비를 제거하고자 하는 계획을 세운다. 그는 자신의 후임으로 육군 중장 출신 미우라 고로(三浦梧樓)를 추천한 뒤에, 그와 함께 시해 계획을 모색하기 시작하였다. 당시 서울에 거주하는 일본인 사이에서도 명성황후를 시해해야 한다는 여론이 점차 확대되어 가고 있었다.

일본공사 미우라의 지휘 아래 명성황후 시해 계획이 진행되었다. 미우라는 일본 공사관의 인력, 서울에 주둔해 있는 일본군과 낭인패들을 섭외하였다. 왕비와 대립관계를 보이던 홍선대원군을 섭외하여 사건의 주모자로 몰아세우겠다는 계획도 세워 놓았다. 1895년 8월 20일 일본군의 호위를 받은 일본인들과 훈련대 군인들의 복장을 한 일본인들이 경복궁에 침입하였다. 이들은 고종과 태자를 위협한 후에 옥호루에 들어가 왕비를 칼로 찔러 죽였다. 그리고는 증거 말살을 위해 옥호루 옆의 숲속으로 시체를 옮긴 후에 태워버렸다. 이들이 범행을 자행하는 동안 궁궐은 완전히 통제되었고 범행이 끝난 후 범인들은 궁궐을 조용히 빠져나갔다.

건청궁옥호루

명성왕후 조난비석

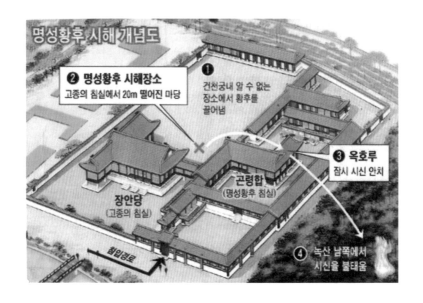

명성황후 시해 개념도

❷ 명성황후 시해장소
고종의 침실에서 20m 떨어진 마당

❶ 건천궁내 알 수 없는
장소에서 황후를
끌어냄

❸ 옥호루
잠시 시신 안치

곤령합
(명성황후 침실)

장안당
(고종의 침실)

침입경로

❹ 녹산 남쪽에서
시신을 불태움

　일본은 사건 이후 자국은 이 사건과 전혀 관련이 없음을 발표하였다. 일본은 언론을 통해 명성왕후 시해 사건이 대원군과 명성황후 사이의 권력 다툼의 일환이라고 선전하였다. 흥선대원군은 일본에 이용되어 경복궁으로 들어와 행동을 규제받았으며 훈련대 군인들은 영문도 모른 채 일본인이 명성황후를 시해하는 동안 경복궁 안에서 보초를 서고 있었다. 국제 여론은 일본의 발표를 인정하지 않았다. 속속들이 증거가 포착되자 여론은 더욱 들끓기 시작하였다. 세계열강은 일본을 "야만의 나라"로 규탄했다. 악화되는 여론을 수습하기 위해, 일본은 시해 사건에 연루되었던 미우라와 관련 인물 40여 명을 소환되었고 관련자들은 수감되어 재판에 회부되었다. 하지만 여론이 수그러들자 이듬해 1월 증거불충분이라는 판결을 받고 무죄로 풀려났다.

　외세에 의한 왕비 살해사건은 국내뿐만 아니라 국외적으로도 충격적인 사건이었다. 국내에서는 일본에 왕비 살해의 원한을 갚자는 움직임이 일어나면서 을미의병이 일어났고 국제적으로는 일본을 비난하는 목소리가 드높아졌다. 대원군은 이 틈에 잠시 정권을 되찾는 듯하였지만 고종이 이미 아버지마저 믿을 수 없는 상황에서 급박하게 러시아 공관에 안전을 의탁하는 아관파천을 행함으로써 곧 실각하였다. 명성황후의 시해 사건으로 인해 조선은 국격을 크게 훼손당한다.

명성황후는 시해 직후 대원군에 의해 폐위되어 서인으로 강등되었다가 같은 해 고종에 의해 복호되었고 고종이 대한제국을 선포하고 황제로 즉위하면서 명성이라는 시호가 내려졌다. 장례는 죽은 지 2년 만인 1897년에 가서야 국장으로 치러졌으며 홍릉에 안장되었다.

▌근현대사 년표

	년도	주요 사건
1	1866	병인박해와 병인양요, 제너럴셔먼호 사건 조선과 프랑스 협정(천주교 공인)
2	1871	신미양요
3	1885	배재학당 세워짐
4	1886	이화학당 세워짐
5	1894	고부 민란, 동학농민 혁명 청일전쟁 - 일본 승리 갑오개혁(일본식 개혁)
6	1895	시모노세키 조약(청국과 일본) 고종 親政 - 친러내각 구성 을미사변(명성왕후 시해 사건)
7	1896	아관파천(俄館播遷) - 고종 러시아 공사관으로 피신 독립협회 세워짐(~1898) - 독립신문(한글, 영문) 발간

8	1897	대한제국 선포(光武 1년) - 연호: 光武
9	1904	러일전쟁 - 일본 승리
10	1905	가쓰라태프트 밀약(미-필리핀, 일-조선) 영일동맹(영-인도, 일-조선) 을사늑약(乙巳保護條約) - 한일협약 (※ 덕수궁 중명전) 독도 → 다케시마(竹島)로 일본 영토화
11	1907	국채보상운동 헤이그 특사 파견(만국평화회의) 고종 퇴위(순종에게 양위) - 덕수궁에 거치
12	1909	이토 히로부미(일본 총리 대신) 사살 - 안중근 의거
13	1910	한일합병(국권 피탈)

▌ 조선왕릉 요약

代	陵號	廟號	형식	위치	代	陵號	廟號	형식	위치
1	건원릉 제릉 태릉	태조 신의황후 신덕황후	단릉 단릉 단릉	동구릉 개성 성북구	추존	장릉	원종 인헌왕후	쌍릉	김포
2	후릉	정종 정안왕후	쌍릉	개성	16	장릉 휘릉	인조 인열왕후 장렬왕후	합장릉 단릉	파주 동구릉
3	헌릉	태종 원경왕후	쌍릉	내곡동	17	영릉	효종 인선왕후	동원상하	여주
4	영릉	세종 소헌왕후	합장릉	여주	18	숭릉	현종 명성왕후	쌍릉	동구릉
5	현릉	문종 현덕왕후	동원이강	동구릉	19	명릉 익릉	숙종 인현왕후 인원왕후 인경왕후	쌍릉 단릉 단릉	서오릉 서오릉 서오릉 서오릉

6	장릉 사릉	단종 정순왕후	단릉 단릉	영월 남양주	20	의릉 혜릉	경종 선의왕후 단의왕후	동원상하 단릉	성북구 동구릉
7	광릉	세조 정희왕후	동원이강	남양주	21	원릉 홍릉	영조 정순왕후 정성왕후	쌍릉 단릉	동구릉 서오릉
추 존	경릉	덕종 소혜왕후	동원이강	서오릉	추 존	융릉	장조 헌경황후	합장릉	화성
8	창릉 공릉	예종 안순왕후 장순왕후	동원이강 단릉	서오릉 파주	22	건릉	정조 효의황후	합장릉	화성
9	선릉 순릉	성종 정현왕후 공혜왕후	동원이강 단릉	삼성동 파주	23	인릉	순조 순원황후	합장릉	내곡동
10	연산군 묘	연산군 신씨	쌍분	방학동	추 존	수릉	문조 신정황후	합장릉	동구릉
11	정릉 온릉 희릉 태릉	중종 단경왕후 장경왕후 문정왕후	단릉 단릉 단릉 단릉	삼성동 양주 서삼릉 도봉구	24	경릉	헌종 효현황후 효정황후	삼연릉	동구릉
12	효릉	인종 인성왕후	쌍릉	서삼릉	25	예릉	철종 철인황후	쌍릉	서삼릉
13	강릉	명종 인순왕후	쌍릉	도봉구	26	홍릉	고종 명성황후	합장릉	금곡
14	목릉	선조 의인왕후 인목왕후	동원이강	동구릉	27	유릉	순종 순명황후 순정황후	3인 합장릉	금곡
15	광해군 묘	광해군 유씨	쌍분	남양주					

III

백제의 역사와 문화

백제의 역사

1. 백제의 건국 설화

우리나라에 현존하는 최고의 역사서인《삼국사기》〈백제본기〉의 온
조왕 실록에는 백제의 건국에 관하여 두 가지 설이 기록되어 있다. 온조
(溫祚)를 중심으로 하는 온조백제 설화와 비류(沸流)를 중심으로 하는 비
류백제 설화이다.

온조백제 설화에서 비류와 온조 두 형제는 고구려를 세운 주몽과 졸
본부여 왕의 딸 사이에서 태어난 것으로 되어 있다. 주몽이 북부여에 있
을 때 낳은 아들 유리(琉璃)가 와서 태자(太子)가 되자 비류와 온조는 태
자 유리를 두려워하여 오간, 마려 등 열 명의 신하와 함께 남쪽으로 향하
다가 비류는 미추홀에 터를 잡았고 온조는 기원전 18년(BC 18) 한강 주
변 하남 위례성에 도읍을 정하고 국호를 십제로 하여 나라를 세우고 동
명왕 묘를 세웠다. 이후 형인 비류가 죽자 그를 따르던 백성들은 온조에
게 통합되고, 나라의 이름도 '모든 백성이 즐겨 따랐다'라는 뜻으로 백제
라고 하였다.

한편《삼국사기》〈백제본기〉후반부에는 비류를 중심으로 하는 비류

백제 설화가 기록되어 있다. '백제의 시조는 비류왕(沸流王)으로서 그의 아버지인 우태(優台)는 북부여 왕 해부루의 서손(庶孫)이며, 어머니인 소서노(召西奴)는 졸본 사람 연타발(延陀勃)의 딸이다. 소서노가 처음에 우태에게 시집가서 두 아들을 낳으니, 맏아들이 비류이고 둘째 아들이 온조이다. 우태가 죽자 소서노는 과부가 되어 졸본에서 살다가 주몽과 재혼했다. 그리고 뒤이어 주몽이 부여에 있을 때 예씨(禮氏)에게서 낳은 아들인 유류(孺留)가 오자 그를 세워 태자로 삼고 왕위를 잇게 하였다. 이에 비류가 아우인 온조에게 이르기를 '처음에 대왕께서 부여의 난을 피해 이곳으로 도망 왔을 때 우리 어머니가 집안의 재산을 기울여가며 도와 방업(邦業)을 이루니 그 노고가 많았다. 그런데 대왕께서 돌아가시자 국가가 유류의 소유로 되었으니 우리가 이곳에서는 한낱 혹과 같아서 답답할 뿐이다. 어머니를 모시고 남쪽으로 가서 땅을 택하여 따로 국도(國都)를 세우는 것만 같지 못하다'고 하였다. 드디어 아우와 함께 무리를 이끌고 패수(浿水)와 대수(帶水)를 건너 미추홀(彌鄒忽)에 이르러 살았다고 하면서 주몽이 나라를 세울 때 소서노가 경제적으로 많이 도왔다'고 적혀 있다.

백제의 건국 주체 세력은 부여족 계통으로 비류와 온조를 대표로 하는 두 세력이 한강 유역으로 남하하여 처음에는 연맹체를 형성한 이후 세력을 확장하였으나 점차 온조계 남하 세력이 연맹체의 주도권을 장악하여 백제 왕조를 형성하였다고 보는 것이 일반적인 견해이다

▌ 소서노(召西奴) 이야기 - 고구려의 첫 왕비, 백제를 세우다

소서노는 조선 역사상 유일하게 고구려와 백제 두 나라를 세운 여걸

로 등장한다. 소서노(召西奴)는 졸본부여의 5부족 가운데 하나인 계루부의 공주로 연타발의 딸이었다. 소서노는 북부여 왕 해부루의 서손(庶孫)인 우태와 혼인하였다가 우태가 일찍 죽자 비류와 온조라는 두 아들을 키우고 있었다. 소서노는 아버지와 남편으로부터 지역적 기반과 넉넉한 유산을 상속받았고, 부여로부터 쫓겨나 새로운 땅을 찾아온 주몽을 만나 결혼하면서 새로운 삶을 시작했다. 졸본 지역의 토착 세력이었던 소서노는 능력 있는 주몽이 만났고, 소서노는 자신의 재력을 기반으로 주몽을 왕으로 성장시켰다.

주몽은 소서노의 재력을 이용하여 뛰어난 장수를 불러 모아 자신의 세력으로 끌어들이고 민심을 얻었다. 그리고 기원전 37년 마침내 고구려를 세웠다. 소서노는 고구려의 첫 번째 왕비가 되었다.《삼국사기》에 따르면 '주몽은 그녀가 나라를 창업하는 데 잘 도와주었기 때문에 그녀를 총애하고 대접하였으며 비류와 온조를 자기 친자식처럼 대하였다'고 기록하고 있다.

그러나 주몽의 첫 번째 예씨 부인과 친아들 유리가 등장하면서 문제가 발생한다. 주몽은 유리를 태자로 삼았다. 소서노는 심한 배신감을 느꼈다. 자신과 함께 만든 나라였고 당연히 자신의 아들 비류가 왕위를 이을 것이라 생각하고 있었기 때문이다. 그런데 갑자기 나타난 주몽의 친아들에게 나라를 고스란히 빼앗기게 되면서 소서노는 남쪽으로의 원정길을 계획하고 두 아들을 이끌고 새로운 땅으로 떠나기로 결심하였다.《삼국사기》는 이때 열 명의 신하와 많은 백성들이 따랐다고 기록하고 있다. 그만큼 소서노의 세력이 막강했음을 의미한다.

백제가 세워지던 해 온조는 동명왕 사당을 세웠다. 이때 동명왕은 주몽이 아니라 부여의 시조를 말한다. 백제는 부여의 정통성을 잇는 나라로 주몽의 아들인 유리가 왕위를 이은 고구려와는 다른 나라라는 것을 대내외적으로 알린 것이다.

소서노는 기원전 6년 세상을 떠났다. 온조왕은 '나라 동쪽에는 낙랑이 있고 북쪽에는 말갈이 있어서 우리 강역을 침범하기 때문에 편안한 나날이 적다. 하물며 요즘에는 요상한 조짐이 계속 나타나고 국모마저 세상을 떠나서 스스로 편안할 수 없는 상태이니 반드시 도읍을 옮겨야겠다'며 하남 위례성으로 천도를 강행했다. 소서노의 죽음이라는 충격은 나라의 수도를 옮겨야 할 정도로 컸다. 또한 몇 년 뒤 낙랑이 침입해 위례성이 불타는 사건이 발생하자 백제는 국가의 안녕을 기원하는 사당을 세웠는데 이 사당에 모신 인물이 소서노였다. 왕의 어머니를 넘어 나라를 지키는 인물로 존중되었음을 짐작할 수 있다. 결론적으로 소서노는 고구려와 백제를 건국하는 데 실질적이고도 결정적인 역할을 한 지혜롭고 진취적인 여성이었다.

沸流 始祖設

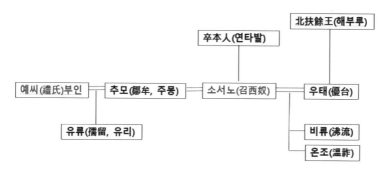

2. 백제의 성장과 한성백제

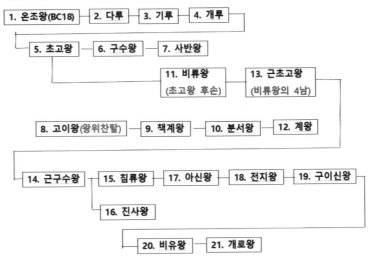

\<한성백제\>

1. 온조왕(BC18) ─ 2. 다루 ─ 3. 기루 ─ 4. 개루

5. 초고왕 ─ 6. 구수왕 ─ 7. 사반왕

11. 비류왕 (초고왕 후손) ─── 13. 근초고왕 (비류왕의 4남)

8. 고이왕(왕위찬탈) ─ 9. 책계왕 ─ 10. 분서왕 ─ 12. 계왕

14. 근구수왕 ─ 15. 침류왕 ─ 17. 아신왕 ─ 18. 전지왕 ─ 19. 구이신왕

16. 진사왕

20. 비유왕 ─ 21. 개로왕

1) 고이왕(古爾王) - 백제의 기틀을 마련한 왕

《삼국사기》〈백제본기〉에 의하면 제8대 고이왕(재위 234년~286년)은 백제 제4대 개루왕의 둘째 아들로 되어 있지만 이는 정설로 인정되고 있지 않다. 실제로는 고이왕은 초고왕의 후손으로 조카뻘인 사반왕을 제거하고 왕위를 빼앗은 왕이며 개루왕의 방계 후손으로 보는 학설이 많다. 사반왕과 고이왕의 문제는 백제사에서 논란이 되는 중요한 부분이다. 결국 초기 한성백제 시기는 고이왕의 후손과 초고왕의 후손 즉 고이왕계와 초고왕계 사이에 왕위를 두고 서로 오랜 경쟁을 하게 된다. 그러다가 결국은 제13대 근초고왕(近肖古王)이 등극하고 이후 초고왕계가 왕위를 이어가게 되면서 백제는 안정되어 간다.

3세기 중엽 마한(馬韓)의 한 소국으로 존재했던 백제는 고이왕이 즉위하면서 큰 변화가 생긴다. 남쪽 마한과의 관계에서는 마한의 실질적인 영도 세력인 목지국 세력을 제압하였고, 신라와는 정복과 화친을 맺으면서 균형을 유지하였다. 다른 한편으로 북쪽의 낙랑군·대방군 등 중국 군현과의 관계에서도 적극적인 자세로 대등한 위치를 확보하였다. 246년 유주자사 관구검(毌丘儉)이 고구려를 공격했을 때 고이왕은 그 틈을 타서 낙랑군의 변경을 공격하여 대방태수 궁준(宮樽)을 살해하고 낙랑 주민들을 포로로 잡아온 일도 있다. 이후 고이왕은 중국 한군현(漢郡縣)의 하나인 낙랑과 결혼동맹을 맺는다. 그리고 고이왕은 중앙집권력을 강화하고 넓어진 영토를 다스리기 위해 삼국 가운데 가장 앞서서 행정 조직을 정비하였는데 260년에 16관등 제도를 도입하여 관직의 등급을 매기고 등급에 따라 옷의 색깔을 정하였다. 또한 행정기구인 6좌평을 설치하고, 율령을 반포함으로써 이전보다 더욱 발전된 통치조직을 갖추었다. 그리고 대규모의 왕성을 축조하여 방비 체제를 구축하였다.

고이왕은 국가의 틀을 마련하고 내적, 외적으로 안정적으로 유지하면서 백제를 고대국가 연맹의 강한 왕국으로 성장시킨 왕으로 평가받고 있다.

▌ 초기 한성백제의 왕위 계승 다툼

초기 한성백제의 역사를 보면 온조(溫祚)와 비류(沸流) 두 사람이 나온다. 3세기 말 백제 왕실은 개루왕에서 갈라진 비류(沸流) 후손의 고이왕계와 온조(溫祚) 후손의 초고왕계 두 지파가 세력을 다투고 있었다. 백제 왕실은 1대부터 7대 사반왕까지는 온조왕의 후손이 왕위를 계승하고 있

었지만 7대 사반왕이 왕위에 오르자마자 곧바로 쫓겨나고, 비류계의 8
대 고이왕이 왕위에 오르면서 왕위는 고이왕의 아들 책계왕과 손자 분
서왕에게 계승되었다. 고이왕의 성씨는 부여씨가 아닌 우(優)씨로 백제
건국 이야기에 등장하는 비류의 아버지는 우태(優台)라는 사실을 보면
고이왕은 비류계의 후손이라 할 수 있는 것이다.

이후 책계왕과 분서왕 모두가 한군현(漢郡縣) 세력과의 분쟁에서 잇달
아 피살되는 사태를 당하면서 고이왕계의 세력은 큰 타격을 입게 된다.
이를 틈타 초고왕계인 비류왕이 즉위하면서 초고왕계는 재집권을 하게
된다. 11대 비류왕이 죽은 후 다시 고이왕계인 분서왕의 아들 계왕이 즉
위 하였지만 재위 2년 만에 죽고 다시 비류왕의 둘째 아들인 근초고왕이
백제왕이 된다. 근초고왕 이후 백제 왕위는 모두 온조의 후손이 이어가
게 된다. 13대 근초고왕과 14대 근구수왕의 이름은 5대 초고왕과 6대 구
수왕의 이름에서 따온 것이다.

2) 근초고왕(近肖古王) - 한성백제 최고의 전성기를 이끈 왕

백제가 전성기를 맞이한 것은 제13대 근초고왕(재위 346년~375년)대이
다. 근초고왕은 다져진 국력과 앞선 기술력을 바탕으로 남쪽으로 전라
도 지역의 마한 세력을 통합시키고, 서쪽으로는 가야 지역까지 그 영향
력을 끼치면서 소백산맥을 넘어 낙동강 유역의 가야, 탁순국, 안라 등 가
야 연맹의 7개 소국을 정벌하고, 남쪽으로 침미다례를 무찌르고, 비리
등 4읍의 항복을 받았다.

한편 같은 해인 369년 고구려 고국원왕이 보병과 기병 2만 명을 거느
리고 치양(雉壤: 황해도 배천군) 지역으로 진격해 왔다. 근초고왕은 근구수

태자로 하여금 군사를 거느리고 나가 싸우게 했다. 근초고왕은 고구려 군이 방심한 틈을 타서, 기습 공격을 시도하게 하여 고구려군 5천여 명을 사로잡는 승리를 거두었다. 이어 근초고왕은 고구려의 남진 정책을 효율적으로 저지하면서 371년에는 친히 정예 병사 3만 명을 이끌고 반격에 나서 고구려 평양성을 공격했다. 평양성 전투에서 백제군은 고구려왕을 죽이는 큰 성과를 거두었다. 그 결과 현재의 경기도, 충청도, 전라도를 포함해 황해도 일부 지역까지 포괄하는 광대한 영역을 확보하였다. 이렇게 넓어진 영역을 다스리기 위해 근초고왕은 지방 행정 조직을 정비하였다.

　근초고왕 시기 백제는 고구려 서쪽인 요서 지역 일대에 영향력을 행사하였다. 중국 역사 기록인 《송서(宋書)》와 《양서(梁書)》에 따르면 백제는 요서 지역에 요서, 진평 2군의 영토를 갖고 있으면서 동진과 공식적인 관계를 맺으며 대외교류도 활발하게 추진하였다. 이는 백제가 강력한 해군력을 가진 해상국가이었음을 증명한다. 또한 백제는 신라에는 여러 차례 사신을 보내며 말을 선물하였으며 일본(倭)에는 학자와 기술자 등을 파견하여 학문과 기술을 전해 주기도 하였다. 일본에 파견된 사람들 가운데는 박사라는 전문가들도 있었다. 백제는 일찍부터 학문과 기술 등 여러 분야에 박사 제도를 두어 그 분야에서 뛰어난 사람에게 박사라는 칭호를 주고 벼슬도 내렸다. 근초고왕은 372년 왜(倭)왕에게 칠지도와 칠자경을 하사했는데, 칠지도는 그 실물이 일본 이소노카미 신궁에서 발견된 바 있다. 74.9㎝의 칠지도에는 61자의 명문(銘文)이 새겨져 있다.

4세기 한성백제시대의 대외 교류와 진출

3) 개로왕(蓋鹵王)(재위 455년~475년)

　4세기 후반 고구려의 광개토왕이 남진 정책을 추진하면서 백제와 고구려의 갈등은 심화된다. 395년 아신왕이 고구려 광개토대왕에게 참패를 당하였고 60년이 지나 고구려 장수왕이 427년 수도를 평양으로 천도하면서 백제는 고구려의 직접적인 위협 아래 놓이게 되었다. 당시 백제는 비유왕이 귀족들의 반란에 의해 살해되었고 내부 권력다툼으로 크게 혼란된 상태였다. 이런 어려운 시기에 제21대 개로왕(재위 455~475)이 즉위한다. 개로왕은 반란 귀족들을 제압하고 백제 중흥을 위해서 송나라에 사신을 보내 외교관계를 지원을 요청하는 한편 왕실 중심으로 권력구조를 크게 재편하고 고구려의 압력에 대항하겠다는 뜻을 분명히 한다.

개로왕은 469년 고구려 남쪽 변경을 공격하였고 변경에 위치한 쌍현성을 수리하고, 청목령에 큰 목책을 세운다. 그리고 472년 북위에 사신을 보내 백제를 도와 달라는 요청을 한다. 그러나 북위는 백제와의 동맹 관계를 거부하였고 백제는 조공을 끊어버린다. 개로왕이 북위에게 사신을 보내 백제가 북위와 함께 고구려를 공격하려는 계획을 꾸민 것을 고구려가 알게 되자 고구려는 백제를 정벌할 기회를 노리면서 도림 스님을 첩자로 파견한다. 개로왕은 첩자 도림의 의견에 따라 백제의 강성함을 과시하기 위한 대규모 공사를 시작하였고 백제는 경제적인 어려움에 닥치게 된다. 백성들은 굶주리게 되었고, 군사들의 무기와 군량 보급도 제대로 이루어지지 않았다.

4세기 후반 동아시아 지도

개로왕의 왕권 강화 정책은 내부적인 분열과 함께 대외적으로 고구려의 남침을 초래하였다. 그 결과 백제의 수도 한성은 장수왕이 이끈 고구려군에게 7일 만에 함락되고, 개로왕은 붙잡혀 살해당하였다. 왕을 비롯해 태후·왕자 등이 몰살되었으며, 8천 명의 남녀가 포로가 되었다. 개로왕의 동생 문주가 신라로 가서 구원병 1만을 데려왔지만, 소용이 없었다. 백제는 이때 한강 유역을 완전히 상실하고, 수도를 웅진으로 옮기게 된다. 이때 개로왕은 아우 곤지를 왜에 보냈으며 도중에 무령왕이 태어났다.

3. 백제의 중흥과 웅진백제

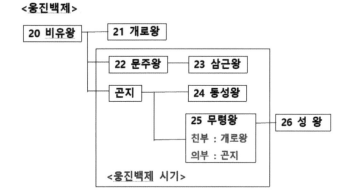

22대 문주왕 (재위 475년~477년)
23대 삼근왕 (재위 477년~479년)
24대 동성왕 (재위 479년~501년)
25대 무령왕 (재위 501년~523년)
26대 성왕 (재위 523년~554년)
※ 538년 사비(부여)로 천도

1) 문주왕(文周王, 재위 475년~477년) - 한강에서 금강으로

웅진시대 백제는 개로왕의 죽음과 갑작스런 수도의 천도 등으로 인해 내부적으로 매우 혼란스러웠다. 475년 고구려에게 한성이 함락되자 제22대 문주왕(재위 475년~477년)은 그해 10월에 웅진(熊津, 현 공주)으로 도읍을 옮겼다. 웅진으로 천도한 문주왕은 476년 2월에 대두산성(大豆山城)을 다시 쌓아 이곳으로 한강 이북의 민가를 옮겼다. 3월에는

웅진시대의 백제 영역

송나라에 사신을 보내려 했으나 고구려에 막혀서 실현되지 못했으며 4월에는 탐라(耽羅)에서 토산물을 바쳐오자 그 사신을 은솔(恩率)로 삼았다. 그리고 8월에는 권신 해구(解仇)를 병관좌평(兵官佐平)으로 임명하였다.

이듬해인 477년 봄에 문주왕은 궁궐을 중수하고, 동생인 곤지(昆支)를 내신좌평(內臣佐平)으로 임명하고 맏아들인 삼근(三斤)을 태자로 삼는 등 국가 체제를 정비하려 노력하였다. 하지만 한강 유역의 지배권을 빼앗긴 백제의 국력은 크게 약화되었으며, 귀족들 내부의 갈등도 심화되었다. 특히 병관좌평인 해구가 법을 어기면서 국가 권력을 전횡(專橫)하였으나 왕은 이를 억누르지 못했다. 결국 문주왕은 그해 가을에 사냥을 하러 궁궐 밖을 나섰다가 병관좌평 해구의 사주를 받은 도적에게 살해되었고, 그의 아들인 삼근왕(三斤王)이 13세의 어린 나이로 왕위를 계승하였다.

2) 동성왕(東城王, 재위 479년~501년)

동성왕(재위 479년~501년)이 정치적 혼란 속에 제24대 왕으로 즉위하였다. 동성왕은 어수선한 나라를 바로잡기 위해 많은 노력을 했다. 금강 지역의 새로운 세력을 등용하여 한성에서 이동해 온 귀족 세력과 힘의 균형을 이루게 하였다. 이때 새롭게 등용된 귀족 세력은 진씨를 비롯하여 백씨·사씨·연씨 등이었다. 해구의 반란이 진압된 뒤에 왕위에 오른 동성왕은 482년 진로(眞老)를 병관좌평으로 임명해 나라 안팎의 군사에 관한 업무를 맡겼다. 이 해 말갈이 한산성(漢山城)을 함락시켜 3백여 호의 백성을 붙잡아가자 동성왕은 이듬해 직접 한산성으로 나아가서 병사들과 백성들을 위로하였다. 동성왕은 고구려를 견제하기 위해 484년에는 중국의 남제(南齊)로 사신을 보내었고, 485년에는 신라로 사신을 보내 우호 관계를 맺었다. 486년(동성왕 8년)에는 백가(苩加)를 위사좌평(衛士佐平)으로 임명했으며 궁궐을 중수하고 우두성(牛頭城)을 쌓았다. 488년에는 중국의 북위(北魏)가 쳐들어오기도 했으나 이를 물리쳤다. 493년에는 신라와의 동맹을 공고히 하기 위해 소지마립간(炤知麻立干, 재위 479년~500년)에게 사신을 보내 혼인을 요청했다. 그러자 신라는 이찬 비지(比智)의 딸을 보내왔다. 495년(동성왕 17년)에는 고구려가 백제의 치양성(雉壤城)을 공격해 오자 동성왕은 신라에 원병을 요청했고, 신라의 소지마립간은 장군 덕지(德智)로 하여금 군사를 이끌고 가서 백제를 돕게 했다. 이처럼 동성왕은 신라와의 동맹을 기초로 국방체제를 정비하여 고구려의 남하를 막아냈으며, 웅진 천도 이후의 정치적 혼란을 수습하여 왕권을 강화했다. 동성왕은 왕실의 위엄을 과시하기 위해 웅진교(熊津橋)를 세우고, 대궐 동쪽에 높이가 5장(丈)이나 되는 임류각(臨流閣)을 세우는 등 토목 사업을 잇달아 벌였으며, 연못을 파고 기이한 새를 기르는 등 사치스러운 생활을 하였다. 간관(諫官)들이 이를 항의하는 글을 올렸으나 듣지 않고 대궐 문을 닫아 언로(言路)를 막아 버렸다. 499년(동성왕 21년)에는 여름에 큰 가뭄이 들어 굶주린 백성들이 서로 잡아먹는 지경에 이르렀다. 겨울에는 전염병도 창궐했다. 이렇듯 백성들이 기근에 시달리자 신하들은 창고를 열어 백성들을 구제하자고 했으나 동성왕은 이를 듣지 않았다. 그래서 한산(漢山)에서는 2천여 명이 고구려로 넘어가기도 했다. 동성왕은 대규모 토목사업과 거듭된 자연재해로 점차 민심을 잃었다. 501년(동성왕 23년) 동성왕은 가림성(加林城)을 쌓고 위사좌평인 백가로 하여금 그곳으로 가서 지키게 했다. 그러나 이에 불만을 품은 백가는 그해 겨울 사냥에 나선 동성왕을 자객을 시켜 죽이고 가림성에서 반란을 일으켰다. 동성왕이 사비로 천도할 기미를 보였는데 이 때문에 암살되었을 수도 있고 고구려 정벌파인 무령왕 세력에 의해 암살되었을 수도 있다는 설이 있다.

3) 무령왕(武寧王) - 斯麻王, 백제의 중흥

성은 부여(扶餘), 이름은 사마(斯摩/斯麻) 혹은 융(隆), 시호는 무령(武寧)이다. 이름을 따서 사마왕(斯麻王)이라고도 한다. 《삼국사기》에는 동성왕(東城王)의 둘째아들이라고 기록되어 있지만, 《일본서기》에는 문주왕(文周王)의 동생인 곤지(昆支)의 아들로 동성왕(東城王)과는 이복형제 사이라고 기록되어 있다. 《삼국사기》

에 따르면, 무령왕은 "신장이 8척이고, 눈매가 그림과 같았으며 인자하고 너그러워서 민심이 그를 따랐다"고 한다. 그는 501년(동성왕 23년)에 동성왕이 사냥에 나갔다가 좌평(佐平) 백가(苩加)가 보낸 자객에게 칼에 찔려 죽자 왕위를 계승하였다.

왕위에 오른 무령왕은 병사들을 이끌고 우두성(牛頭城)으로 가서 한솔(扞率) 해명(解明)으로 하여금 백가의 근거지인 가림성(加林城)을 공격케 하여 백가의 반란을 진압하였다. 당시 백제는 고구려에게 한강 유역을 빼앗긴 뒤 매우 큰 혼란에 빠져 있었으며, 전염병이 창궐하는 등 백성들의 삶도 피폐해져 있었다. 무령왕은 고구려의 남하에 맞서 국방 체제를 정비하고 제방을 수리하여 농사를 장려하는 등 백성들의 삶을 보살피며 국력 회복을 위해 노력하였다.

501년 동성왕에 이어 제25대 무령왕(재위 501년~523년)이 즉위하면서 백제의 국력은 점차 회복되었다. 그는 즉위하자마자 달솔(達率) 우영(優永)을 시켜 5천의 병사를 이끌고 고구려 수곡성(水谷城)을 공격했으며, 이듬해에도 군사를 보내 고구려의 변경을 침공하였다. 503년(무령왕 3년)에는 말갈(靺鞨)이 고목성(高木城)을 공격해오자 5천의 병사를 보내 이를 물리쳤다. 말갈이 506년(무령왕 6년)에도 고목성을 다시 공격해 오자 무령왕은 이듬해 고목성 남쪽에 장령성(長嶺城)을 쌓아 말갈의 침입에 대비하였다. 그리고 같은 해에 고구려 장수인 고로(高老)가 말갈과 함께 한성(漢城)을 치기 위해 남하하자 군사를 보내 이를 물리쳤다. 512년(무령왕 12년)에는 고구려가 가불성(加弗城)과 원산성(圓山城)을 공격해 오자 무령왕은 직접 기병 3천을 거느리고 나가서 이를 물리쳤다. 이 시기의 전투는 주로 한강 유역에서 벌어졌는데, 대부분 승리를 거두면서 고구려에 빼앗겼던 한강 유역의 일부를 회복하게 되었다.

무령왕과 고구려 문자명왕의 공방

503년	말갈(靺鞨)과 고목성(高木城) 전투에서 승리함
	달솔(達率) 우영(優永)을 시켜 고구려 수곡성(水谷城)을 공격함
507년	고구려군이 말갈과 함께 백제의 한성을 칠 것을 도모하고 횡악(지금의 도봉산)으로 나아가 주둔하였으나 백제가 군사를 내어 맞서 싸우므로 물러감
512년	고구려가 가불성과 원산성을 공격하여 깨뜨렸는데 무령왕이 용맹스러운 기병 3천 명을 거느리고 웅천의 북쪽에서 싸워 크게 격파함

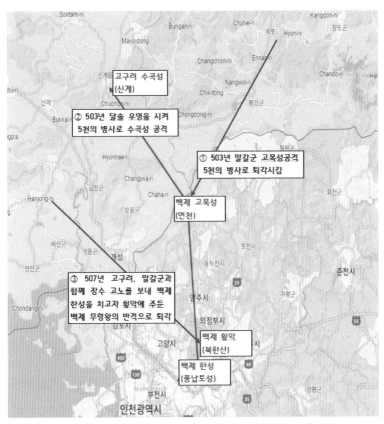

6세기 무령왕과 문자명왕의 공방(고목성, 수곡성 전투와 횡악 전투)

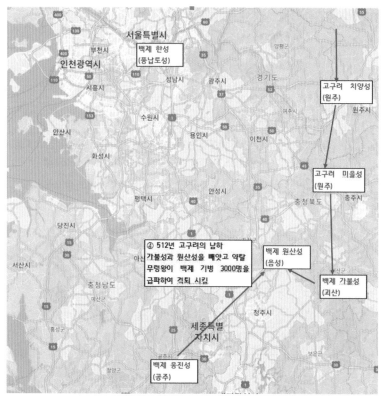

6세기 무령왕과 문자명왕의 공방(가불성 전투와 원산성 전투)

　무령왕은 고구려를 견제하기 위해 중국 남조(南朝)의 양(梁)나라 및 왜
(倭)와의 외교 관계도 강화하였다. 그래서 512년(무령왕 12년)에 양나라로
사신을 보냈으며, 521년(무령왕 21)에도 양나라에 사신을 보냈다. 이때
양나라 무제(武帝)는 무령왕을 '사지절도독백제제군사영동대장군(使持節
都督百濟諸軍事寧東大將軍)'으로 봉하였다. 이때 동맹국이었던 신라는 진
흥왕 이전까지는 서해안에 항구가 없었고 중국 국가들과 직접적인 교류
가 거의 없었으므로 백제는 신라의 사신을 양나라에 같이 데려갔는데,

이는 뒷받침하는 유물이 〈양직공도〉이다.

양직공도 일부분: 가운데 푸른색 옷을 입고 있는 사람이 백제 사신

　무령왕은 동쪽의 왜국과도 활발한 교류를 이어갔다. 대외 교류를 통해 백제의 문화 발전에 많은 노력을 기울였다. 505년 4월에는 왜국에 이미 보내진 마나군(麻那君)을 왕족이 아니라는 이유로 사아군(期我君)으로 교체하여 부여씨 왕족 중심으로 정국을 운영하였고 유교를 가르치는 오경박사 단양이(段楊爾)와 고안무(高安茂)를 각각 513년 6월과 516년 9월 왜국에 보내 백제의 선진 문화를 전해 주기도 했다. 그리고 523년(무령왕 23)에는 직접 한성(漢城)으로 가서 좌평(佐平) 인우(因友)와 달솔(達率) 사오(沙烏)를 시켜 한수 이북의 백성을 동원해 쌍현성(雙峴城)을 쌓게 하였다. 하지만 한성에서 웅진으로 돌아온 뒤에 그해 5월에 62세의 나이로 사망했다. 무령왕이 죽은 뒤에 그의 아들인 명농(明穠)이 왕위를 계승하였다(백제 26대 성왕).

한편, 무령왕은 백제의 왕들 가운데 출생과 사망 연대가 처음으로 정확히 확인되는 왕이기도 하다. 공주 송산지 고분군에서 발견된 무령왕릉(武寧王陵)의 지석(誌石)에는 무령왕을 "영동대장군백제사마왕(寧東大將軍百濟斯麻王)"이라고 나타내고 있으며, 그가 62세 때인 계묘년(癸卯年) 오월병술삭칠일(五月丙戌朔七日)에 죽었고, 2년 뒤인 을사년(乙巳年, 525년) 팔월계유삭십이일(八月癸酉朔十二日)에 대묘에 안장했다고 기록되어 있다.

4. 백제의 발전과 사비백제

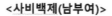
<사비백제(남부여)>

26대 성왕 (재위 523년~554년)
※ 538년 사비(부여)로 천도
27대 위덕왕 (재위 554년~598년)
28대 혜왕 (재위 598년~599년)
29대 법왕 (재위 599년~600년)
30대 무왕 (재위 600년~641년)
29대 의자왕 (재위 641년~660년)

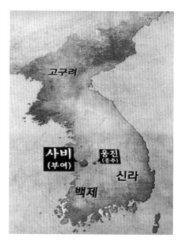
사비시대의 백제 영역

1) 성왕(聖王) - 사비시대가 열리다

523년 무령왕의 대를 이어 제26대 성왕(재위 523년~554년)이 즉위하였다. 《삼국사기》에 성왕은 지혜와 식견이 뛰어나고 일에 대해 결단성이 있었다고 전한다. 즉위 당시 백제 주변을 둘러싼 국제 정세는 매우 복잡하게 얽혀 있었는데 임나의 영유권 문제로 가야가 신라와 손을 잡으면서 백제, 왜, 가야의 삼국동맹 체제가 무너졌고, 고구려와 신라는 영토 확장을 위해 백제를 위협하고 있었다. 이러한 상황 속에서 성왕은 즉위 후 중앙과 지방의 행정 및 군사 조직을 재정비하고 524년(성왕 2년) 고구려를 견제하기 위해 중국 남조 양나라에 사신을 보내 우호관계를 다지고 신라와는 화친을 맺었다. 532년(성왕 10년) 금관가야가 신라에 합병되고 계속되는 고구려의 공격으로 성왕은 새로운 도약을 위해 웅진시대를 마감하고 수도를 웅진에서 사비로 옮기기로 계획을 세운다. 공주는 지리적으로 강과 산으로 둘러싸여 있어 방어에는 유리한 조건을 갖추고 있지만, 대외적으로 진출하기에는 불리한 입지였다. 반면에 부여 지역은 금강과 산으로 둘러싸여 있어 방어에 적합하였을 뿐만 아니라 넓은 평야가 있어 경제적으로도 풍요롭다는 장점을 가지고 있다. 또한 지리적으로 금강을 통한 남부 가야 지역으로의 진출과 서해를 통해 중국 및 왜와의 교류가 한층 용이했다.

538년(성왕 16년) 성왕은 사비로 천도하면서 국호를 남부여로 고쳤다. 하지만 공식적으로는 백제라는 국호는 그대로 사용되었다. 성왕은 사비 천도를 전후하여 중앙의 행정조직을 22부로 재정비하고 지방의 행정 및 군사조직을 대대적으로 정비하였으며 왕성인 부소산성을 배후산성으로 하고 부여를 둘러싸는 나성을 축조하여 이중적인 방어체계를 갖추었다. 그리고 대내외 정책을 통해 국력을 강화시킨 성왕은 신라 진흥왕과의 연합작전을 통해 고구려가 점유한 한강 유역에 대한 회복에 나섰다. 548년 고구려가 예맥군과 더불어 백제의 독산성(獨山城)을 공격하자 성왕은 신라에 구원을 요청하였고 신라 진흥왕은 백제군을 지원하여 백제, 신라 연합군은 크게 승리하였다. 551년 경 백제는 가야와 함께 고구려를 쳐서 한성을 회복하고 한강 하류의 6개 군을 차지하였다. 신라는 한강 상류 지역의 10개 군을 점령하였다. 그러나 553년 신라 진흥왕이 백제를 기습 공격하여 한강 하류 지역까지 점령함으로써 양국의 동맹관계는 파탄을 맞았다. 신라의 기습 공격으로 한강 유역의 실지(失地) 회복이 수포로 돌아간 것을 뒤 늦게 안 성왕은 554년(성왕 32년) 신라에 보복하기 위해 군사를 일으켰다. 여기에는 가야의 지원군도 합세하였다. 성왕의 아들 여창(후에 백제 위덕왕)이 이끄는 백제군은 관산성을 점령하고 성을 수리하고 있었는데 얼마 후 신라 군주 김무력이 군사를 증원하여 관산성을 포위하였다. 성왕은 여창의 관산성 승리 소식만 들었지 김무력 부대의 증원군이 온 줄 모르고 있었다. 성왕은 태자 여창을 위로하려고 친히 보기병 50명을 이끌고 밤에 구천(狗川: 지금 옥천부근)을 지나던 중 삼년산성 비장 도도(都刀)의 매복 군사에 갑자기 습격을 당해 체포되어 살해되었다. 그리고 이어진 관산성 전투에서 백제군은 참패를 당한다. 이로써 120년간이나 계속된 나제동맹은 깨지고, 신라와 백제가 원수지간이 되었다. 성왕 사후 태자 여창은 관산성에서 돌아와서 곧 바로 위덕왕(威德王)에 올랐다.

	년도	내용
1	551년	성왕, 고구려로부터 한성 탈환
2	551년	신라군, 죽령 통과하여 한강 하류 10군 점령
3	553년	성왕, 한성 포기하고 철수
4	553년	신라군, 한성 점령 - 나제동맹 붕괴

| 5 | 554년 | 성왕 신라 공격(옥천 관산성) |
| 6 | 554년 | 신라 김무력군, 기습 매복 공격으로 성왕 살해 |

2) 위덕왕(威德王) - 백제의 위기를 극복하고 중흥의 발판을 만든 왕

554년 위덕왕은 성왕이 전사하자 30살의 나이로 국정의 큰 공백 없이 즉위한다. 관산성 전투 패전의 책임 탓에 정치적 위기에 몰리긴 했지만, 위덕왕은 이를 빠르게 극복했다. 같은 해 9월 성왕의 유해(遺骸)를 찾아오기 위해 신라 진성을 공격하여 남녀 3만 9천 명과 8천 필의 말을 빼앗았고, 10월에는 고구려가 웅천성을 공격해 오자 백제는 이를 물리치기도 했다. 이러한 군사적 승리에 힘입어 위덕왕은 귀족들의 비판을 잠재우고, 왕실 내부의 결속을 바탕으로 왕권을 안정시킬 수 있었다. 567년 위덕왕은 아버지 성왕의 명복을 비는 능사(陵寺)에 사리를 봉안하고 탑을 세운다. 위덕왕은 재위 기간 동안 백제의 생존 전략으로 대외 관계 외교를 중요시하였다. 계속되는 고구려와 신라의 위협에서 오랜 동맹국인 왜국과의 관계는 매우 중요한 문제라고 판단하였다. 그리하여 위덕왕은 즉위 직후 555년 2월 그의 동생 계(후에 혜왕)를 왜에 파견하였고 원군을 청하기도 했다. 위덕왕은 왜국과 긴밀한 협력을 강화하는 한편 신라를 포위하려는 목적에서 축자(築紫: 규슈 섬 후쿠오카) 지역에 백제 사람들을 대거 이주시켜 이 지역을 직접 다스리고 새로운 나라를 건설하고자 했다. 당시 왜국에서는 불교를 받아들이는 과정에서 신라계의 모노노베씨(物部氏)와 친(親) 백제계인 소가씨(蘇我氏) 세력의 대립이 심화되고 있었다. 축자 지역에 이권을 가진 모노노베시는 왜의 비타츠 천황과 결탁해 백제와의 관계 단절을 구사하는 강경책을 구사하였지만 결국 587년 백제계 소가씨가 모노노베씨를 타도하자 왜국과 백제와의 관계는 다시 정상화되었다. 위덕왕은 587년 왜국에 사신과 승려들을 보내 양국의 관계를 개선하였고, 이후 왜국에 대한 백제의 영향력이 커지면서 백제 문화가 왜국에 널리 확산되었다.

한편 위덕왕은 고구려를 견제하기 위해서 남조(南朝)의 진(陳)뿐만 아니라, 북조(北朝)의 북제(北齊), 북주(北周), 수(隋)에게 자주 사신을 보냈다. 그동안 백제는 양자강 지역에 있는 남조의 나라들과 친하게 지내왔지만 위덕왕은 진은 물론 북제, 북주 등 북조의 나라들과 등거리 외교를 견지해 균형을 잃지 않았다. 위덕왕은 외교 관계를 통해 대외 교역의 이익을 증진하고, 그들의 앞선 기술을 흡수하며, 국제적 협력을 통해 고구려를 견제하고자 했다.

특히 589년 북중국을 통일한 수나라가 진을 멸망시키고 통일 제국을 건설하자, 즉시 사신을 보내 이를 축하해 주었다. 위덕왕은 국제 정세의 변화에 신속하게 반응하며 백제의 외교적 위상을 높이려고 노력했다. 위덕왕은 父王인 성왕의 목숨을 앗아간 관산성 전투 패전의 책임을 완전히 벗어 버릴 수는 없었다. 따라서 그는 성왕에 대한 명복을 빌고, 백성의 지지를 이끌어내기 위해 불교를 장려하는 정책을 펼쳤다. 대표적인 유적으로는 능산리 절터가 있다. 능산리 사찰은 성왕의 명복을 빌기 위한 왕실의 원찰(願刹)로 죽은 사람의 명복을 빌던 법당이라고 할 수 있다. 능산리 유적은 백제 사비시대의 대표적인 사찰 유적으로 백제를 대표할 만한 예술품인 백제금동대향로(국보 제287호)와 창왕명석조사리감(국보 제288호)을 비롯한 국보급 유물이 출토된 곳이다. 한편 왕흥사지에서 발굴된 청동 사리함에서는 '정유년(577년) 2월 15일 백제왕

창이 죽은 왕자를 위해 사찰을 세웠다'는 명문(銘文)도 발견되었다. 위덕왕이 일찍 죽은 아들을 위해 절을 세운 것이다. 위덕왕은 45년의 재위 기간 동안 대외 팽창과 신라에 대한 복수보다는 적극적인 외교 활동을 통해 백제의 국제적 위상을 높이고, 국력을 증진시키기 위해 노력하였으며, 안정을 바탕으로 불교문화를 비롯한 백제 문화의 전성기를 열어 놓았다. 위덕왕은 7세기 무왕(武王)과 의자왕(義子王) 시기 백제가 팽창할 수 있는 기반을 닦아 놓은 왕이었다.

3) 무왕(武王, 재위 600년~641년) - 서동요의 주인공

제30대 무왕은 성은 부여(夫餘) 이름은 장(璋)으로《삼국유사》에는 무강왕(武康王)이라고도 불렸다는 기록도 있다.《삼국사기》를 비롯한 대부분의 사서들에는 29대 법왕(法王, 재위 599년~600년)의 아들이라고 나타나 있지만, 중국 남북조시대 북조(北朝)의 역사를 기록한《북사(北史)》에는 27대 위덕왕(威德王, 재위 554년~598년)의 아들이라고 기록되어 있다.

무왕은 600년 법왕이 죽은 뒤에 왕위를 계승하였는데 대내적으로 왕권을 회복하고 대외적으로는 신라에 빼앗긴 영토를 되찾기 위해 신라와의 전쟁에 총력을 기울여 재위 기간 중 신라와 10여 차례에 걸친 전쟁을 치렀다. 특히 재위 후반인 623년(무왕 24년) 이후에는 거의 매년 신라와 전투가 벌어졌으며, 627년(무왕 28년)에는 무왕 자신이 군사를 이끌고 웅진에 머무르며 신라에 대한 대규모 공격을 추진하였다. 하지만 당(唐)나라의 개입으로 신라에 대한 대규모 정벌은 실현되지 못했다. 고구려와는 계속하여 갈등 관계에 있었는데 무왕은 고구려를 견제하기 위해 남북조시대를 끝내고 중국을 재통일한 수(隋)나라와의 외교관계를 통해 문제를 해결하려 하였다.

607년(무왕 8년)에는 수나라 양제(煬帝)에게 사신을 보내 고구려 정벌에 나설 것을 요청하였으며, 611년(무왕 12년)에는 수나라와 사신을 주고받으며 고구려 침공에 대해 작전을 조율하기도 했다. 그러나 612년(무왕 13년) 수나라 양제가 고구려 침공에 나섰을 때 백제는 수나라를 돕겠다는 약속과는 달리 고구려 공격에 나서지는 않았다. 이는 신라의 침공을 우려했기 때문이다.

618년(무왕 19년) 수나라가 멸망하고 당(唐)나라가 건국된 뒤로는 해마다 당나라로 사신을 보내며 긴밀한 외교 관계를 맺었다. 그리고 왜(倭)와도 가까운 관계를 유지하면서 사신을 보내 천문, 지리 등의 서적과 불교를 전하기도 했다.

무왕은 재위 기간에 신라와의 접경 지역에 여러 성들을 쌓으며 국방을 강화하려고 노력했다. 각산성(角山城, 605년), 적암성(赤嵒城, 611년), 마천성(馬川城, 632년) 등이 그의 재위 기간에 새롭게 쌓아지거나 보수되었다. 또한 왕권 강화를 나타내기 위해 궁궐을 대대적으로 중수하기도 했는데, 630년(무왕 31)에 사비(泗沘)의 궁성(宮城)을 중수했으며, 634년(무왕 35)에는 궁성 남쪽에 큰 연못을 만들기도 했다. 또한 같은 해에 위덕왕 때에 창건된 왕흥사(王興寺)의 건립을 완성하였다. 무왕은 재위 기간 중에 왕도를 사비에서 익산으로 옮기려고 하였다. 익산에 왕궁성을 설계하고, 대규모 사찰인 미륵사를 창건하였다. 익산 왕궁성에서는 사비 도성에서 출토되고 있는 것과 유사한 고고학적 유물들이 다수 출토되고 있어 상당한 기간 동안 무왕이 익산에 머물렀던 사실을 알 수 있다. 무왕은 도교와 불교에도 깊은 관심을 기울였는데, 미륵사의 창건과 동시에 왕흥사를 크게 중창하였다. 무왕은 재위 42년째인 641년 3월에 죽었고, 그의 맏아들인 의자왕(義慈王, 재위 641년~660년)이 왕위를 계승하였다.

한편《삼국유사》에는 무왕과 관련된 서동설화(薯童說話)가 전해진다. 무왕은 과부인 어머니와 연못의 용과의 사이에서 태어났으며, 어렸을 때 마를 캐어 생계를 유지해 서동(薯童)이라고 불렸다. 그는 신라 진평왕의 셋째 딸인 선화공주가 아름답다는 소문을 듣고 신라의 도읍인 서라벌로 가서 선화공주가 밤마다 남모르게 서동과 어울리고 있다는 노래를 만들어 아이들에게 부르게 하였다. 그리고 선화공주가 궁궐에서 쫓겨나 귀양을 가게 되자 그녀를 데리고 백제로 와서 결혼했으며, 어렸을 때 마를 캐면서 발견해 모아두었던 황금으로 인심을 얻어 백제의 왕위에 오르게 되었다는 이야기이다.

5. 백제의 멸망과 부흥운동

1) 의자왕(義慈王) 700년 역사의 왕국이 사라지다

무왕(武王)의 맏아들로 태어나 무왕 33년(632년) 태자로 책봉되었다. 641년 무왕이 죽자 즉위하였다. 의자왕(재위 641년~660년)은 태자 때 부모에게 효성스러웠고, 형제간에는 우애가 돈독했었다고 한다. 이듬해인 642년 왕의 어머니가 죽자 아우 왕자의 아들인 교기(翹岐)를 비롯해 친인척 4명과 내좌평(內佐平) 기미(岐味) 등 40여 명을 섬으로 추방하여 귀족들의 기세를 꺾고 왕권을 강화하였다. 의자왕은 집권 초기 친정체제를 강화하고 대외적으로 親고구려정책으로 전환한다. 당시 수·당(隋·唐)은 통일 왕조를 이루면서 주변 국가에 복속을 강요하였는데 고구려는 이에 반발하여 수와 전쟁을 하였고, 당이 들어서자 처음에는 화친 (和親)을 하다가 대당강경파(對唐强硬派)인 연개소문(淵蓋蘇文)이 집권하면서 점차 대항하는 국면으로 돌아섰다. 이러한 시기에 집권한 의자왕은 唐의 압력이 백제의 평화에 위협이 되고 고구려가 이를 막아 줄 수 있는 방파제가 될 수 있다는 현실적인 판단에 의해 친고구려정책을 취한 것이다. 의자왕은 두 나라(고구려·백제)의 동맹을 통해 唐의 압박을 막아내고, 동시에 경쟁국인 신라를 고립시킴으로써 유리한 고지를 선점하려 했던 것이다. 의자왕은 642년 7월에 친히 군사를 거느리고 신라의 40여 성(城)을 빼앗았으며, 8월에는 장수 윤충을 보내어 신라의 수도인 경주로 가는 요충지인 대야성(大耶城)을 함락시킴으로써 신라를 위기에 빠뜨렸다. 신라는 이를 돌파하고자 고구려와 왜에 도움을 요청하였으나 실패하였고 이에 신라는 당에 의존하여 국가의 어려운 난관을 돌파하고자 하였다.

643년에 백제는 고구려와 연합해 신라의 당항성(黨項城)을 공격하여 신라의 대중국 통교(通交)를 위협하였다. 645년 당 태종이 직접 나서서 고구려를 공격하자 백제는 이 틈을 타서 신라의 7성을 공격하였다. 또한 일본 열도에서도 645년 천황의 친정체제를 강화한 타이카 개신(大化改新)이 발생하여 당시 실권을 잡고 있던 소아(蘇我)씨 일족이 멸절하게 된다. 이와 같이 백제 주변 나라가 소용돌이를 치는 가운데 의자왕은 신라를 압박하면서 실리정책을 취한 것이다. 당은 647년~648년 연이은 고구려의 공격이 실패로 돌아가자 다른 방법을 찾게 된다. 그것은 고구려를 측면에서 지원하고 있는 백제를 차단하여 고구려-백제-왜로 이어지는 라인을 붕괴시키는 것이었다. 이 시기 고구려와 백제가 대규모 사절단을 일본 야마토(大和) 정부에 보낸 것은 세 나라의 협력 관계를 보여 주고 있는 사실이다. 651년 당은 백제에게 신라와 싸우지 말고 협력할 것을 강력히 요구하고 이를 따르지 않을 경우 응분의 대가가 따를 것임을 천명하였다. 하지만 당의 경고에도 불구하고 의자왕은 이를 무시하였을 뿐만 아니라 652년 이후 더 이상 사신을 보내지 않음으로써 당과의 외교관계를 단절하였다. 그리고 자신의 생각이 옳다고 생각하는 의자왕은 655년 고구려·말갈(靺鞨)과 함께 신라 북쪽의 30여 성을 빼앗는다.

백제는 655년을 기점으로 의자왕 정권에 큰 변화가 일어난다. 왕비 군대부인(君大夫人)의 등장으로 의자왕 집권 초기에 소외되었던 귀족들이 다시 권력을 장악한다. 이때 태자가 부여융(扶餘隆)에서 부여효(扶餘孝)로 교체가 일어난다. 그리고 이시기부터 왕비의 지나친 권력욕에 의한 국정운영 개입으로 의자왕은 독재 군주로서의 한계성을 드러낸다. 660년 당의 소정방(蘇定方)이 이끈 13만 대군이 황해를 횡단하여 기벌포에 상륙하였다. 계백(階伯)의 5천 결사대는 김유신이 이끈 5만의 신라군을 황산벌(黃山伐)에서 저지하려 하였으나 역부족이었다. 그 결과 두 나라의 군대가 합류하여 7월 12일 사비성(泗沘城)을 포위하였다. 의자왕은 7월 13일 견고한 웅진성(熊津城)으로 도망하여 재기를 노렸으나 둘째 아들 부여태(扶餘泰)와 손자 부여문사(扶餘文思)와의 사이에 갈등이 생겨 사비성이 맥없이 무너졌다. 웅진성으로 피신했던 의자왕과 태자는 항복하였으며, 의자왕과 태자, 여러 왕자들, 다수의 고위직 관료, 그리고 백성 12,807명은 당(唐)나라의 수도로 보내지고 백제는 멸망하게 된다.

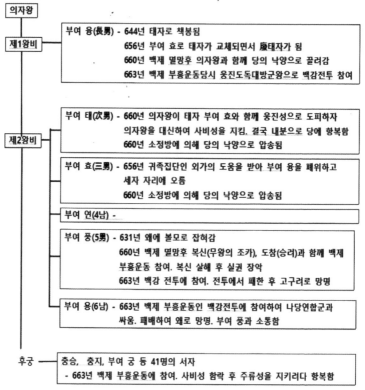

의자왕 가계도

```
의자왕
│
├─ 제1왕비 ─── 부여 융(長男) - 644년 태자로 책봉됨
│                656년 부여 효로 태자가 교체되면서 廢태자가 됨
│                660년 백제 멸망후 의자왕과 함께 당의 낙양으로 끌려감
│                663년 백제 부흥운동당시 웅진도독대방군왕으로 백강전투 참여
│
├─ 제2왕비 ─── 부여 태(次男) - 660년 의자왕이 태자 부여 효와 함께 웅진성으로 도피하자
│                의자왕을 대신하여 사비성을 지킴. 결국 내분으로 당에 항복함
│                660년 소정방에 의해 당의 낙양으로 압송됨
│
│             부여 효(三男) - 656년 귀족집단인 외가의 도움을 받아 부여 융을 폐위하고
│                세자 자리에 오름
│                660년 소정방에 의해 당의 낙양으로 압송됨
│
│             부여 연(4남) -
│
│             부여 풍(5男) - 631년 왜에 볼모로 잡혀감
│                660년 백제 멸망후 복신(무왕의 조카), 도침(승려)과 함께 백제
│                부흥운동 참여. 복신 살해 후 실권 장악
│                663년 백강 전투에 참여. 전투에서 패한 후 고구려로 망명
│
│             부여 용(6남) - 663년 백제 부흥운동인 백강전투에 참여하여 나당연합군과
│                싸움. 패배하여 왜로 망명. 부여 풍과 소통함
│
└─ 후궁 ─── 충승, 충지, 부여 궁 등 41명의 서자
              - 663년 백제 부흥운동에 참여. 사비성 함락 후 주류성을 지키려다 항복함
```

2) 백제부흥운동

백제의 부흥운동은 660년 사비도성이 함락된 직후부터 시작되어 663
년 11월 예산 임존성이 함락될 때까지 치열하게 전개되었다. 복신(福信),
흑치상지(黑齒常之), 도침(道琛)을 중심으로 한 인물들은 661년 1월 일본
에 가 있던 의자왕의 아들 부여풍(扶餘豊)을 옹립하고 백제부흥운동을 꾀
하였다. 백제부흥운동의 가장 중요한 거점은 주류성과 임존성이었다.
사비성이 함락되자, 달솔(達率) 흑치상지는 부장 10여 인과 함께 임존성

(任存城: 지금의 충청남도 예산군 대흥)을 거점으로 하여 10일 만에 3만의 병력을 규합, 소정방이 보낸 당군을 격퇴하면서 2백여 성을 회복하였다. 한편, 의자왕과 종형제(무왕의 조카)가 되는 부여 복신은 승려 도침과 함께 백강(白江)과 사비성 중간지점에 있는 주류성(周留城)에 웅거해 구원병을 요청하였다. 662년 5월 왕자 부여풍이 왜의 지원을 받아 170척의 병력과 무기 · 군량 등을 가지고 왔다. 용기를 얻은 복신은 금강 동쪽에 대한 공격을 개시해 기세를 크게 떨쳤다. 662년 말 복신과 왕자 부여 풍은 주류성을 중심으로 부흥운동에 힘을 쏟았다. 그러나 복신은 도침과 의견이 엇갈리고 도침이 살해됨으로써 부흥운동에 큰 타격을 입게 되었다. 당나라는 손인사(孫仁師)에게 7천의 병력을 주어 백제부흥군을 치게 했고, 신라 역시 출병하였다. 이러한 위기에 복신과 왕자 부여 풍 사이에 다시 불화가 일어나 부여 풍은 복신을 살해하였다. 백제부흥운동의 주역인 복신이 죽고 나당연합군이 부흥운동의 본거지인 주류성을 공격하자 왕자 부여 풍은 고구려로 도망가고 백제의 부흥군은 왜의 지원군과 함께 663년 8월 백강(백촌강)에서 최후의 결전을 하나 4차례 전투에서 모두 대패한다. 백제부흥군은 663년 9월 1일 더 이상의 전투를 진행하지 못하고 왜군과 함께 신라군에 항복하였으며, 주류성은 마침내 함락되었다. 이로써 3년 동안의 백제의 부흥운동은 실패로 끝나고, 약 700년을 이어져 온 백제 왕조는 그 역사를 마감하게 되었다.

백촌강(백강구) 전투의 역사적 의미

1. 역사상 처음으로 중국과 일본의 군대가 충돌하여 전쟁을 벌인 전투이다.
2. 백제부흥운동이 사실상 끝나, 신라의 삼국통일의 계기가 마련되었다.

3. 많은 백제 유민들이 일본으로 망명한다.

4. 고대 일본의 세력이 한반도에서 완전히 물러나게 된다.

5. 이후 일본은 중앙집권적 국가체제인 이른바 율령체제를 형성하게 된다.

6. 일본이라는 국호가 성립한다.

7. 일본의 대외 관계는 폐쇄적이면서 자위적인 방향으로 전환된다.

8. 일본은 대륙으로의 출병이 백해무익하다는 교훈을 얻으며 일본 입장에서는 당나라와 신라의 연합이 왜국을 크게 위협할 수도 있다는 판단을 하게 한다.

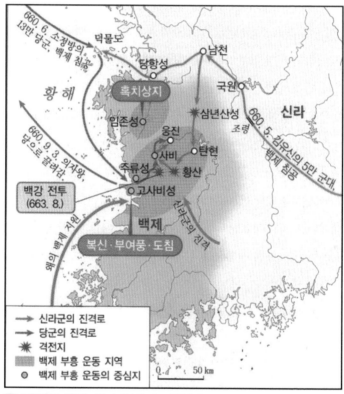

🔼 **백제의 멸망** 신라와 당의 연합군은 백제를 먼저 공격하였다. 결국 백제는 660년에 멸망하였다.

삼국의 역사: 삼국사기 백제본기

	고구려	백제	신라
건국/멸망년도	BC 37/AD 668	**BC 18/AD 660**	BC 57/AD 935 (676년 삼국통일)
수도	졸본성(환인) 국내성(집안) 평양성(평양)	**한성(서울) 웅진성(공주) 사비성(부여)**	월성(경주)
시조	동명성왕 (주몽)	**온조왕**	박혁거세
전성기 왕	광개토대왕 장수왕	**근초고왕 성왕**	문무왕 성덕왕
마지막 왕	보장왕(28대)	**의자왕(31대)**	경순왕(56대)
삼국사기	고구려본기 10권	**백제본기 6권**	신라본기 12권

백제 문화의 향기

　백제는 고구려, 신라와 함께 한국의 고대문화 발전에 핵심적인 역할을 하였다. 백제는 선진적인 문화를 수용하여 이를 다시 발전시키고 새로운 문화를 주변국들에 전파하는 데 주도적인 역할을 함으로써 동아시아 문화교류의 중심에 위치하였다. 비록 백제라는 국가는 망하였지만 백제인들이 창조한 풍부한 문화는 지금까지 한반도 전역에 그 흔적을 남기고 있다. 왕도는 왕이 머물며 나라를 다스리는 도읍을 말한다. 왕도는 왕권이 실현되는 상징적인 장소이며 나라의 정치, 경제, 사회, 문화, 군사적 역량이 집약되어 있는 곳이다. 특히 백제의 왕도는 시기별로 변화하였는데 초기 한성백제의 중심지는 서울시 송파구 일대였다. 이후 백제는 웅진(공주)과 사비(부여)로 천도하면서 더욱더 문화적으로 발전한다. 세계 문화유산으로 지정된 백제역사유적 지구(공주, 부여, 익산)는 백제 문화의 중심지로서 새로운 문화 창조의 토대가 되고 있다.

1. 한성백제(BC 18년~AD 475년, 493년간) 시기의 문화

　백제는 수도(首都)를 서울(漢城)에 두고 한반도의 중심지이며 가장 풍요로운 지역에 자리하면서 국가의 기틀을 다져왔다. 한성백제 시기는 백제 역사의 73%를 차지한다. 이 당시 백제는 최대 전성기를 누렸으며 고대 국가 체제를 확립하고 마한의 남은 세력들을 백제에 편입시키고 한반도 동남부에 위치한 가야까지 진출하여 명실상부 삼국 중 가장 강한 나라를 이룩하였다.

하지만 백제의 이러한 전성기는 오랫동안 지속되지 못하는데 475년 장수왕의 침공으로 왕도인 한성(풍납토성)이 함락되고 21대 개로왕은 전사하게 된다. 고구려군은 한강 북쪽으로 철수하였으나 백제의 도성은 이미 폐허가 되었고, 적이 위협으로부터 벗어나기 위해 개로왕의 동생인 문주가 남쪽의 웅진(지금의 공주)으로 수도를 옮겨 백제를 이어나가게 된다.

왕도 한성(王都 漢城)은 온조가 위례성에 처음 도읍한 이래 나라가 성장하면서 왕도의 규모가 커지자 그에 걸맞게 붙여진 '큰 성'이라는 뜻이다. 왕도 한성은 약 500여 년간의 한성백제시대 풍납토성과 몽촌토성 두 왕성을 중심으로 석촌동 고분군으로 대표되는 왕릉 구역 및 왕성 바깥쪽의 마을과 생산시설, 성곽 등을 모두 말한다.

백제 왕도 한성

1) 풍납토성(風納土城) - 사적 제11호

풍납토성(사적 제11호)은 BC 1세기에서 AD 3세기 사이에 서쪽으로 한 강을 끼고 지상에 구축한 순수 평지 토성(土城)으로 약간 동쪽으로 치우친 남북 장타원형을 띠고 있다. 전체 길이는 약 3.5㎞로 현재 한강 변에 자리한 서벽을 제외하고 북벽과 동벽, 남벽 등 2.1㎞ 정도가 남아 있다. 1925년 이전까지 풍납토성은 그리 중요한 성으로 취급받지 못했다. 1925년 을축년 대홍수로 풍납토성이 주목을 받았을 때 일본 학자가 풍납토성을 위례성으로 비정하였으나 곧 묻혀 버렸다. 이후 1960년대 서울대 고고학부의 조사에서 여러 가지 유물이 출토 되었지만 풍납토성은 그저 몽촌토성을 방위하는 사성(蛇城)일 것이라 추측했다. 이 학설은 이병도가 처음 주장한 것으로 이후 한국 고대사학계에서 정설로 받아들여졌다. 그 이유로는 한강과 너무 가까워 홍수 시 침수되기 쉽고 또한 고구려 국내성이나 신라의 경주 월성과 달리 평지성이었기 때문에 방어 면에서도 불리한 점이 있는 성이라는 사실 때문이었다.

그러나 1997년 평소 풍납토성이 하남 위례성임을 강력히 주장해 오던 선문대의 이형구 교수가 토성 내에서 진행되던 아파트 재건축 공사장에 들어가 지표 조사를 했고 그 과정에서 풍납토성이 왕성일 것으로 추측되는 수많은 백제 유물들이 쏟아져 나왔다. 1997년부터 국립문화재연구소와 한신대 박물관을 중심으로 긴급 재발굴조사에 들어간다. 정부는 조금씩 풍납동 땅을 매입해서 건물들을 철거했고 그 결과 풍납토성이 왕성일 것으로 추측되는 수많은 부장품들이 발굴되었다. 그리고 토성의 건축 방법을 조사하기 위해 일부분을 절개하였다. 절개조사 결과 풍납토성은 판축 기법으로 세워진 토성임이 밝혀졌으며 일부 구역은 BC 1세기에서 AD 3세기 사이에 축조된 것으로 나타났다. 판축 기법이란 황토, 모래 등 여러 종류의 흙을 정사각형의 판에 넣고 단단하게 다지면서 하나하나 쌓아 올라가는 방법이다. 이는 흙의 물성을 이용한 상당히 과학적인 방법이며 풍납토성 정도의 성을 쌓기 위해서는 어마어마한 인력과 물자가 동원되어야 했다.

풍납토성은 판축 기법과 크기 등으로 유추해 봤을 때 연인원 138만에 가까운 상당한 인원을 동원하지 않고서는 만들 수 없는 토성이며 원래의 크기도 현재 풍납토성보다 약 2~3배 정도 더 컸던 것으로 추정된다. 이후 2006년 풍납토성의 중심부를 가로지르는 도로가 발견되었는데 당시 왕성에만 성 내부를 십자형으로 가로지르는 도로를 만들었다는 사실과 그때 규정되는 도로의 폭과 풍납토성에서 발견된 도로의 폭이 거의 비슷하다고 한다. 2011년 다시 시행한 조사에서도 동쪽 중앙부는 BC 1세기 준공되었고 AD 2~3세기 증축이 있었으며, 동쪽 남부는 AD 3~4세기 준공되었고 4~5세기 증축이 있었다고 밝혀졌다. 아마도 성벽이 완비되어 국가적 도성의 역할을 한 시기와 최초로 작은 성이 지어진 시기가 다른 것이었을지도 모른다.

이로써 풍납토성이 하남 위례성이거나 적어도 왕성의 일부분이었다는 추측이 점차 정설화된 것이다. 풍납토성은 기록상으로도 가장 유력한 위례성 후보라 할 수 있는데 현재까지 남아 있는 여러 백제 왕성 후보들 중 《삼국사기》의 넓고 평평한 땅이라는 기록에 가장 부합되기 때문이다.

현재 사학계는 풍납토성과 몽촌토성 모두를 통틀어 위례성으로 지칭하고 풍납토성을 北城(평지성), 몽촌토성을 南城(산성)으로 삼아 평소에는 풍납토성에서 지내다가 국가의 급박한 위기 시에는 산성인 몽촌토성으로

한성백제시기
풍납토성의
공간구분

추정서성벽

왕궁구역

추정문지4

추정문지3

왕실창고

3중환호 추정지역

공공시설구역

거주구역

추정문지2

연못지

추정문지1

피했던 것이 아닌가 하는 의견이 가장 설득력 있게 받아들여지고 있다.

삼국사기의 기록에도 고구려 장수왕의 침입 때 북성이 먼저 무너지고 뒤이어 남성이 무너졌다는 기록이 있다.

2000년대 초반 들어 진행된 풍납토성에 관한 연구는 백제 관련 삼국사기 초기 기록을 재조명하게 만들었고 20세기 고대사 연구를 뿌리째 흔들어 버렸다. 기존 학설에서는 백제가 나라다운 형태를 갖추기 시작한 것을 제8대 고이왕부터인 것으로 설명해 왔으며 마한 멸망 역시 근초고왕 대라고 설명하는 것이 일반적이었다. 하지만 최근 연구 결과 백제는 초기부터 한반도 중부 지역을 완전히 제패하고 강력한 권력을 구축하였다는 이론이 더 합리적이다. 《삼국사기》에는 백제 온조왕이 나라를 세우자마자 마한을 멸망시켰다는 기록이 있기 때문이다.

▎삼화지구

삼화지구는 풍납토성 내부의 중앙에 해당된다. 1997년 발굴 조사에서 초기 한성백제 시기 물길이 있는 도랑이 확인되었고 많은 양의 토기류가 출토되었다. 대부분의 토기는 경질무문토기 들이다. 또한 철제 농기구를 만들기 위한 토기 거푸집이 확인되었다.

풍납토성 삼화지구

경질무문토기

토기 거푸집

▌경당지구

풍납토성 북면에 위치한다. 경당지구에서는 풍납토성이 왕성(王城)이었음을 증명하는 귀중한 유물이 출토되었는데 전문 와당을 포함하여 기와와 건물 기둥밑동을 장식한 토제품, 창고 열쇠, 유리를 생산하는 거푸집 등이 발견되었다. 이밖에도 취사용 기구인 세발토기, 장란형토기, 시루 등도 함께 출토되었다.

풍납토성 경당지구

전문 와당

암기와, 수기와

세발토기   시루

토관   각종 옥과 유리옥 거푸집

① 9호 유구 - 경당지구 대형 수혈(구덩이)

경당지구에는 제사를 지낸 후 사용한 토기 및 희생된 동물을 폐기한 유구 등 제사와 관련된 유적이 많이 출토되었다. 100여점이 넘는 다량의 토기 편과 동물 뼈가 확인되었고 특히 소와 말 머리뼈가 10개체 이상 확인되었으며 대부(大夫)가 새겨진 직구 단경호(곧은입 항아리) 등이 확인되었다.

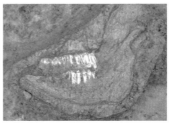

대부(大夫)가 새겨진 직구 단경호(곧은입 항아리)   말 머리뼈

곧은입항아리

9호 유구

② 206호 유구 - 경당지구 우물

　우물의 내부에는 200여 개의 백제 토기가 층층이 쌓여 있었는데 이 우물이 단순히 물을 마시기 위한 우물이 아니었다는 것을 알 수 있다. 뿐만 아니라 우물에서 확인된 토기들을 복원하여 확인한 결과 토기의 구연부(口緣部, 입술 부분)를 일부러 깨트린 흔적(훼기, 毁棄)이 확인되었다. 이 역시 우물에서 모종의 의식을 치루고 토기의 입술 부분을 일부러 깨트려 우물에 토기를 던진 것으로 추정해 볼 수 있다.

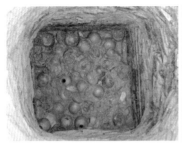

경당지구 우물   206호 유구 출토 토기류

③ 44호 유구 - 6각형 주거지 전경

평면 형태 6각형에 20평 내외의 큰 규모를 보이는 초기 백제시대 집자리로 주공간인 남쪽에 보조공간이 연결된 '몸'자형의 건물터이다. 바닥에는 커다란 판석이 깔려 있으며 그 위에는 숯을 빡빡히 채워 넣었다. 특수한 건물로 판단되는데 유물이 거의 없고 심힌 화재로 불탄 흔적이 있어 일종의 신전으로 추정된다.

풍납토성 기단식 건물 받침돌

44호 유구 　　　　　　　　풍납토성 기단식 건물 받침돌

④ 101호 유구

　마름모형 수혈로 초기 원삼국에서 백제로 이행하는 단계의 양상을 보여 주는 다량의 토기와 동물뼈, 오수전, 직(直)字가 새겨진 토기 등이 출토되었다. 지름이 73.8㎝에 이르는 대형 옹기는 한성백제 유적에서 발견된 토기 중에는 최대급이다. 이 유구는 제기에 사용된 제기와 동물을 폐기한 구덩이로 추정된다.

101호 유구 　　　　　　　　대형 그릇(옹기)

直字가 새겨진 전돌과 오수전   동물뼈

⑤ 196호 유구 - 백제 왕실의 대형 창고

유구는 화재가 일어난 흔적이 남아 있는 것으로 미루어 화재로 인해 폐기된 것으로 추정된다.

196호 유구에서 확인된 중국제 도기는 다수의 백제 토기와 함께 중국에서 만든 시유도기(施釉陶器, 유약 바른 도기)이다. 그리고 동전으로 무늬를 찍은 전문도기(錢文陶器, 동전무늬 도기)도 확인되었다. 도기 항아리 안에서 발견된 복어 등 해산물의 뼈는 당시 풍납토성에 살았던 백제 왕도 사람들의 생활상을 보여 주는 중요한 자료라고 할 수 있다.

196호 유구   중국제 시유도기(유약 바른 도기)

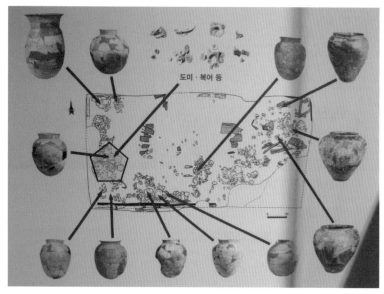

왕실의 식료창고 196호 유구

풍납토성 출토 외래계 유물

풍납토성에서 출토된 수
만 점의 유물 중에는 한성
지역의 유물이 아닌 다른
곳에서 만들어진 후 유입된
유물이 적지 않다. 가장 많
은 것은 중국제 도자기이
며, 이 외에도 가야 지역 토

중국제 토기

기와 낙랑 지역 및 일본제 토기들도 있다. 이는 풍납토성이 동아시아의
물류 중심지였음을 알 수 있다.

한편 충청도나 전라도에서 만들어진 토기류도 다량 확인되었는데 이

는 한성백제 시기 지방 세력을 통제한 것으로 보여 준다.

고구려계 유물   중국 육조자기

외래계 유물

▌그 밖의 풍납토성 출토 유물

1. 깊은 바리모양 토기(深鉢形土器)

2. 경질무문 토기

3. 타날문 토기

4. 회(흑)색 무문양 토기

5. 장란형 토기

6. '大夫'명 토기편

7. 풍납리식 무문토기

8. 백제계 토기

9. 토기 가마 1기

10. 와당

11. 철기류와 청동기 초두

풍납토성의 성벽

풍납토성의 성벽 절개 조사는 1999년에 동쪽 중앙부, 2011년에 동쪽 남부 총 2회를 했다. 이후 발표한 연구 결과에 따르면 성벽의 건축 연대가 부분별로 차이가 있는 것으로 밝혀졌다. 동쪽 중앙부는 기원전 1세기에 준공하였고 기원후 2~3세기 중축하였다. 반면 동쪽 남부는 3~4세기 준공하였고 4~5세기 중축한 것이었다. 그리고 2011년 다시 시행한 조사에서 동(東) 성벽 조사 결과 동 성벽의 건축 연대는 250년~320년으로 추정되었다. 동쪽 성벽은 한성백제의 건립 연대인 3세기로 다시 올라가는데 이는 아마도 성벽이 완비되어 국가적 도성의 역할을 한 시기와 최초로 작은 성이 지어진 시기가 다른 것이었을 가능성이 있다

풍납토성은 판축기법으로 성벽을 축조하였는데 그 방법을 보면 우선 가장 하단에 뻘을 깔아 기초를 다지고 하부 폭 7m, 높이 5m 정도의 사다리꼴 모양 중심 토루를 쌓았다. 그리고 안쪽으로 사질토와 모래, 점토다짐 흙과 뻘흙을 위주로 한 판축 토루를 비스듬하게 덧붙여 쌓았다. 그 중 마지막 토루 윗부분에는 강돌(川石)을 1겹씩 깔아 3단으로 만들고, 그 안

쪽으로는 깬돌(割石)을 1.5m 이상 쌓아 마무리하였다. 이러한 방법으로 풍납토성은 토사의 흘러내림과 안쪽으로 밀리는 것을 방지하는 한편 배수의 기능도 겸했던 것으로 추정된다.

이러한 축조 방법은 김제 벽골제와 부여 나성 등에서도 확인된 바 있고, 일본의 水城을 비롯한 제방 유적에서도 확인되어 고대 한국과 일본의 문화 전파 과정을 보여 주는 중요한 자료이다.

풍납토성 축조과정에서 알 수 있듯이 한성백제는 장정 수백~수천 명을 장기간에 걸쳐 여러 차례 꾸준히 동원할 수 있을 정도의 강력한 권력을 가진 국가이었을 가능성이 매우 높다.

풍납토성 성벽 단면·복원도

2) 몽촌토성(夢村土城) - 사적 제297호

몽촌토성은 3세기 초 표고 50m 내외의 자연 구릉지의 일부분을 이용하여 축조한 둘레 약 2.7㎞의 백제 전기 토성이다. 한강의 지류인 성내천 남쪽에 있으며 토성 내의 마을 이름인 '몽촌(곰마을)'에서 그 이름이 유래되었다. 몽촌토성은 1984년부터 서울대학교 박물관 연구조사에 의해 2차례 발굴조사가 이루어졌는데 자연 지형을 이용해 진흙으로 성벽을 쌓고 나무 울타리로 목책을 세웠던 흔적도 확인되었다. 또한 자연 암반층을 급경사로 깎아 만들기도 하였으며 성을 둘러싼 물길인 해자도 확인되었다.

몽촌토성에서는 최고 지배층이 사용했을 만한 유물이나 내부시설이 아직 발견되지 않고 있어 최고 지배 세력이 거주했을 궁궐 터나 관청 터 등을 왕성으로 보는 것은 무리인 듯하다. 하지만 출토되고 확인된 유물이나 유적은 이 초기 백제사를 규명하는 데 소중한 자료임에는 틀림없다.

《삼국사기》기록에 따르면 위례성은 북성(北城)과 남성(南城)으로 나뉘어 있었는데 풍납토성에서 계속 출토되는 유물로 미루어 볼 때 대부분의 학자들은 풍납토성이 사실성의 왕성 역할을 하고, 몽촌토성은 외적의 침입이나 반란 시 일종의 대피성 개념으로 세웠던 것으로 추정하고 있다.

몽촌토성 전경

몽촌토성 발굴 조사

2013년 11월 한성백제박물관에서 몽촌토성을 다시 한번 발굴조사를 펼쳤는데 백제 시기로 추정되는, 수레 자국이 선명한 도로 유적과 통일 신라 시기의 유적들이 발굴되었다. 이 도로는 백제에 이어 고구려와 통일신라시대까지 개축하여 이용한 것으로 조사됐다. 뿐만 아니라 1980년대 조사에서 고구려 유구 및 유물이 확인된 것처럼 현재 조사 지역에서도 고구려의 유구와 유물이 상당히 많이 확인되었다. 이로써 고구려가 몽촌토성을 남쪽으로 진출하기 위한 군사거점으로 삼았을 가능성이 높아졌다. 고구려는 백제의 한성을 함락시킨 후 몽촌토성에 주둔하면서 한강 이남으로 진출하기 위한 군사거점으로 삼았던 것으로 볼 수 있다.

최근 발굴 조사 중 주요 내용

① 성안에는 남북을 잇는 도로와 동, 서를 연결하는 도로망이 대체로 바둑판 모양의 직교식 형태를 띠고 있는데(고구려 왕성이었던 국내성과 비슷하다) 도로 설계에 있어서 조직적인 배열을 갖추도록 축조되었음을 알 수 있다.

② 성 안팎을 연결하는 통로는 모두 9개가 있었음이 밝혀졌으며 특히 북문터, 동문터, 남문터의 존재가 확인되었다.

③ 구릉과 구릉 사이의 저지대에서는 5m 두께의 흙을 차례로 쌓아 만든 판축과 움집, 지하 저장 구덩이 흔적도 발견하였다. 그 내부에서 백제 초기의 움집터와 기와 및 토기를 비롯한 각종 유물들이 출토되었다.

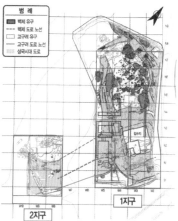

삼국시대 도로

삼국시대는 고구려와 백제 문화층이 확인되었습니다.
고구려와 백제 문화층에서는 각각 도로와 수혈(구덩이) 집수지가 확인되었습니다.

범 례
■ 백제 유구
---- 백제 도로 노선
□ 고구려 유구
── 고구려 도로 노선
░ 삼국시대 도로

2지구
1지구

삼국시대 도로 출토 주요유물

백제 소호

고구려 원통형 삼족기

고구려 양이부호

④ 몽촌토성에서는 5세기 중엽 이후의 고구려 토기들도 출토되었는데 특히 전형적인 고구려 토기의 대표격이라 할 수 있는 '나팔입 항아리'가 확인되어 주목을 받았다. 이는 고구려가 백제를 공격해 한성을 함락하고, 한강 유역 진출에 의한 몽촌토성의 장악과 그에 따른 백제의 남천(南遷)이라는 역사적 사실을 확인시켜 주는 중요한 자료라고 할 수 있다.

나팔입 항아리

삼국시대 집수지 출토 유기물

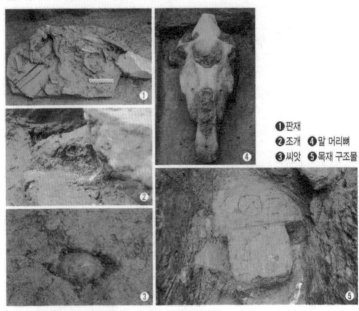

❶ 판재
❷ 조개 ❹ 말 머리뼈
❸ 씨앗 ❺ 목재 구조물

삼국시대 집수지

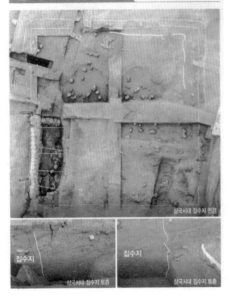

삼국시대 집수지 전경

집수지

삼국시대 집수지 토층

집수지

삼국시대 집수지 토층

▌몽촌토성 출토 유물

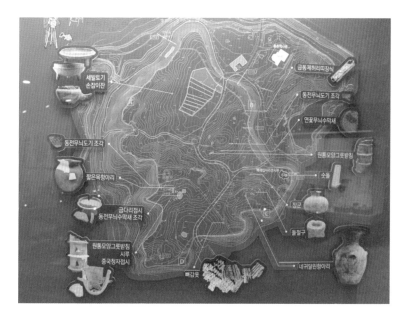

① 동전무늬가 찍힌 자기조각은 중국 서진(265년~316년)대의 유물로 시대 확인에 있어 중요한 역할을 한다. 서진(西秦)의 전문도기(錢文陶器)편이 출토되어 몽촌토성의 축조 시기를 3세기 말에서 4세기 초로 설정할 수 있게 되었다.

② 토기류 중에는 백제의 대표적 토기라 할 수 있는 세발토기가 다량으로 출토되어, 몽촌토성이 백제의 성곽임을 분명히 밝혀 주었다.

백제 세발토기

③ 백제계 토기 중 여러 가지가 발견되었는데 그중 대표적인 것이 곧 은입항아리이다. 이밖에도 세발토기, 굽다리 접시, 손잡이가 달린 그릇(잔), 장군, 돌절구 및 각종 바리 등이 발견되었다.

곧은입항아리

세발토기

굽다리 접시

손잡이가 달린 그릇(잔)

돌절구

장군

④ 원통형 토기는 일본으로 전파된 기대토용(器臺土用)의 원형으로 보이는데 고고학적으로 의의가 크다.

⑤ 철기류와 뼈 갑옷 편 등이 무기류가 발견되었다.

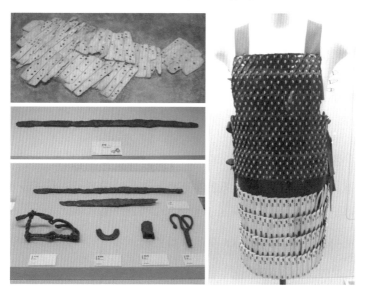

⑥ 동진의 청자편 및 육조 시기의 벼루 등이 출토된 바 있는데, 이는 백제와 중국과의 활발한 교류의 산물로서, 몽촌토성이 그 중심 역할을 했음을 뜻한다.

▌ 몽촌토성 방어시설 - 성벽과 해자터와 목책

몽촌토성 해자

몽촌토성은 서울 풍납동 토성과 함께 한성백제의 도읍지로 주로 전쟁 기간에 왕이 머물던 곳으로 보인다. 1984년에 실시한 몽촌토성 성벽 발굴조사에서 서북쪽과 동북쪽의 성벽 바깥쪽에 1.8m 간격으로 지름 30~40㎝, 깊이 30~90㎝의 구멍을 파고 굵은 통나무를 박아 기둥을 세운 목책이 발견되었다. 목책의 높이는 정확히 알 수 없으나 약 2m 이상인 것으로 추정된다. 《삼국사기》등의 고대 문헌에서는 성책(城柵)이라는 표현이 자주 등장하는데 목책이 성곽과 더불어 중요한 방어시설이었음을 알 수 있다. 백제는 고구려, 신라에 비해 목책을 많이 사용한 것으로 보인다. 현재 올림픽공원 서북쪽으로 완만하게 경사진 길을 택하여 내려가면 성벽 바깥으로 나무가 일렬로 늘어선 것들이 내려다보인다.

또한 거대한 올림픽 기념 조형물인 평화의 문을 오른편으로 끼고 길을 따라가면 곰말다리가 나온다. 다리 아래 양쪽으로는 옛날 몽촌토성의 해자가 호수로 변해 띠처럼 돌아가고 있는데 인공 적으로 만든 해자는 성내천을 따라 북문터에 이르게 되고, 오른편으로는 남문터에 다다른다.

몽촌토성 성벽

몽촌토성 목책: 1.8m 간격으로 지름 30~40㎝, 깊이 30~90㎝의
구멍을 파고 굵은 통나무를 박아 기둥을 세웠다

3) 서울 석촌동 고분군(石村洞 古墳群) - 사적 제243호

석촌동 고분군에는 큰 무덤 290여기가 있었으나 그 이후의 도시개발로 모두 파괴, 훼손되고 현재 백제시대의 대형 돌무지무덤(積石塚)을 포함하여 널무덤(土壙墓), 독무덤(甕棺墓) 등 8기 정도만 남아 있다. 남아 있는 8기 중 3호분은 가장 규모가 크다. 2호분과 4호분은 고구려식 돌무지무덤에 백제 특유의 축조방식이 가미된 것으로 알려져 있으며 대표적인 유물로는 중국 청자항아리 조각과 검은 간토기, 굽다리 잔 등이 있다.

<table>
<tr><th>구분</th><th>규모</th><th>수습 유물</th></tr>
<tr><td>1호분</td><td>〈북분〉
동서 9.9m
남북 8.9m
〈남분〉
동서 9.6m
남북 9.8m</td><td>소형 은제품
깊은 바리</td></tr>
<tr><td>2호분</td><td>동서 17.2m
남북 16.2m</td><td>곧은입항아리
굽다리접시</td></tr>
<tr><td>3호분</td><td>동서 50.8m
남북 48.4m</td><td>청자항아리 조각
금귀걸이
짧은목항아리</td></tr>
<tr><td>4호분</td><td>동서 17.2m
남북 17.2m</td><td>곧은입항아리
청자항아리 조각
수막새</td></tr>
<tr><td>5호분</td><td>동서 17m
남북 15m</td><td>청동환</td></tr>
</table>

이곳의 돌무지무덤은 외형상 고구려의 발달된 기단식 돌무지무덤과 같지만 내부 구조면에서는 서로 다른 유형이다. 즉 3호분 돌무지무덤은

무덤의 안팎을 모두 돌로 쌓은 고구려식이며, 2호분과 4호분 돌무지무덤은 기단과 계단 외부를 돌로 쌓았지만 내부를 흙으로 채웠다는 점에서 백제식이다. 기단부만 남은 1호분 돌무지무덤은 두 기의 무덤이 남북으로 연결되어 있었는데, 남분은 고구려식이고 북분은 백제식이다. 무덤 내부와 주변에서 백제 토기와 와당, 금제 귀걸이 등이 출토되었다. 3호분 돌무지무덤은 밑변 50m, 높이 4.5m에 달하는 거대한 규모로 4세기 후반의 왕릉으로 추정되고 있다.

고구려의 영향인 돌무지무덤이 석촌동에 산재한다는 것은 백제의 초기 건국 세력이 문화적으로 고구려와 밀접한 관계에 있었음을 보여 준다. 석촌동고분군 지역에는 3, 4호분과 같은 대형 돌무지무덤은 4세기 중반부터 5세기 초에 백제 지배 세력에 의해 축조된 것으로 보이며, 한성백제가 멸망하고 백제의 지배세력이 웅진으로 천도(475년)한 이후 평민이나 일반 관리의 널무덤·독무덤 등 소형 고분이 계속 축조된 것으로 보인다. 한편 웅진 천도이후 백제 지배 세력의 무덤은 돌무지무덤에서 돌방무덤으로 바뀐다.

① 1호분

1987년에 조사된 1호분의 경우 일찍이 파괴된 고분 위에 흙이 덮이고 민가가 들어서 상부구조는 알 수 없으나, 발굴 조사에서 드러난 적석 상태에 의하여 2기의 고분이 합쳐져 이루어진 왕릉급의 대형 쌍분으로 보인다. 북분과 남분이 연결된 전체 길이 22.3m 규모로 크다. 쌍분 전통은 중국 길림성 환인현 고력묘자촌에 보이는 이음식 돌무지무덤과 연결되고 있어 백제 지배 세력이 고구려와 관계가 깊다는 또 하나의 증거를 보여 준다. 남분은 전형적인 고구려식 돌무지무덤이지만 북분은 현지화된 백제식 돌무지무덤이다. 내부 구조는 남분에서만 확인되었는데 길이 20㎝~30㎝ 크기의 포갠 돌로 네 벽을 쌓고 바닥에 10㎝ 안팎 포갠 돌 조각, 자갈 등을 깐 석곽 4개가 있었다. 4개의 석곽 중 중앙에 가장 큰 것이 장축을 동서 방향으로 놓였으며 작은 석곽 3개는 북쪽 벽에 잇대어 동서 방향으로 1열을 이루고 놓여 있었

은제 귀후비개

다. 1987년 이루어진 조사에서 남분의 돌덧널(石槨)에서 귀후비개로 추정되는 은제품이 출토되었다.

② 2호분

2호분은 한 변의 길이가 17m 내외의 규모이고 3단을 이룬 백제식 돌무지무덤으로서 1987년에 이루어진 시굴 조사 시 나무널(木棺) 1기에서 곧은입항아리(短頸壺)와 철로 만든 도자가 출토되었다. 발굴 조사에서 제1단과 2단은 바깥둘레에 1m 정도 높이로 포갠 돌을 쌓고 그 내부에 진흙을 다져채웠으며 제3단은 제1, 2단

과 같은 방법으로 축성하고서 정상부에서는 둥그렇게 흙을 덮은 것으로 보인다. 제1단의 동, 서, 남쪽 면에

는 지탱석이 각각 1개씩 남아 있었다. 이러한 구조 형식의 돌무지무덤은 고분 전체를 돌로 쌓아 축조한 고구려 식의 전형적 적석총이 변하여 백제화된 것으로 보인다.

③ 3호분

석촌동에서 가장 거대한 무덤으로 3호분은 전형적인 고구려식 돌무지무덤이다. 동서 50.8m, 남북 48.4m, 높이 4.5m의 규모로 형태는 사각형 기단 형식의 돌무지무덤이다. 현재 3단만 남아 있지만 원래는 몇 단이 더 있었던 것으로 판단된다. 축조 시기는 3세기 중엽에서 4세기로 보인다. 1983년에 이루어진 시굴 조사에서는 3단 외곽에서 부장 곽(郭)으로 추정되는 돌덧널이 조사되었으며 주변에서 4세기 시대의 중국 청자 항아리 조각과 금제 귀걸이, 옥 연마석 등이 출토되었다. 규모와 시기로 보아 4세기 후반 근초고왕 혹은 근구수왕의 무덤일 가능성이 높다.

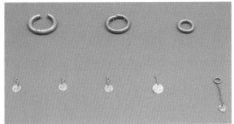

금제 귀걸이

석추와 숫돌

④ 4호분

4호분은 3단으로 구성된 백제식 돌무지무덤이다. 동서와 남북의 길이는 각각 17.2m이고, 전체 높이는 2.1m이다. 2호분과 같은 형태로 제1단과 2단은 바깥둘레에 1m 정도 높이로 포갠 돌을 쌓고 그 내부에 진흙을 다져 채웠으며 제3단은 제1, 2단과 같은 방

법으로 축성하고서 정상부에서는 둥그렇게 흙을 덮은 것으로 보인다. 1984년에 이루어진 정비 복원을 위한 조사에서는 돌방의 윤곽이 있었을 가능성은 없는 것으로 확인되었으며 기존의 분구묘(墳丘墓)를 다듬어서 돌무지무덤으로 만든 특수한 무덤임이 밝혀졌다.

단지와 뚜껑   곧은입항아리

⑤ 5호분

지상에 점토로 다져쌓기를 하여 분구를 만든 후 그 위에 강돌과 막돌

을 섞어 한 벌 깐 다음에 다시 그 위에 흙을 엷게 덮고 그 내부에 다수의 널과 독(甕棺)을 매장 주체로 삼는 즙석봉토분(葺石封土墳)이라고 불리는 무덤이다. 목관토광묘 형식의 원형봉토분이다. 5호분은 이 일대에 남아 있는 유일한 봉토분으로 보존 상태가 양호하다. 이러한 유형의 묘제는 인근의 가락동 고분군에도 분포하고 있으며 돌무지무덤들과는 계통을 달리한다. 이러한 무덤은 백제의 최고 지배층 무덤이 아니고 지역 원주민들의 무덤으로 볼 수 있다. 5호분의 크기는 지름 17m, 높이 3m로 규모가 큰 편이다.

⑥ 석촌동 토광묘

석촌동 토광묘는 2개가 남아 있는데 모두 생토층을 파서 묘광을 만들었다. 토광묘는 평면은 장방형이고 긴 축은 동남동에서 서북서로 두었다. 벽면은 바닥에서 위로 향하여 수직으로 약간 경사졌고 아무런 시설을 하지 않았다. 토광묘는 돌무지무덤보다 앞선 시기의 묘제로 알려졌다. 토광묘의 크

기는 2호 토광묘가 길이 223㎝, 너비 76㎝, 높이 21㎝이고 제3호 토광묘는 길이 230㎝, 너비 84㎝, 높이 18㎝이다. 토광묘 바닥에서 회백색의 목이 짧은 단지 1개가 수습되었고 묘광 바닥에서 약간 위인 흙 속에서 지름 1.6~1.7㎝ 크기의 민 고리 금귀고리 1개가 발견되었다.

⑦ 내원외방형 돌무지무덤

시기는 알 수 없으나 오래전에 분구, 내부구조, 기단부 등이 파괴되어 흙이 덮이고 그 위에 민가가 들어서 고분의 원형을 밝힐 수 없으나 발굴 조사에 의하여 고분 기단부의 서남 모서리와 서·북쪽의 석축 기단 일부를 찾아냈다. 찾아낸 고분 기단부의 석축 부분을 바당으로 복원 정비하니 안쪽은 지름 11.4m의 원형을 이루고 바깥쪽은 변 길이 16m의 방형이 되었다. 이런 형태의 돌무지무덤을 내원외방형이라 부른다. 이 무덤 안쪽 원형 석축 바닥에서는 적석 토광묘 2기가 석관묘 3기가 드러났는데 이는 적석 토광묘와 석관묘 위에 다시 돌무지무덤이 축조된 것으로 보인다.

2. 웅진백제(475년~538년, 64년간) 시기의 문화

백제의 두 번째 왕도인 웅진성으로 추정되는 공산성은 적을 방어하기에 매우 유리한 곳이었다. 왕성인 웅진성으로 추정되는 공산성은 산성으로서 평지성보다 견고하였으며 공주를 끼고 흐르는 금강은 수운 교통의 요지이며 자연적인 방어선 역할을 하였다

한성백제 시기 한강을 중심으로 이루어져 왔던 해상활동은 웅진백제 시기 금강을 중심으로 재개되었고 곰나루는 중국 대륙과 일본을 이어주는 국제항의 역할을 담당하였다.

웅진으로 천도 후 처음에는 정치적인 혼란이 있었다. 유력한 귀족 세력의 발호로 인해 왕권이 확립되지 못하고 63년이라는 기간 동안 세 명의 왕이 유력 귀족에 피살되는 정치적인 혼란을 겪게 되었으나 24대 동성왕과 25대 무령왕을 거치면서 백제는 내부적인 안정과 더불어 재도약의 계기를 맞이하였다. 동성왕은 북중국 북위와의 전쟁에서 승리하면서 백제의 위상을 높였다.

동성왕을 이어 즉위한 무령왕은 고구려와의 전쟁에서 여러 차례 승리를 거두고, 고구려에 대항하기 위해 중국 남조의 양(梁), 한반도에서 동쪽으로 이웃한 신라, 일본 열도의 왜와의 긴밀한 협력을 통해서 반고구려 전선을 구축하였다. 백제는 그 중심국 역할을 자처하면서 고구려에 지혜롭게 대응하고 개방적이고 국제적인 문화를 발전시키면서 이웃 여러 나와 문화 교류의 폭을 더욱 확대하였다. 무령왕릉에서 발견된 유물들은 현재 국립 공주박물관에 진열되어 있으며 백제 문화의 독창성과 중국, 왜, 신라, 가야와의 관계를 잘 보여 주는 증거라 할 수 있다. 웅진 백제시대의 왕성인 공산성 유적과 왕족의 무덤들인 송산리 고분군, 그리고 백제 왕실의 제사유적터인 정지산 유적 등은 찬란했던 웅진 백제의 문화유산이라 할 수 있다.

한편 무령왕을 이어 26대 성왕은 백제 내부 사정이 안정되자 고구려

에 잃어버린 고토(한강 일대)를 되찾고 왕실의 위신을 회복하기 위해 새
로운 변화를 구상하였다. 성왕은 백제의 새로운 시대를 열어 가고자 천
도를 결심하고, 웅진으로부터 금강을 따라 하류로 이어지는 중간지점인
사비(현재의 부여)에 신도시를 건설하는 데 착수하였다.

1) 공주 공산성(公州 公山城) - 사적 제12호

　공산성은 백제시대 도읍지인 공주를 방어하기 위해 능선과 계곡을 따
라 만들어진 포곡형 산성이다. 475년 한성백제가 멸망하고 문주왕이 한
성(漢城)에서 웅진(熊津)으로 이주한 후 538년 성왕이 부여(사비)로 옮길
때까지 약 63년간 백제의 도성이었다. 백제시대에는 웅진성으로 불렸으
며 고려시대 이후 공산성으로 불리게 된다. 공산성은 삼국시대는 물론
이고 고려, 조선시대에도 행정과 군사적 요충지였다. 산성의 북쪽으로
금강이 흐르고 해발 110m의 능선에 위치하는 천연의 요새로서 동서로
약 800m 남북으로 약 400m 정도의 장방형을 이루고 있다. 성곽의 길이

는 약 2,600m이며 백제시대에는 토성이었으나 이후 조선 중기에 대부분 석성으로 개축되었다.

진남루(鎭南樓) 앞의 넓은 터는 백제시대 궁터이고, 공북루(拱北樓)의 윗부분은 건물터로 추정된다. 또한 성내에는 후대에 세워진 광복루(光復樓)·쌍수정(雙樹亭)·연못터 등이 남아 있다.

① 금서루(錦西樓)

금서루는 공산성 4개 성문 가운데 서쪽 문루로 사실상 정문 역할을 수행하고 있다. 아래서 올려다보면 가파른 경사면에 위치한 탄탄한 성벽 때문에 강한 인상을 받게 된다. 금서루는 비록 새롭게 복원된 것이지만 조선시대 성문의 양식을 잘 보여 주고 있다. 금서루 입구 비석군은 공주(公州)와 관련된 인물의 행적을 기리기 위하여 공주시 곳곳에 흩어져 있던 비석들을 모아 놓은 것으로 대부분은 우의정, 도순찰사, 관찰사, 암행

어사, 목사, 판관, 군수, 우영장, 중군 등 주로 충청 감영과 공주목에 배치되었던 관리의 송덕비가 많다. 금서루 천장에는 배를 멋지게 내놓은 날개 달린 호랑이를 그림 그림이 있어 눈길을 끈다.

공산성의 서쪽 문루(금서루)

배를 멋지게 내놓은
날개 달린 호랑이

② 쌍수정(雙樹亭) - 충청남도 문화재자료 49호

쌍수정은 조선 영조 10년(1734년)에 세운 정자로 공산성 북서쪽 가장 높은 곳에 있다. 건물은 앞면 3칸 · 옆면 2칸이며, 지붕은 팔작지붕이다. 인조는 1624년 이괄이 일으킨 반란을 피하여 공산성에 머물렀던 적이 있다. 당시 인조는 산성에서 가장 높은 언덕에 위치했던 쌍수(雙樹: 두 그루 나무)에 기대어 이괄의 난이 평정되기를 기다리던 중에 난이 평정되었다는 소식을 듣고 너무나 기뻐하면서 자신이 기대었던 느티나무 두 그루에 통훈대부(通訓大夫)라는 벼슬을 명하고 이곳을 쌍수산성이라고 하였다고 한다. 쌍수정 사적비는 인조가 공산성에 머물렀던 6일간의 행적을 기록한 것으로, 인조가 이곳에 머물렀던 일을 기념하기 위해 세운 것이다.

쌍수정 사적비

③ 임류각(臨流閣)

공산성 임류각은 서기 500년 24대 동성왕(東城王) 재위 22년에 지어진 높이 15m, 2층 구조로 이루어진 백제시대 대형의 건축물이다. 공산성 내의 동쪽 봉우리 부근에 초석과 '류(流)'와 비슷한 글자가 새겨진 기와 조각이 발견되어 현재 이곳을 임류각지로 추정하고 있다. 파괴되었다가 1993년 복원된 건물인데 공산성 정상부에 위치하며 주변은 편평한 대지로 다듬어져 있다.

《삼국사기》〈백제본기〉 동성왕 22년조에 의하면 '봄에 임류각을 궁궐 동쪽에 세웠는데 높이가 다섯 길[丈]이었다. 또한 연못을 파고 기이한 짐승을 길렀다. 간언하는 신하들이 반대하며 상소하였으나 대답하지 않고, 다시 간하는 자가 있을까 염려하여 궁궐 문을 닫아 버렸다'라고 기록되어 있다. 임류각의 용도는 왕과 신하들이 연회를 베풀었던 장소로 추정되며 백제시대 왕의 권위를 상징하는 것으로 보인다.

임류각

④ 백제 왕궁터

　공산성의 가장 높은 정상부로 공산성 전체가 내려다보이는 전망 좋은 곳이다. 왕궁터로는 건물이 3~4개 정도 들어갈 정도의 상당히 비좁은 터이기 때문에 왕궁터가 공산성 내부에 없을 수도 있다는 견해가 있다. 그러니 《삼국사기》에 '임류각의 동쪽에 궁궐이 있다'라는 기록에 기반하여 2019년 추정 왕궁터 발굴조사가 이루어졌는데 조사 결과 궁궐의 문으로

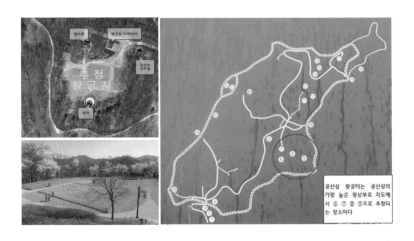

추정되는 대규모 토목공사가 이루어진 흔적과 대벽 건물지와 초석 건물지를 비롯하여 비교적 큰 규모의 저장 시설 등이 발견되면서 웅진시대 왕궁이 공산성 내부에 있었을 가능성이 높다는 의견이 많은 편이다.

⑤ 연지(蓮池, 백제 연못)와 만하루(挽河樓)

공산성 연지는 공산성 안에서 사용하는 물을 저장하던 백제시대 연못이다. 전쟁 시 식수로도 사용되고, 화제 시 소방용으로 사용되었다. 발굴 조사 결과 바닥에는 판석을 깔아 두었으며 조선시대 기와와 도자기 조각 등이 발견되었다. 연지는 아래로 내려갈수록 폭이 좁아지며 동쪽과 서쪽 벽에는 배수로가 있어 물이 쉽게 흐르도록 하였다.

만하루는 정면 3칸, 측면 2칸의 팔작지붕으로 연못과 금강 사이에 있는 누각이다. 2층의 누각 형식이지만 네 면이 트여 있는 구조로 바닥 전체는 마루로 되어 있고 사면에 난간을 둘렀다. 만하루는 조선시대에 확장한 것으로 공산성을 방어하는 군사적 기능과 함께 주변 경치를 감상하던 기능을 했던 것으로 연지와 잘 어울리는 모습이다. 여지도서(각 읍에서 편찬한 읍지를 모아 만든 책)에는 공산성에 물이 부족하여 이를 해결하기 위해 연못을 만들어 강물을 끌어다 썼으며 만하루라는 건물을 세웠다는 기록도 있다.

만하루와 연지

⑥ 공북루(拱北樓)

공북루는 공산성의 북쪽 문루로 원래 이 자리에 있던 망북루(望北樓)를 1603년(선조 36년)에 중수하여 공북루라 이름한 것이다. 공북루는 금강의 남쪽과 북쪽을 오가는 남북 통로의 주 출입문으로 금강(錦江)을 바라보고 서 있다. 높은 기둥을 세워 2층 누각(樓閣)을 만들었는데 위층에는 누마루를 깔고 금강의 아름다움을 즐기는 장소로 이용하였고, 아래층은 성으로 통하는 통행로로 이용하였다. 문루 안에는 여러 편의 글과 시가 현판으로 걸려 있다.

공북루

⑦ 진남루(鎭南樓)

공산성 진남루는 공산성의 남문이자 정문으로 조선시대에는 충청, 전라, 경상도의 사람들이 드나들던 관문이었다. 지금 있는 성문은 토성이었던 공산성을 조선 초기에 석

성으로 다시 쌓으면서 건립한 건물로 1971년에 해체 수리하여 오늘에 이르고 있다. 진남루는 높은 돌 축대 위에 건물을 세워 2층 누각의 효과를 나타내고 있다. 참고로 공산성은 남문인 진남루와 북문인 공북루는 성문이 남아 있었지만 동문과 서문은 터만 남아 있었다.

2) 공주 무령왕릉과 송산리 고분군(公州宋山里古墳群) - 사적 제13호

송산리 고분군은 금강 남쪽으로 뻗어내린 작은 구릉(宋山)의 남쪽 경사면에 고분군이 위치한다. 웅진백제시대 배제 왕과 왕족들이 능묘 군이다. 본래 이곳에는 수십여 기의 고분이 있었지만 현재는 무령왕릉과 1~6호분까지 모두 7기만 정비되어 있다. 송산리 고분군의 백제 왕실 무덤은 만들어진 모습에 따라 굴식돌방무덤(橫穴式石室墳)과 굴식 벽돌무덤(橫穴式塼築墳)으로 구분된다. 1~5호분은 굴식돌방무덤으로 내부는 반구형 형태의 무덤 방이 있다. 6호분과 무령왕릉은 당시 중국에서 유행하던 벽돌무덤으로 터널형의 무덤 방이 있다. 송산리 고분군의 고분 배치는 구릉의 윗부분에 1~4호분이 하나의 그룹을 이루고 있으며, 그 남쪽 사면에 무령왕릉과 5호분 그리고 6호분이 또 하나의 그룹을 형성하고 있다.

송산리 고분군 전경

① 송산리(宋山里) 1~4호분

일본인 아마추어 고고학자 가루베 지온이 조사하면서 1933년 1, 2, 3, 4호분으로 명명되었다.

4개의 고분 모두 백제의 굴식돌방무덤(횡혈식석실묘)으로 남쪽으로 면한 구릉의 사면(斜面)을 파고, 직사각형 묘실을 만들었다. 1~4호분의 축조 방식은 모두 비슷한데 남벽의 우측에 묘실로 들어가는 통로인 널길이 달려 있으며 천장은 안으로 좁혀든 네 벽 위에 한 개의 돌을 놓아 만들어졌다. 벽면과 천장에는 백회를 발랐으며, 내부에는 굵은 자갈을 깔았다. 1927년 조사 전에 이미 봉토가 완전 유실되었는데 출토된 부장품으로는 은제 허리띠 장식, 순금 장식

송산리 4호분 남벽

구, 철도금 장식구, 은제 장식구, 철창 파편, 철촉, 금동 고리, 장식못, 철제 고리 잔편 등이 수습되었다.

송산리 4호분

② 송산리(宋山里) 5호분

내부가 공개되어 있는 5호분은 언덕 능선에 등고선 방향과 직각으로 구덩이를 파고 널방과 널길을 조성한 5~6세기 굴식돌방무덤(횡혈식석실묘)이다. 굴식돌방무덤은 한성백제 말기 왕실 묘제로 정착된 것으로 웅진으로 천도하여 백제왕릉군에 집중적으로 만들어졌다. 1~4호분과 마

송산리 5호분(굴식돌방무덤) 내부

찬가지로 무덤 내부로 들어가면 돌로 만든 정사각형 모양의 무덤방이 나타난다. 돌을 수직으로 쌓아서 만든 벽은 위로 갈수록 안으로 좁아져 둥근 형태가 되는데 가장 윗부분에는 크고 평평한 돌을 올려놓아 마무리하였다. 5호분의 경우 내부 돌방은 깬돌로 쌓아진 형태로 남아 있으나 본래는 벽면에 두껍게 진흙을 발랐던 것으로 보인다. 조사 전에 도굴되어 토기 1점과 약간의 장신구, 관못 등이 수습되었다. 백제의 왕이나 왕족의 무덤으로 추정된다.

③ 송산리(宋山里) 6호분

6호분과 무령왕릉과 같은 벽돌무덤이다. 벽돌무덤은 주로 중국에서 한(漢)나라 때부터 위진남북조에 이르기까지 사용되었던 무덤인데 6호분과 무령왕릉이 만들어질 당시에는 남조는 양(梁)나라가 지배하고 있었다. 따라서 웅진 시기 갑작스럽게 굴식돌방무덤이 아닌 벽돌무덤이 등장하는 것은 중국과의 활발한 교류를 통해 선진 문물을 수용한 것으로 보인다. 6호분의 특징은 무령왕릉 이전에 발견된 백제 최초의 벽돌무덤이자 벽화무덤으로 사신도가 그려져 있다는 점이다. 널방은 남북이 긴 직사각형 평면으로 규모는 동서 너비 2.4m, 남북 길이 3.7m, 높이 3.13m이다. 널길은 남벽 가운데 조성하였는데 길이 2.3m로 안보다 밖의 폭이 좁다. 4개의 벽은 오수전 모양의 벽돌을 가로와 세로로 쌓아 올렸다. 등잔을 놓았던 등감이 동서 양 벽에 각 3개, 북벽에 1개가 있다. 또한 4개의 벽에는 사신도가 그려져 있

송산리 6호분 내부

는데 남벽의 경우 주작(朱雀)과 함께 해와 달이 그려져 있다. 널방 중앙의 동쪽에는 벽돌로 쌓은 관대 1기가 설치되어 있다.

학계에서는 6호분의 피장자는 아마도 6호분의 구조가 무령왕릉과 거의 똑같은 벽돌무덤으로 무령왕과 시대적으로 가깝고 관계도 밀접한 인물이 피장자로 추정된다. 현재 추정되는 인물로는 동성왕과 성왕, 무령왕의 왕후(후궁), 무령왕의 아들 순타태자 등이 있다. 널길을 막는데 쓰인 벽돌 중 양선이위사의(梁宣以爲師矣) 명문이 확인되었는데 벽돌 제작에 양나라의 영향을 받은 것임을 입증하는 자료이다. 6호분은 1932년 송산리 고분군 정화 작업 현장에서 배수로를 파다가 우연히 발견되었는데 발굴자인 가루베 지온은 6호분도 천장이 파괴되어 1호분부터 5호분까지의 경우와 마찬가지로 일찍이 도굴되어 출토된 게 아무것도 없다고 기록했으나 실제 가루베는 마구잡이로 무덤을 도굴하였고 수집품들을 일본으로 빼돌렸다.

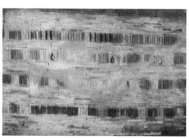

송산리 6호분 벽화(백호)　　　　　송산리 6호분 북벽 가창

④ 무령왕릉

1971년 송산리 5, 6호 고분의 배수로 공사 중 우연히 발견되었다. 고분의 축조연대와 피장자가 분명하며 도굴의 피해를 전혀 입지 않은 상태로 껴묻거리가 고스란히 발견되어 삼국시대 고분 연구에 중요한 정보를 제공하고 있다. 고분의 구조는 중국 남조에서 유행하던 벽돌무덤(塼築墳) 형식을 모방하고 있다. 봉토의 평면은 직경 20m가량의 원형이며 널방은 남북방향을 축으로 한 긴 네모꼴의 평면을 갖고 있다. 남북길이 4.2m, 동서너비 2.72m이며 높이는 2.93m이다.

무덤의 축조 방식을 살펴보면, 산의 경사면에 L자형의 구덩이를 파내고 바닥을 편평하게 고른 후에 삿자리 모양으로 벽돌을 정연하게 깔았으며, 벽면은 천장부가 시작되는 일정 높이까지 연꽃 모양이 양각된 벽돌 표면이 바깥쪽에 노출될 수 있도록 하여 사평일수(四平一豎) 방식으로 쌓아 올렸다. 벽면에 축조된 벽돌은 세워 쌓는 벽돌 2매가 조합되어 하나의 연꽃 모양이 완성되도록 하였음을 관찰할 수 있는데, 이로 보아 무덤의 축조 전에 이미 치밀한 계획을 세워 공사를 하였음을 알 수 있다. 왕과 왕비를 합장했는데 왕이 동쪽, 왕비가 서쪽에 놓였고 머리 방향은

입구 쪽인 남쪽을 향하고 있다. 왕과 왕비 모두 옻칠된 목관에 각기 안치되어 있었다. 널길에는 돌로 만든 석수(石獸) 한 마리가 입구 쪽을 향해 놓여 있었으며 그 앞에는 왕과 왕비의 매지권(買地券)이 나란히 놓여 있었다. 장신구로서는 왕의 것으로 금제 관장식, 심엽형 귀걸이, 뒤꽂이, 은제 허리띠[銙帶], 금동 신발 등이 있으며 그밖에 각종 금·은제 장식이나 구슬이 발견되었다. 왕비의 것으로는 역시 금제 관장식과 귀걸이, 목걸이, 금·은제의 팔찌 외에도 많은 수의 장식이 발견되었다. 동탁은잔(銅托銀盞)과 구리로 만든 은잔 받침은 왕비의 애장품으로 추정되는데, 은잔 받침에는 중심부의 연꽃무늬 주위에 인면조(人面鳥)와 용, 사슴, 새와 나무 등이 음각으로 새겨져 있다. 이밖에도 단룡문환두대도·철모·손칼 등의 무기류, 거울·용기(用器)·숟갈·다리미 등의 청동제품, 청자·백자 등의 자기류, 두침(頭枕)·족좌(足座) 등의 목제품 등 다양한 유물들이 부장되어 있었다.

무령왕릉은 백제 문화의 이해라는 측면에서 학술적 가치가 매우 높은 고분이다. 무령왕릉의 대규모 발굴 덕분으로 백제의 국가상, 사회생활, 남조 양나라와의 문화교류, 장사를 지내는 예법을 알 수 있게 되었으며, 삼국시대 고구려, 백제, 신라 등 나라의 상호 간에 문화교류, 각국 문화의 특수한 점과 공통되는 점을 확인할 수 있다. 특히 무덤의 주인과 건설 내용이 담긴 묘비석이 발견된 점이 가장 중요하다. 이 석판을 통해 무덤이 무령왕과 왕비의 것이라는 점, 왕과 왕비를 2년 3개월 동안 가매장한 후에 정식 왕릉으로 옮기는 백제의 매장 풍습 및 땅과 지하의 신들에게서 토지를 사서 무덤을 쓰는 개념 등을 알 수 있다.

무령왕릉의 구조
나무로 틀을 만든 후 그
위에 벽돌을 쌓아 올렸다

발굴조사를 통해 밝혀진 무령왕릉의 구조를 살펴보면 우선 내부는 널길과 널방으로 이루어진 한 칸 무덤(單室墓)이며, 외부는 무덤의 봉분과 함께 봉분의 유실을 방지하기 위해 바깥의 경사면 일부에 돌을 쌓아 만든 보호석(護石)을 둘렀다. 또한 내부의 침수 방지를 위해서 널길의 바닥면 아래에는 외부 경사면을 따라 길게 배수로를 설치하였다. 전체 규모는 널길의 길이가 2.9m이며, 높이는 1.45m이고 너비가 1.04m이다. 널방은 남북의 장축면이 4.2m이며, 동서의 길이가 2.72m이고 바닥에서 천장까지의 높이는 제일 높은 곳이 3.14m에 이른다. 또한 천장은 아치 형태를 띠고 있다. 천장에 사용된 벽돌은 아치형을 만들기 위해서 한쪽 면을 작게 만든 후 조립하였다. 입구 쪽을 제외한 모든 벽면에는 무덤의 내부를 밝게 할 목적으로 등잔을 올려놓는 등감(燈龕)을 시설

무령왕릉 조성에 사용된 전돌

하였는데 동, 서쪽의 각 벽면에 2개, 북쪽 벽면에 1개 등 총 5개의 등감을 설치하였다. 등감의 가장자리에는 불꽃이 타오르는 모습을 사실감 넘치게 그려 넣어 장식성을 높였다.

널방 벽의 등잔대 받침 시설

무령왕릉(벽돌무덤) 내부　　　　　무령왕릉입구

3) 백제 무령왕릉 출토 유물(무령왕의 장례 의식)

1971년 우연한 기회에 무령왕릉이 발굴되었고 이후 언론의 비상한 관심 속에서 무령왕릉 출토 유물들에 대한 학자들의 연구 결과가 계속 이어져 왔다. 이 중 가장 중요한 것은 무령왕의 묘지석이다. 묘지석이 발견되면서 왕릉의 주인공이 알려졌고 왕의 사망일을 알게 된 것이다.

523년 계묘년은 무령왕이 62세의 나이로 돌아가신 해이다. 그로부터 1500년이 지난 2023년은 뜻깊은 해로 국립공주박물관에서는 무령왕의 장례 과정을 복원하는 특별전시가 열렸다. 무령왕의 재탄생으로 우리는 한동안 잃어버렸던 웅진백제시대의 역사를 재조명하게 된 것이다.

우리는 흔히 백제사에서 부흥기를 성왕대로 알고 있지만 웅진 시기의 백제 역사의 부흥을 가능케 한 것은 바로 무령왕이었음을 잊어서는 안 된다. 무령왕은 웅진 시기 5명의 왕 중에서 유일하게 천수를 누렸고, 군사적으로나 정치, 경제 및 사회적으로 백제 사회를 안정시키며 성장 발전하는 데 크게 공헌한 왕이었던 것이다. 무령왕릉을 만들고 무령왕과 왕비의 장례를 치른 사람은 그의 아들 성왕임은 틀림없다. 무령왕릉에서 출토된 수많은 유물들은 무령왕이 다져 놓은 업적 위에 성왕이 이를 계승하면서 커다란 도약을 이루었음을 증명하는 자료인 것이다.

무령왕릉 출토 유물은 무령왕을 거쳐 성왕 시기 당시 여러 가지 생활 풍습 등을 알려 주지만 동시에 웅진백제가 중국 남조의 양(梁)을 비롯하여, 신라, 가야, 왜(일본) 등 폭넓게 국제적인 교류를 하면서 문화적으로 선진국이었다는 사실을 알려 주는 중요한 자료이다.

▌국립 공주박물관 소장 무령왕릉 출토 유물 - 전체

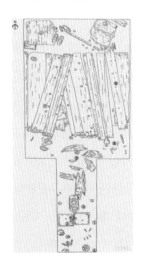

① 지석
② 오수전
③ 석수
④ 청자육이호
⑤ 청동수저
⑥ 왕의 목관
⑦ 왕비의 목관
⑧ 검은간토기
⑨ 등잔

▌ 왕과 왕비 무덤 출토 유물

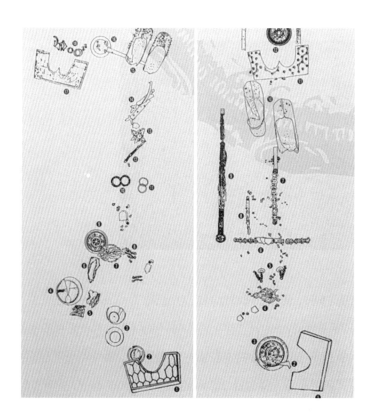

왕비(왼쪽)

① 나무 베개 ② 동제 접시 ③ 은잔과 동제받침 ④ 동발, 동제 수저, 장식칼 ⑤ 나무새 ⑥ 목걸이 ⑦ 관식 ⑧ 귀걸이 ⑨ 수문경 ⑩ 은팔찌 ⑪ 금팔찌 ⑫ 장식칼 ⑬ 금제 사엽형 장식 ⑭ 동제 이차구 ⑮ 금동 신발 ⑯ 청동다리미 ⑰ 발 받침 ⑱ 금은 팔찌, 금귀걸이

왕(오른쪽)

① 나무 베개 ② 뒤꽂이 ③ 의자손수대경 ④ 관식 ⑤ 귀걸이 ⑥ 허리띠 ⑦ 허리띠 장식 ⑧ 장식 칼 ⑨ 고리자루 큰칼 ⑩ 금동 신발 ⑪ 발 받침 ⑫ 방격규구신수문경

① 지석과 매지권

㉠ 왕의 지석(앞면, 국보 제163호)

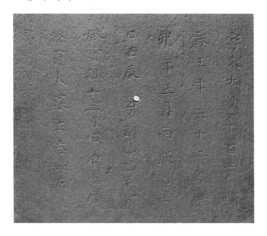

　모두 53자의 글자가 새겨진 가로 41㎝, 세로 35㎝, 두께 5m의 묘지석이다. 무령왕의 사망 연월일이 기록 되어 있어 사료적으로 매우 중요한 가치를 갖고 있다. 성왕이 3년 상을 잘 치루고 무령왕의 공적을 기리기 위해 묘지석을 잘 만들었다는 증거 자료이다.

　寧東大將軍百濟斯麻王 年六十二歲 癸卯年五月丙戌朔七日

　壬辰崩 到乙巳年八月癸酉朔十二日甲申 安厝登冠大墓 立志如左

　영동대장군(寧東大將軍)인 백제 사마왕(斯麻王)께서는 62세 계묘년(523년) 5월 (병술일이 초하루인데) 임진일인 7일에 붕어(崩御)하시고 을사년 (525년) 8월 (계유일이 초하루인데) 갑신일 인 12일에 대묘에 높이 받들어 안장하며 이와 같이 기록한다.

ⓛ 간지도(뒷면)

왕 묘지석 뒷면에 새겨진 간지도이다. 가장자리를 따라 직선을 새기고 그 안쪽에 10간과 12지를 새겨 넣었다. 무령왕이 사후 서쪽의 이상적인 세계로 향하기를 바라는 마음에서 성왕의 염원이 담긴 도교적인 의미의 12간지이다.

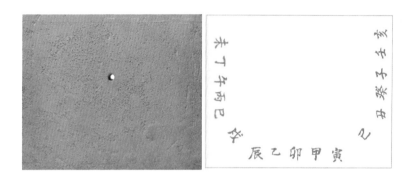

寅甲卯乙辰 巳丙午丁未 亥壬子癸丑 그리고 戊와 己

ⓒ 왕비의 지석(앞면, 국보 제163호)

丙午年十二月 百濟國王大妃壽終居喪在酉地

己酉年二月癸未朔十二日甲午改葬 還大墓立志如左

병오년(526년) 12월 백제국 왕대비께서 천수를 누리다 돌아가셨다. 酉
(서쪽 방향)의 땅에서 삼년상을 마치고 기유년(529년) 2월 (계미일이 초
하루인데) 갑오일인 12일 대묘로 이장하여 이와 같이 기록한다.

㉣ 왕의 매지권(뒷면)

왕비의 지석으로도 사용한 이 돌 문서에는 뒷면에 토지신으로부터 땅
을 샀다는 내용을 적고 있으며 지석 위에는 당시 중국에서 사용되었던
五銖錢이 놓여 있었음.

錢一万文右一件乙巳年八月十二日寧東大將軍百濟斯麻王

以前件錢 詢土王土伯土父母上下衆官二千石

買申地爲墓故立券爲明不從律令

돈 1만문 한 벌 을사년(525년) 8월 12일 영동대장군 백제 사마왕은 앞
의 1만문으로 토왕, 토백, 토부모, 하늘과 땅의 2천 석의 봉록을 받는 백
관들에게 여쭈어 申(남서방향)의 땅을 사서 묘를 조성했기 때문에 증서

를 작성하고 율령에 따르지 않음을 명백하게 한다.

오수전(五銖錢)

오수전 출토 당시의 모습

② 왕과 왕비의 목관

　무령왕과 왕비가 모셔졌던 화려한 장식의 목관은 수종을 분석한 결과 일본 남부지방의 고지대에서 자생하는 금송(금송)으로 밝혀졌다. 금송은 최고급 목재로 일본에서도 지배계층이 사용하였는데 무령왕릉을 비롯하여 부여 능산리 동하총, 익산 쌍릉과 같이 백제왕릉급 고분의 목관재료로 사용되었던 것으로 파악되고 있다. 무령왕 목관은 길이 267.5㎝, 뚜껑 너비 78㎝, 높이 104.1㎝이다. 무령왕과 왕비의 목관은 판재 내, 외부에 옻칠을 하였고, 관고리는 금, 은으로 화려하게 장식하여 사용되었다. 또한 사용된 못은 5㎝, 6㎝, 9㎝, 12㎝ 등 다양하며 모두 못의 머리 부분에 은관을 입혔고 도금한 것도 있다.

무령왕 목관(좌측)과 왕비 목관(우측)

무령왕 목관의 관고리(지름 8.5㎝)

③ 왕과 왕비의 관모(冠帽) 장식

　무령왕릉에서는 왕과 왕비가 각기 순금으로 장식한 모자를 쓰고 있었다. 왕의 관식은 두께 2㎜ 정도의 금관을 도려내어 불꽃이 타오르는 것 같은 형태를 갖추었다. 무령왕비 금제 관식은 무령왕 금제 관식과 마찬가지로 인동당초무늬와 연꽃무늬, 불꽃무늬로 구성되었다. 그러나 세부 형식에서는 다소 약간의 차이를 보인다. 왕의 관식은 비대칭으로 불꽃무늬 형상을 하고 있는 반면, 왕비의 관식은 인동무늬를 장식한 줄기가 지를 중심으로 연꽃 한 송이가 피어나는 형상으로 되어 있다. 왕의 관식(국보 제154호)이 역동적이면서 강렬한 인상을 주는 반면 왕비의 관식(국보 제155호)은 좌우가 대칭을 이루면서 정적이고 단정한 느낌을 준다.

왕의 금제 관식(길이 30.7㎝, 국보 제154호)　왕비의 금제 관식(길이 22.6㎝, 국보 제155호)

④ 뒤꽂이

　순금으로 만든 뒤꽂이는 일종의 머리 장신구로 왕의 머리 부근에서 발견되었다. 길이는 18.4㎝, 상단의 폭은 6.8㎝이다. 역삼각형의 윗부분은 새가 날개를 펼치고 있는 모습이고, 3가닥으로 갈라진 꽂이 부분은 긴

꼬리처럼 되어 있어 마치 날고 있는 새의 모습을 하고 있다. 양 날개 쪽 좌우에는 연꽃무늬를 도드라지게 찍었고, 그 아래는 서로 대칭으로 인동 당초무늬를 빈틈없이 메꿔 놓았다. 새의 머리와 날개 부분의 테두리는 끝 끝으로 찍은 작은 점들이 열지어 있다.

금제 뒤꽂이(길이 18.4cm, 국보 제159호)

⑤ 귀걸이

무령왕릉에서는 모두 5쌍의 금귀걸이가 출토되었는데 이 중 왕의 것은 1쌍이고 나머지는 모두 왕비의 것이다. 왕비 귀걸이는 머리 쪽에서 2쌍, 발치 쪽에서 2쌍이 출토되었다.

왕의 금귀걸이는 하나의 둥근 고리(主環)에 두 줄의 귀걸이를 매달은 형태이다. 두 줄 중 하나는 아래에 크고 작은 두 개의 하트모양 장식을 달았으며 다른 한 줄은 연록색의 굽은옥(曲玉)을 달아 장식하였다. 곱은옥은 마치 여러 개의 구멍을 투공해 장식한 모자를 쓴 모습이며, 끝 부분에도 하트모양의 장식이 나뭇잎처럼 매달려 있다. 가장자리를 따라 금 알갱이를 붙여 장식했다. 고리 위부분에는 작고 얇은 고리틀을 부착했는데 부분부분 붉은 색의 안료가 채워져 있다.

왕비의 금귀걸이는 두 점 모두 길쭉한 장식이 매달려 있는 형태로 한 점은 두 개의 장식이, 또 다른 한 점은 한 개의 장식만이 달려 있어 차이가 있다. 먼저 두 개의 장식이 달린 귀걸이의 형태를 살펴보면, 큰 고리에 작은 고리가 있고 그 아래 장식이 매달려 있는데, 장식의 길이와 함께 끝에 달린 장식이 다르다. 길이가 긴 장식 끝에는 끝이 뽀족한 탄환형의 장식이 금줄 고리에 매달려 있는데, 고리에는 작은 원형의 금판 영락이 여덟 부분에 걸쳐 4개씩 금줄로 묶여 있어 화려하다. 함께 출토된 한 쌍의 귀걸이는 앞서 본 하트 모양 장식만 매달아 장식한 것으로 유리옥 중 1개만 남아 있는 상태이다.

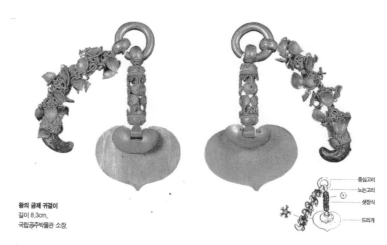

왕의 금제 귀걸이
길이 8.3cm,
국립공주박물관 소장.

왕 귀걸이(길이 8.3cm, 국보 제156호)

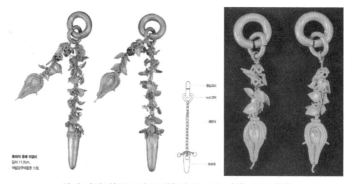

왕비의 금제 귀걸이
길이 11.8cm,
국립공주박물관 소장.

왕비 귀걸이(국보 제157호) 길이 11.8cm(좌), 8.8cm(우)

⑥ 목걸이

무덤 내부 왕비의 머리 쪽에서 금구슬, 금제 장식 등이 상당량 발견되었으나 그중 눈길을 끈 것은 두 점의 금목걸이(국보 제158호)로 겹쳐진 채 발견되었다. 각각 7개, 9개의 마디를 연결해 제작한 형태로 금제 마디는 육각형의 단면으로 금판의 양끝을 땜질해 속이 비어 있는 상태이다. 7절로 된 금제 목걸이는 14.0㎝이고 9절로 된 금제 목걸이는 16.0㎝로 길이만 다를 뿐 재질, 제작 기법이 동일한 금목걸이이다. 각각 마디 길이는 6㎝ 내외로 중앙이 가장 두껍고 양 끝으로 갈수록 차차 얇아져 입체감을 준다. 양 끝은 둥글게 말려져 다른 마디와 고리형태로 연결했으며, 마디 양 끝은 금선을 여러 겹 감아 견고함을 더했는데 장식적인 효과도 함께 주었다.

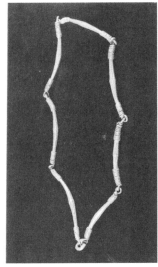

각가 9절과 7절로 된 금제 목걸이(국보 제158호)

⑦ 은제 팔지

　왕비의 나무 널(목관)내 왼쪽 팔 부근에서 발견된 한 쌍의 은제 팔찌로, 바깥지름 8㎝, 고리 지름 1.1㎝이다. 팔찌 안쪽에는 왕후나 왕비가 아닌 대부인(大夫人)이라 기록되어 있어 팔찌 주인이 생전에 무령왕의 정식 왕비가 아닌 것으로 추정되며 520년 이후에 제작된 것으로 추정된다. 팔목이 닿는 안쪽에는 톱니 모양을 촘촘히 새겼고, 둥근 바깥 면에는 발이 셋 달린 2마리의 용을 새겼다. 용의 조각은 세밀하지는 않으나 힘에 넘친 모습이며 팔찌의 외관을 감싸고 조각되었다. 팔찌에는 주인의 칭호 외에 만든 사람의 이름과 무게 등이 기록되어 있다.

　　庚子年二月多利作大夫人分二百州主耳
　　경자년(520년) 2월 다리(多利, 장인 이름)가 대부인(大夫人, 왕비)을 위해
　　만들었다.

다리 작명 은제 팔지(국보 제160호)

⑧ 신발

　왕 신발은 발받침에서 약 10㎝ 떨어진 지점에서 수습됐고 왕비 신발은 목관 북측판 근처에 놓여 있었는데 신발은 부식돼 상태가 좋지 않았

지만 왕보다 왕비의 신발이 상태가 훨씬 양호하다. 바깥쪽 판은 모두 금동제이며 차이점은 왕 신발은 안쪽 판 재질이 은이지만 왕비 신발은 금동이다. 길이는 왕의 신발이 38㎝이고 왕비의 신발이 35㎝로 왕의 신발이 다소 크다. 바깥쪽 판에는 가로보다 세로가 긴 육각형 무늬가 있으며 무늬 크기는 왕비 신발이 더 크다. 무늬 안은 얇은 쇠붙이 장식인 영락으로 꾸몄는데, 왕 신발은 영락 수량이 규칙적이지만 왕비 신발은 그렇지 않다.

왕의 신발(길이 38㎝)

왕비의 신발(길이 35㎝)

⑨ 베개(頭枕)

왕비의 베개는 왕비의 머리를 받치기 위한 장의용 나무 베개로, 위가 넓은 사다리꼴의 나무토막 가운데를 U자형으로 파내어 머리를 받치도록 하였다. 표면에는 붉은색 칠(朱漆)을 하고 금박을 붙여 거북등무늬를 만든 다음, 그 무늬 내부마다 흑색. 백색. 적색 금선을 사용하여 비천상이나 날개를 펴고 날아가는 봉황, 어룡(魚龍), 연꽃, 덩굴무늬 등을 그려 넣었다. 베개의 양 옆 윗면에는 암수 한 쌍으로 만들어진 목제 봉황머리가 놓여 있는데, 발굴 당시에는 두침 앞에 떨어져 있었던 것을 부착하였다.

왕의 베개는 테두리를 금박으로 장식하고 내부에 육각형의 무늬를 넣었으며. 육각형의 중앙에도 비천, 새, 어룡, 연꽃, 인동 등의 그림을 그렸다. 발견 당시 왕의 머리 받침은 거의 부식되어 두 토막만이 남아 있었다.

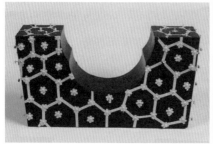 

왕의 베개(너비 38cm)　　　　왕비의 베개(너비 40cm, 국보 제164호)

⑩ 발받침(足座)

왕의 발받침은 베개와 마찬가지로 나무토막을 역사다리꼴 모양으로 다듬었지만, 베개와는 달리 두 발을 올려놓을 수 있도록 중심을 W자형으로 홈을 깊게 파냈다. 본 발받침은 표면에 검은 옻칠을 해서 전체적으로 흑갈색을 띠고 있다. 또한 표면을 거북등처럼 육각형 무늬를 이루도록 금판을 오려 만든 금띠로 장식했는데 금띠들의 길이는 4cm, 폭은 0.7cm가량이다.

왕과 왕비의 장례 유물은 형태는 비슷하지만 세부 장식에서 차이를 보이는데, 가장 두드러지는 차이는 왕비의 것은 붉은 단청칠인 반면 왕의 것은 검은 옻칠이다. 백제의 왕실에서는 옻칠이 왕을 상징하며 가장 높은 격을 드러내는 장식이었다. 또한 왕비의 것에는 금박을 칠한 반면 왕의 것에는 금판을 오려 붙였다는 점에서도 서로 차이가 보인다. 무령왕 발받침은 현존하는 거의 유일한 백제 왕족의 장례용 물품으로 아주 희

귀하게 금으로 장식된 목조 공예품이며, 출토지가 명확하다는 점 등에 서 사료적 가치가 대단히 높은 유물이라 할 수 있다.

왕의 발받침(너비 38㎝, 국보 제165호)

왕비의 발받침(너비 40㎝)

⑪ 청동다리미

　전체 길이 49㎝, 지름 16.5㎝이다. 납작하고 긴 손잡이와 밖으로 퍼진 넓은 전이 둘려진 접시 모양의 화두(火斗)로 구성되어 있다. 손잡이는 윗 면이 편평하고 아랫면은 둥글며 전의 테두리에 접한 부분의 표면은 1단 (段)을 위로 올려붙였다. 아랫면은 테두리 아래로 꺾어 몸체의 중심에 부 착하였다. 전의 윗면에는 여섯 줄의 선(線)을 음각하여 둘렀다.

　출토 당시 다리미의 몸체와 외부 밑바닥 그리고 테두리와 가까운 손잡 이 뒷면에는 흰 모시 천조각이 붙어 있어서 이 다리미가 평소 생활할 때 사용되었던 것임을 시사한다. 백제시대의 생활양식을 이해하는 데 귀중 한 자료다.

⑫ 환두대도(둥근고리 큰칼)

무령왕 출토 용과 봉황을 장식
한 둥근고리 큰 칼은 최고의 신분
을 나타내는 위세품(威勢品)이다.
왕의 목관 좌측에서 발견되었는
데 둥근고리를 이루는 손잡이 끝
장식 안에 용을 새겨 넣은 단룡문
환두대도이다. 둥근 고리 겉면에
는 2마리의 용이 머리를 아래로
하고 있는데 비늘까지 생생하게
표현되어 있다. 나무로 된 손잡이

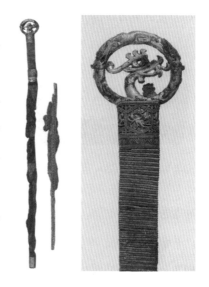

부분은 금실과 은실을 교대로 감았으며 그 상단과 하단에 금판을 붙였
다. 칼의 길이는 82cm이다.

⑬ 청동 거울

㉠ 방격규구신수경(方格規矩神獸鏡)

무령왕의 발치에 있던 청동 거울은 방격규구신수경이라 하는데, 지름
17.8cm로 발견된 3점의 거울 중 크기는 가장 작지만 가장 많은 장식이
가미되어 있으며 보존 상태도 가장 좋다. 방격(方格)이란 격자무늬를 뜻
하고 규구(規矩)는 자나 컴퍼스와 같이 길이나 지름을 재는 도구를 말한
다. 신수(神獸)는 신령스러운 짐승을 가리키는 말이다. 즉, 방격규구신수
경은 신수가 새겨진 방격규구무늬거울이라는 뜻이다. 방격규구신수경
에서 가장 눈에 띄는 것은 거울 뒷표면에 새겨진 5개의 형상으로, 이 형

상은 사람 하나와 신수 넷으로 이루어져 있으며 중앙부의 꼭지를 중심으로 돌고 있는 형태다. 사람 형상은 반나체의 형상을 하고 있으며 양손에는 창을 들고 있어서 신수들을 사냥하는 듯한데, 4마리의 신수들은 용또는 기린, 호랑이, 사슴 등으로 보인다.

거울 뒷면의 가운데에는 손잡이 겸 끈으로 거울을 걸 수 있도록 하는볼록 튀어나온 고리형 꼭지가 있고, 꼭지의 주변으로는 사각형의 테두리를 둘렀다.

방격규구신수경(지름 17.8㎝, 국보 제161호)

㉡ 의자손수대경(宜子孫獸帶鏡)

무령왕의 머리 부근에 있던 의자손수대경은 지름 23.2㎝로 3개의 거울 중 크기가 가장 크다. 의자손수대경이라는 이름에서 의자손이라는것은 '의(宜)', '자(子)', '손(孫)'의 한자가 표면에 새겨져 있어서 붙은 것이고, 수대경은 짐승 형상이 새겨져 있는 거울이라는 것이다. 즉, 의자손수대경은 짐승 형상으로 장식되어 의, 자, 손 글자가 새겨진 거울이라는 뜻이다.

방격규구신수경 비하면 그다지 장식이 눈에 띄지는 않는다. 거울 뒷면의 가운데에는 손잡이 겸 끈으로 거울을 걸 수 있도록 하는 볼록 튀어나온 고리형 꼭지가 있는데, 이 고리에 가죽 끈의 일부가 붙어 있다. 꼭지의 주변으로는 여러 겹의 동심원이 있는데, 가장 안쪽의 원에는 9개의 작은 돌기가 꼭지를 두르도록 배열되어 있다.

의자손수대경(지름 23.2㎝, 국보 제161호)

ⓒ 수대경(獸帶鏡)

무령왕비의 머리 부근에 있던 수대경은 지름 18.1㎝로 의자손수대경보다 크기가 약간 작다. 수대경은 짐승 형상이 새겨져 있는 거울이라는 것이다. 수대경은 의자손수대경과 형태가 유사하다. 하지만 장식성은 3개의 거울 중 가장 떨어진다. 거울 뒷면의 가운데에는 다른 거울들처럼 손잡이 겸 끈으로 거울을 걸 수 있도록 하는 볼록 튀어나온 고리형 꼭지가 있다. 꼭지의 주변으로는 9개의 작은 돌기가 꼭지를 두르도록 배열되어 있으며 각 꼭지들은 각각 작은 원 안에 들어가 있다. 전체적으로는 물결무늬로 장식했다. 수대경의 테두리는 의자손수대경과 흡사하게 톱니무늬와 물결무늬가 새겨져 있다.

수대경(지름 18.1㎝, 국보 제161호)

㉣ 스타하치만신사 인물화상경(人物畵像鏡)

스다하치만신사 인물화상경(隅田八幡神社人物画像鏡)은 일본 와카야마현 하시모토시에 소재하는 스다하치만 신사에 있는 5~6세기경 제작된 청동 거울로 무령왕릉에서 발견된 청동거울과 흡사하다. 무령왕이 일본에 있는 자신의 동생 계체천황에게 보낸 거울로 추정되는데 거울에는 48글자의 글씨가 새겨져 있다. 이 거울은 일본 고대사, 고고학, 일본어 연구에 중요한 자료이다. 일본의 국보로 지정되어 있다.

癸未年 八月日十 大王年 男弟王 在意柴沙加宮時 斯麻 念長寿
遣開中費直 穢人 今州利 二人等 取白上同 二百旱 作此竟
계미년(503년) 8월 10일(日十) 대왕년(大王年) 남제왕(男弟王)이 오시사카궁(意柴沙加宮)에 있을 때 사마(斯麻)가 장수를 염원하여 카와치노아타이(開中費直)와 예인(穢人) 금주리(今州利) 2명 등을 보내어 백상동(白上同 → 銅, 양질의 구리) 200한(旱)을 가지고 이 거울(竟 → 鏡)을 만들었다

앞면   뒷면

⑭ 동탁은잔

합금제 받침과 은제 잔 및 은제 뚜껑의 세 부위를 따로 만들어 조합한 은잔이다. 왕비의 머리맡에서 발견되었다. 받침은 지름 14.7㎝ 높이 3.1㎝로 잘 다듬은 표면에 그림을 새겼다. 가장자리에는 톱니무늬를 두르

고 그 안쪽에 꽃을 들고 있는 인면조(人面鳥), 용, 사슴, 새, 미상의 동물, 연꽃과 나무를 넣었다. 납작하지만 넓은 굽을 두어 안정적이다.

은잔은 높이 5.6㎝, 입 지름 8.6㎝로 반구형에 가깝게 만든 주물제품이다. 겉면을 3단으로 나누어 그림을 가득 새겼다. 하단에는 굽을 감싸며 활짝 핀 8엽의 연꽃을 두고, 입술 아래의 상단에는 인동당초문 띠를 둘렀으며, 중간에는 세 마리의 용이 줄지어 있다. 은제 잔 뚜껑은 흡사 삿갓모양이며, 은으로 만든 본체에는 그림이 있다. 하단에는 새와 사슴 그리고 나무를 넣었고, 상단에는 활짝 핀 8엽의 연꽃을 두었다. 중앙의 꼭지에는 8엽의 연꽃봉우리가 솟아 있다.

동탁은잔

⑮ 돌짐승(진묘수)

무덤을 지키는 짐승인 '진묘수(鎭墓獸)'라는 명칭으로 더 유명한 이 돌짐승은 무덤 통로 중앙에서 밖을 향해 놓여 있었다. 진묘수는 높이 30.8㎝, 길이 49㎝, 너비 22㎝이다.

진묘수는 뭉뚝한 입과 코, 작은 귀, 짧은 다리, 비만한 몸통을 갖고 있으며 등 쪽에는 돌기된 4개의 갈기가 있다. 또한 머리 위에는 나뭇가지

형태의 철제 뿔 하나가 꽂혀 있으며 몸통 좌우와 다리에는 날개를 표현한 것으로 보이는 불꽃무늬가 있다. 머리에 하나의 뿔이 달린 진묘수는 백제에 유입된 중국의 도교사상을 보여 주는 흔적이다. 무령왕릉 진묘수는 국내에서 발견된 유일한 진묘수다.

돌짐승(진묘수) 앞과 뒤(국보 제162호)

▌백제시대의 왕과 왕족의 무덤

가. 돌무지무덤(積石塚)

일정한 구역의 지면에 돌을 쌓아 봉분을 만들고 위로 올라갈수록 차츰 좁아지도록 하면서 네모지게 돌로 쌓은 돌 기단을 만들고 그 안에 시신을 묻은

지상식 무덤이다. 돌무지무덤은 고조선시대부터 나타나며 고구려에서는 오랫동안 왕릉으로 사용되었다. 한성 백제시대를 대표하는 무덤으로 봉분 전체를 돌로만 쌓은 순수한 돌무지무덤(석촌동 3호분)과 봉분 안을 흙으로 채운 후 돌을 쌓아 만든 흙돌무지 무덤(석촌동 2호분, 4호분)의 두 가지

형태가 있다.

나. 돌방무덤(횡혈식 석실묘(橫穴式石室墓))

삼국시대 후반부 대표적인 무덤으로 웅진시대와 사비시대를 대표하는 공주의 송산리 고분군과 부여의 능산리 고분군이 굴식돌방무덤이다. 무덤 내부에 마치 굴처럼 관을 넣는 공간인 널방(玄室)과 사람이 드나들 수 있는 출입 시설인 널길을 만들고 그 위에 흙으로 둥그스름하게 봉토를 덮은 형태이다. 돌방무덤은 추가로 시신을 넣을 수 있는 무덤 구조로 주로 부부를 포함한 가족 합장 무덤으로 사용되었다. 백제의 경우에는 고구려, 신라와는 달리 산의 경사면에 땅을 깊게 파고 만들어서 봉분이 낮은 것이 특징이다

다. 벽돌무덤(전축묘(塼築墓))

공주 송산리 6호분과 무령왕릉과 같은 벽돌무덤은 중국 남조에서 지배층의 무덤양식으로 유행하던 문화를 수용한 것으로 당시의 활발했던 대외 교류를 보여 준다. 벽돌무덤은 터널형(아치형)으로 무덤 방을 조성하고, 널길을 무덤방 가운데로 낸 것이 특징이다. 이러한 특징은

이후 돌방무덤에도 영향을 끼쳐 무덤 방의 단면이 터널형으로 변화하고, 널길도 중앙에 마련되게 된다.

▌ 6세기 전반 동아시아의 패권을 다루던 3인의 군주

가. 무령왕(武寧王, 斯麻王, 재위 501-523) - 백제의 중흥을 일으킨 군주

성은 부여(扶餘), 이름은 사마(斯麻) 시호는 무령(武寧)이다. 이름을 따서 사마왕(斯麻王)이라 한다. 그는 501년(동성왕 23)에 동성왕이 사냥에 나갔다가 좌평(佐平) 백가(苩加)가 보낸 자객에게 칼에 찔려 죽자 왕위를 계승하였다. 당시 백제는 고구려에게 한강 유역을 빼앗긴 뒤 매우 큰 혼란에 빠져 있었으며, 전염병이 창궐하는 등 백성들의 삶도 피폐해져 있었다. 왕위에 오른 무령왕은 고구려의 남하에 맞서 국방 체제를 정비하는 한편, 백성들의 삶을 보살피려 노력하였다. 이어서 고구려와의 전쟁을 통해 북방에서 고구려와 세력 균형을 이루었다.

또한 무령왕은 남쪽으로 지경을 넓혀 구 마한 세력을 크게 무너뜨렸으며 동쪽으로는 대가야 세력하에 있었던 지역을 병합함으로써 섬진강 지역을 확보하고 낙동강 서부까지 진출하는 데 성공한다. 그리고 새로 확보한 지역에 군령과 성주를 파견하여 이 지역에 대한 지배권을 확립한다. 무령왕은 왕권 강화를 위해 즉위 후 동성왕을 시해한 귀족들의 세력을 제압한다. 병사들을 이끌고 백가의 근거지인 가림성(加林城)을 공격케 하여 백가의 반란을 진압하였다. 무령왕은《양서》〈백제전〉에 따르면 22개로 운영되던 담로에 부여씨 왕족을 보내 통치하도록 하여 중앙 집권적 질서하에서 정치 안정을 이루게 되었다. 또한 농사를 권장하여 백성들의 경제적 기반을 확보하고 농업 생산력을 증대시키고자 했다. 무령왕은 대외 교류를 통해 백제의 문화 발전에도 많은 노력을 기울였다. 남조의 양나라에 사신을 보내 외교 관계를 강화했다. 이때 동맹국이었던 신라의 사신을 양나라에 같이 데려갔다. 521년 양 무제로부터 '사지절도독 백제제군사 영동대장군(使持節都督 百濟諸軍事 寧東大將軍)'의 작호를 제수받았다. 무령왕은 동쪽의 왜국과도 활발한 교류를 이어갔다. 왜국에 이미 보내진 마나군(麻那君)을 왕족이 아니라는 이유로 사아군(斯我君)로 교체하여 부여씨 왕족 중심으로 정국을 운영함으로써 정치를 안정시켰으며 또한 오경박사 단양이(段楊爾)와 고안무(高安茂)를 왜국에 보내 백제의 선진 문화를 전해 주기도 했다.

나. 양 고조 무황제(梁 高祖 武皇帝, 재위 502~549)

양 무제 소연(蕭衍)은 제나라 황실의 먼 친척으로 박식하고 무예에도 재능이 있어 젊은 나이에 두각을 나타냈다. 제나라 말기 친형인 소의가 제나라 폭군 동혼후에게 살해되자 스스로 거병하여 양나라를 세웠다. 무제는 검소하여 간소한 식사와 면으로 된 의복을 입었으며 이른 새벽에 많은 책과 공문서를 읽었으며, 겨울에도 동상에 걸릴 정도로 글씨를 쓰고, 음악을 즐겨 들었다고 한다. 무제의 재위 전반기에는 정치, 군사적인 안정으로 비교적 평화가 지속되었고, 여러 개혁정책을

추진하고 학문을 진작시켜 남조 문화의 황금시대를 열었다고 평가받고 있다.

양 무제는 즉위 초에 관제 개혁을 단행하였는데 당시 귀족층은 많고 관직 수는 제한되어 있는 상황에서 관직과 품계가 파괴되고 호적의 위조가 늘어나는 등 그 폐해가 심해지자 위, 진시대를 지나 송, 제에 이르기까지 구품관제를 개편하는 관제를 개혁한다. 양 무제의 관제 개혁은 체제의 위기와 혼란에 대처하기 위해 펼쳐진 개혁으로 높이 평가받고 있다. 무제는 제위 48년 동안 남조의 전성기를 이루었으나 그와 반대로 백성들을 심히 포악하게 다루었다. 양 무제의 정치 후반기는 정치가 부패되고 지나친 불교 숭배 신앙으로 막대한 국가 재산을 낭비하여 국가 재정의 결손을 가져왔다. 그는 동태사에서 3차례나 사신 의식을 행했는데, 그때마다 백관들이 사원에 1억 전에 달하는 엄청난 금전을 바치고 자신을 환속시켜 줄 것을 요구하였다. 국가 재정의 궁핍으로 훗날 갈족 출신의 후경의 의해 양(梁)의 수도인 건강성이 함락되자 무제는 유폐되어 86세의 나이로 사망한다.

다. 계체(繼體)천황(재위 507-531)
- 應神(오오진)의 5세손, 곤지의 아들, 무령왕의 동생

일본서기에 의하면, 25대 무열(부레쓰)왕이 8년 만에 후사 없이 갑자기 죽자 조정에서는 14세 중애(仲哀)왕의 5대손인 왜언(倭彦)왕을 다음 보위로 추대하기로 한다. 그리하여 영접사와 호위무사들을 보냈는데 멀리서 오는 일행을 본 왜언왕은 자신을 잡으러 오는 병사들로 오인해 지레 겁을 먹고는 산속으로 숨어 버려 찾지를 못했다. 이에 조정에서는 다시 57

세인 남대적(男大迹)왕을 추대하였고 남대적왕은 몇 번을 사양하다가 끝내 즉위했는데 이가 계체(繼體, 게이타이)왕이다. 일본서기에 따르면 계체(繼體, 게이타이)왕 즉 남대적왕은 응신왕의 5세손이며 언주인왕(彦主人王)의 아들이고 어머니는 11대 스이닌(垂仁)왕의 7세손인 진원(振媛)이다.

왕이 어릴 때 부왕이 세상을 떠나자 모친인 진원이 친정인 고향(高向)으로 돌아가 양육했다고 기록되어 있다. 또한 당시 왜 왕실에서 방계혈통이었던 계체왕은 성골(聖骨)인 24세 인현(仁賢, 닌켄)왕의 3녀 수백향(手白香, 다시라카) 황녀를 정실 왕후로 맞아들인다. 531년 계체(繼體, 게이타이는 안칸 천황에게 양위(기록상 일본 역사 최초의 양위 사례)하는데 안칸 천황 즉위와 함께 같은 날에 서거했다. 일본서기 백제본기(百濟本記)에는 일본의 천황과 태자, 황자가 한꺼번에 죽었다고 기록되어 있다. 이는 모종의 정변이 일어나 게이타이 천황 이하 여러 황족들이 살해되었을 가능성을 시사한다.

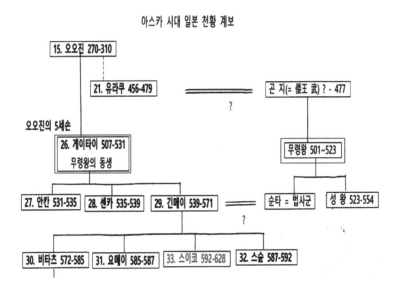

아스카 시대 일본 천황 계보

4) 공주 정지산 유적(艇止山 遺蹟) - 사적 474호

정지산은 무령왕릉이 자리하고 있는 송산의 북쪽 끝에 해당되는 곳으로 동쪽으로는 공산성과 마주하고 있고 북쪽으로는 금강이 흐른다. 정지산 발견된 건물들은 기존의 가옥을 모두 철거한 후 능선 정상부를 깎아 내어 넓고 평탄한 대지 위에 만들어졌으며 기와 건물과 대벽 건물이라는 특수한 형태를 갖고 있다. 건물 외곽은 다시 도랑으로 에워싸 목책(木柵)을 시설하여 외부와 격리시켰다. 정지산 유적 내에서 출토된 유물들은 화려한 장식이 가미된 장고형 그릇받침·세발토기·뚜껑접시·토제 등잔으로 제사와 관련된 유물일 가능성이 높다. 그리고 기와 건물의 구조 역시 일반 건물과는 다른 특수한 구조를 지니고 있다는 점을 고려할 때, 이 유적은 국가 차원의 제의를 위해 만든 시설일 가능성이 높다.

한편 무령왕릉에서 출토된 지석의 매지권에는 왕릉의 위치를 신지(申地)로 적고 있는데(買申地爲墓), 여기서 신지란 남서방향을 말한다. 그런데 왕비 지석에는 왕비가 사망하자 유지(酉地)의 땅에서 상(喪)을 치르고(居喪在酉地) 27개월 후인 529년 2월에 대묘인 왕릉에 합장했다고 기록되어 있다. 유지란 서쪽방향을 말한다. 즉 공산성 내의 추정 왕궁지에서 왕릉 방향을 신지(申地)로 본다면 자연적으로 유지(酉地)는 중간 경지(庚地)를 거쳐 정지산 유적의 위치에 해당한다.

학계에서는 정지산 유적지가 무령왕비의 시신이 사후 무령왕릉에 안치되기까지 빈전으로 모셨던 장소일 것이라는 의견이 많은데 그 근거로는 정지산 유적에서 얼음을 보관하였던 것으로 추정되는 대벽 건물지가 발견되고 건물들은 초석이 없는데 이는 영구적인 목적으로 만든 것이 아니라는 것이다.

▌정지산 유적 대벽 건물지와 기와 건물지

대벽 건물지 위에 복원한 건물 모습   1호 대벽 건물지 평면도

　정지산 유적 대벽 건물지는 기와 건물터의 부속 건물로 추정되는 건물이다. 대벽 건물지란 벽을 세울 자리에 사각 형태로 땅을 파고, 네 모서리에 큰 기둥을 세운 다음 그 사이에 작은 기둥을 촘촘히 박아 벽체를 보강하고 흙으로 벽을 만든 구조물이다. 건물 중앙에는 별도의 기둥 없이 벽체의 힘만으로 지붕을 받치도록 만든 단층 건물이 있다. 1호 대벽 건물지는 정지산 유적의 중심 건물인 기와 건물터와 같은 방향으로 축조되어 있으며 3호 대벽 건물지와 남북으로 나란히 배치되어 品字 형태를 이룬다. 한편 2호 대벽 건물지는 1, 3호와 형태는 같으나 방향도 다르고

규모도 작으며 목책에 의해 별도로 구분되어 있어 정지산 유적 내 중심 건물과 용도가 다르다.

한편 기와 건물지는 정지산 유적에서 가장 중심이 되는 건물이다. 일반 건물보다 많은 기둥을 3줄로 배치하였지만 기둥 아래에 따로 무게를 받쳐주는 시설은 두지 않았다. 이 유적은 형태가 독특할 뿐 아니라 유적 중앙에 위치한다는 점에서 특수한 기능을 담당했던 장소로 추정된다.

이곳에서는 국가 중요시설에서만 사용했던 연꽃무늬 수막새가 발견되었다. 이에 근거하여 이 유적을 무령왕비의 빈전으로 추정한다.

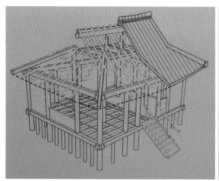
기와 건물지 위에 복원한 건물 모습

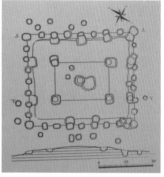
기와 건물지 평면도

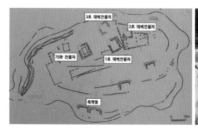
정지산 유적 평면도와 발굴 시의 모습

1호 대벽 건물지와 기와 건물지

3. 사비백제(538년~660년, 121년간) 시기의 문화

538년 백제 성왕은 새로운 시대의 시작을 알리며 웅진시대를 마감하고 사비로 천도하였다. 국명(國名) 또한 '백제'에서 '남부여'로 개정하였다. 성왕은 잃어버린 한강 유역을 되찾기 위해서 활발한 정복 사업을 펼치는 동시에 백제의 문화발전에도 상당한 노력을 기울였다. 그러나 554년 관산성 전투에서 성왕이 패하면서 사망하자 뒤를 이은 위덕왕은 10년이 지난 567년에 성왕의 명복을 빌기 위해 능산리 능사(陵寺)를 창건하고 여기에 사용할 제사 도구의 하나로 금동대향로(金銅大香爐)를 만들었다. 위덕왕은 577년에는 죽은 왕자를 위해 왕흥사(王興寺)를 창건하였으며 혜총(惠聰)과 같은 승려와 함께 노반박사. 와박사(瓦博士). 화공(畫工)과 같은 불교건축 관련 기술자들을 왜(일본)에 파견하여 사찰 건립에 기여하는 등 왜의 아스카(飛鳥) 문화 성립에 공헌하였다. 이는 위덕왕이 초기의 어려운 상황을 극복하고 점차 왕권 강화를 추구한 것을 보여 준다. 혜왕이 단명하고 이어 법왕(法王)이 즉위하여 위축된 왕권을 회복하고자 하였지만 실권 귀족들의 반대로 법왕도 재위 2년 만에 죽었다. 이에 실권 귀족들은 익산에서 마[薯]를 캐며 살던 몰락한 왕족 출신인 무왕(武王: 扶餘璋)을 옹립해 왕으로 삼았다. 무왕은 즉위 후 실추된 왕권의 회복을 위해 일련의 조처를 추진하였다. 먼저 왕실의 권위를 높이기 위해 신라 진평왕의 딸 선화공주(善花公主)와 결혼하였다. 최근에는 미륵사지 서탑에서 발견된 사리봉안기에 무왕의 왕비가 사택적덕(沙宅積德)의 딸로 나온다는 사실 등을 근거로 하여 선화공주의 존재를 부인하는 견해도 있다. 무왕은 익산 지역을 자신의 새로운 세력 기반으로 삼은 후 익산으로의 천도를 계획하였다. 이를 위해 무왕은 제석사(帝釋寺)를 만들고, 거대한 미륵사(彌勒寺)를 창건하면서 무왕은 왕실의 권위를 높였다. 그러나 그의 익산천도 계획은 귀족들의 반대에 부딪혀 실현되지 못하였다. 사비백제는 660년 의자왕의 실정으로 백제는 멸망하였지만 백제인들이 창조한 화려한 문화는 신라와 왜(일본)의 문화 발전에 커다란 영향을 끼쳤다. 현재 정림사지 5층 석탑을 비롯하여 국립부여박물관에 전시되어 있는 부여 능산리 출토 백제금동대향로(百濟金銅大香爐)와 백제창왕명석조사리감(百濟昌王銘石造舍利龕)는 사비백제시대의 뛰어난 문화유산이다.

1) 정림사지 5층 석탑(국보 제9호)

잃어버린 백제 역사 속에서 약 1400년을 지탱해 온 부여 정림사터 석탑은 백제 석탑의 완성품으로 많은 다른 석탑의 시원이 되는 걸작 중의 걸작품이다. 정림사지 5층 석탑은 백제가 사비로 천도한 시기인 6세기 중엽에 석탑이 설립된 것으로 추정된다. 정림사지 5층 석탑은 익산의 미륵사지 석탑과 함께 지금까지 남아 있는 단 두 개의 백제 석탑이다. 한국 불탑의 재료가 목조에서 석조로

부여 정림사지 5층 석탑

변화하는 과정을 보여 주고 있으며 한국 석탑의 시조(始祖)라 할 수 있다.

일반적으로 사비시대 백제의 절들은 거의 대부분 석탑이 아닌 목탑을

축조하였다. 따라서 정림사도 비슷한 가람배치를 지닌 왕흥사와 제석사처럼 경내에 목탑이 세워져 있었을 가능성이 높다. 현재 일본 나라현에 있는 호류지 5층 목탑은 그 모양이 정림사지 5층 석탑과 비슷한데 이는 아마도 백제계 기술자가 관여하여 지은 것이라 여겨진다.

일본 나라 호류지 5층 목탑

정림사 5층 석탑은 화강암으로 제작되었으며 전체 높이가 8.33m이다. 목탑의 건축 기법을 석재에 적용하여 제작하였으며 모양은 목탑의 구조와 비슷하지만 단순하면서도 우아한 석탑의 특성이 잘 드러나 있다. 1층 몸돌이 2층 몸돌의 두 배이며 2층부터는 전체적으로 줄어들면서 웅장하고 세련된 모습이다. 1층 탑신부에는 백제 사비성을 침공한 당나라 장수 소정방이 백제를 멸망시킨 뒤 기념하여 새긴 글씨 '大唐平濟國碑銘'가 남아 있다.

정림사터

▌정림사 대장당초 명문 기와

일제 강점기인 1942년 발굴조사에서 '태평 8년 무진 정림사 대장당초
(太平八年 戊辰 定林寺 大臟當草)'라고 쓰인 명문 기와가 출토되었는데 이 기

와로 인해 정림사는 고려 현종 19년(1028년) 당시 이미 정림사로 불리어 왔음이 밝혀졌다. 그 이후로 이 절터는 정림사지로 탑은 정림사지 5층 석탑으로 불리게 되었다. 역사를 조명한 명문 기와로 사료적 가치가 높다.

정림사 출토 유물

대한민국의 주요 10대 탑

현재 조선시대 이전 목탑은 모두 소실되어 남아 있지 않다.

	이름	문화재	건립시기	장소	특징
1	정림사지 5층 석탑	국보 제9호	백제 후기	부여	정림사 터에 남아 있는 석탑으로 목조 건물의 모습이 많이 남아 있다.
2	미륵사지 석탑	국보 제11호	백제 후기 (600년경)	익산	목탑이 석탑으로 옮겨지는 과정의 구조를 보여 주는 중요한 탑이다.
3	분황사 석탑	국보 제30호	선덕여왕 3년(634년)	경주	현재 남아 있는 신라 석탑 중 가장 오래된 걸작품으로, 돌을 다듬어 쌓아올린 모전 석탑이다.
4	감은사지 3층 석탑	국보 제112호	신문왕 2년 (682년)	경주	1탑 중심에서 삼국통일 직후 쌍탑 가람으로 가는 최초의 배치를 보이고 있다.
5	불국사 3층 석탑 (석가탑)	국보 제21호	경덕왕 (751년)	경주	통일신라시대 전형적인 석탑양식 형태이다.

6	중원 탑평리 7층 석탑	국보 제6호	통일 신라 원성왕	충주	현존하는 통일신라 석탑 중 가장 규모가 큰 석탑이다.
7	안국사 9층 석탑		고려시대	평남 평성	몸체가 하늘을 찌를 듯 날렵하다.
8	현화사 7층 석탑		고려시대	개성	규모가 크면서도 균형이 잡히고, 세부 조각이 섬세하고 아름답다.
9	월정사 팔각 9층 석탑	국보 제48호	고려시대	평창	상하가 균형을 이룬 대표적인 고려시대 석탑이다.
10	원각사지 10층 석탑	국보 제9호	조선 세조 (1467년)	서울	대부분의 석탑의 재료가 화강암인데 대리석으로 만든 점이 특이하며, 세련된 조각을 보여 준다.

2) 부여 관북리 유적과 부소산성 - 사적 제428호

▌관북리 유적터

부소산 남쪽 기슭에 있는 관북리 유적터는 백제의 마지막 도읍지였던 부여의 사비시대(泗沘時代) 왕궁터로, 성왕에서 의자왕까지 6대에 걸쳐 123년간 나라를 다스렸던 곳이다. 1978년 배수로 공사 중 우연히 드러난 관북리 유적은 백제 왕궁과 국가 중요 시설이 밀집된 곳으로 백제 사

비도성의 핵심지로 추정된다. 유물 발굴 조사
결과 왕궁급 건물인 대형전각 건물과 사비도
성을 연결하는 도로망, 백제시대 연못 및 배
수로 시설, 건물터 기단 및 석축시설, 목곽 저
장고, 공방(工房)터 등이 발견되어 왕궁터였음
을 확인하게 되었다. 출토된 유물은 금동광배

사람 얼굴이 그려져 있는 토기

를 비롯하여 사람 얼굴이 그려져 있는 토기, 북사(北舍) 글자가 새겨져 있
는 특수한 토기 등이 있다.

首府 글자가 새겨진 토기: 왕성임을 증명

금동광배

▌ 관북리 주요 발굴 유적

가. 연못

연못은 직사각형의 활석으로 쌓았으며 남북 길이 약 6m, 깊이 약 1m
이고 이곳에서 연꽃무늬 수막새, 토기, 금동제 귀고리, 등잔, 대바구니,
목간(木簡) 등의 다양한 유물이 대량 출토되었다. 특히 나무패에 글씨를
쓴 목간은 백제 지역에서는 처음으로 출토된 것이다.

나무패에 글씨를 쓴 목간　　　　　각종 생활 용품

나. 대형전각 건물지

　사비 시기에 건축된 큰 규모의 건물터이다. 건물터는 길이가 동서로
35m, 남북으로 19.25m이며 동서로 7칸, 남북으로 4칸 규모이다. 내부에

는 주춧돌을 놓기 위한 흙다짐 기초부분이 35개 확인되었다. 중심부가 비어 있는 구조로 2층 건물로 추정되는 점에서 왕궁 내 가장 중요한 건물 중 하나였을 것이다. 건물의 기단은 돌과 기와로 만들어졌으며 현재 남아 있는 높이는 50㎝ 정도이다. 비슷한 규모와 구조의 건물이 익산 왕궁리 유적에서도 발견되었다.

다. 목곽 수조(저장고)와 석곽 저장고

목곽 수조는 나무로 만든 물 저장소 중 하나로 목곽 수조 물이 차오르면 배수로를 통해 밖으로 배출되는 구조를 하고 있다. 목곽 수조는 국립부여문화재연구소가 관북리 유적에 대한 발굴조사 결과 백제시대 목곽 저장고는 참외와 복숭아를 비롯한 과일 창고로서 여러 가지 식재료들을 보관한 저장 창고로 사용되었다는 사실이 알려졌다.

목곽 수조(저장고)

돌을 쌓아 만든 석곽 저장창고도 발견된다

라. 남북대로와 동서소로

이 도로는 백제 사비도성의 도시 계획 방식을 알 수 있는 중요한 유구이다. 남북대로는 너비가 8.9m이고 동서소로는 너비가 4m이다. 도로 양쪽으로는 물이 잘 빠질 수 있는 배수로가 설치되었고 도로바닥은 점토를 다져 만들었다. 백제 사비도성이 오랜 준비 기간을 갖고 체계적으로 계획되고 건설된 도시임을 알려 주는 자료이다. 여기에서도 연꽃무늬 수막새 등 많은 토기와 기와가 발견되었다.

남북대로

▌부소산성

관북리 유적터 뒤로는 해발 100m 정도의 부소산이 있다. 부소산성은 북으로 금강(백마강)이 흐르고 있어 북으로부터 내려오는 고구려 군사를 방비하기에 알맞게 되어 있어 공주의 공산성과 흡사하다. 산성의 성곽은 산정 부근은 테뫼식(머리띠식)으로 산성을 쌓았으며, 그 주위에 다시 흙과 돌을 섞어 산성의 성곽은 약 2,200m로 부소산을 감싸고 있다.

가. 사자루(泗疵樓)

사자루는 '송월대(送月臺)'라 불리는 부소산 서쪽 봉우리 정상에 있다. 해발 106m로 부소산에서는 가장 높은 곳에 있으며 백제 시대에는 부소산성의 서쪽 장대 역할을 한 것으로 추정된다. 사

자루는 1단의 장대석 기단 위에 정면 3칸, 측면 2칸의 팔작 지붕을 얹어 세운 건물이다. 예전에는 사자루를 사비루로 불리었는데 이는 현판의 글씨 중 '泗疵樓'를 '泗批樓'로 잘못 읽은 데서 비롯된 것이다. 현판 '백마장강(白馬長江)'의 힘찬 글씨는 해강 김규진이 쓴 것이다.

나. 영일루(迎日樓)

부여에 있는 부소산 동쪽 봉우
리에 자리 잡고 있는 누각으로
계룡산 연천봉에서 떠오르는 해
를 맞이하던 곳이라 한다. 고종
8년(1871)에 당시 홍산 현감이었
던 정기화가 지은 조선시대의 관

아의 정문이다. 영일루는 팔작지붕으로 앞면 3칸·옆면 2칸 규모의 2층
누각 건물이다.

다. 낙화암과 백화정(百花亭)

부소산 북쪽 절벽을 낙화암(落花巖)이라 하는데 낙화암 위에 있는 정자
가 백화정이다. 낙화암은 《삼국유사》에 의하면 백제 멸망 당시 이곳에
서 삼천 궁녀들이 떨어져 죽었다는 곳인데, 이 궁녀들을 추모하기 위하
여 1929년 부풍시사(扶風詩社)에서 바위 위에 백화정을 세웠다. 백화정이
란 이름은 중국의 시인 소동파가 혜주(惠州)로 귀양갔을 때 성 밖의 풍경

을 보고 지은 시에서 따온 것이다. 백화정 건물은 험준한 바위 위에 평면을 6각형으로 만들고 그 위에 6각의 겹처마 지붕을 얹었다. 천장에는 여러 가지 연꽃 문양(紋樣)을 그려 놓았다.

▍궁남지 - 사적 제135호

궁남지는 '마래방죽'이라고도 하며 백제 왕궁의 남쪽 별궁에 속한 인공 연못이다. 삼국사기 기록에 의하면 무왕 35년(634)에 "궁성의 남쪽에 못을 파고 20여 리나 되는 곳에서 물을 끌어 들여 주위에 버드나무를 심고, 못 한가운데에는 중국 전설에 나오는 삼신산의 하나인 방장선산(方杖仙山)을 모방한 섬을 만들었다"고 하였다. 삼국사기의 기록을 근거로 궁성 남쪽의 연못이라는 뜻으로 궁남지라 부른다. 현재의 연못은 1965~1967년에 복원한 것으로, 원래 자연 늪지의 1/3 정도의 규모이다. 궁남지는 백제 무왕(武王)의 출생 설화와 관계가 있다. 백제 법왕(法王)의 시녀였던

한 여인이 연못가에서 홀로 살다 용신(龍神)과 정을 통하여 아들을 낳았고, 그 아들 서동(薯童)이 장성하여 신라 진평왕(眞平王)의 셋째 딸인 선화공주(善花公主)와 결혼한다. 이후 아들이 없던 법왕이 죽자 바로 뒤를 이어 서동이 백제 30대 무왕으로 즉위하였다고 한다. 실제 무왕은 29대 법왕의 아들이 아니라 27대 위덕왕의 서자(庶子)라는 의견이 있는데 이 의견이 훨씬 논리적이다. 이러한 설화를 뒷받침하는 장소가 바로 백제의 별궁터였던 궁남지이다. 즉 궁남지는 백제 무왕과 깊은 관계가 있는 별궁의 연못이었음을 추측하게 한다. 한편으로 궁남지는 우리나라 최초의 인공 연못으로 백제의 정원(庭園)을 연구하는 데 중요한 자료가 된다. 일본서기(日本書紀)에는 궁남지의 조경(造景) 기술이 일본에 건너가 일본 조경의 원류(源流)가 되었다고 전하고 있다.

3) 능산리 고분군(백제왕릉원) - 사적 제14호

충청남도 부여군의 동쪽에 위치한 고분군이다. 3개의 무덤군으로 이루어져 있으며 사비시대의 백제왕릉원으로 알려져 있다. 능산리 고분군 중앙에는 총 7기의 왕릉급 고분이 있으며, 동쪽 편에는 5기의 고분과 서쪽 편에 몇 기의 왕족과 귀족들의 무덤이 남아 있다. 고분군 발굴조사 이

전에 이미 모두 도굴당하여 소수의 금제, 금동제 유물만이 수습되었다. 한편 고분군 바로 옆에는 백제금동대향로가 출토된 능사지와 사비의 외곽 성인 나성이 있다.

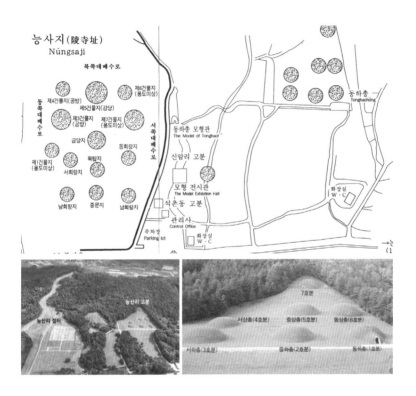

웅진시대 송산리 고분군은 축조되는 시점부터 점차 중국, 특히 남조(梁나라)의 묘제의 영향을 많이 받기 시작하는데 이에 비해 사비시대 능산리형 고분은 현실의 길이, 연도의 길이, 전체적인 무덤의 폭, 석재의 가공 방식, 현실의 단면구조 등이 표준화된 규격을 갖는 형태를 갖고 있다는 것이 특징이다. 능산리 고분군의 또 다른 특징은 능산리 중앙, 동,

서 고분군 모두 똑같으며 입지(立地)하는 고분의 방향 자체도 남북 방향이다. 그리고 실제로 묘도의 입구도 남쪽으로 형성되어 있다. 이러한 규격화된 능산리형 무덤(석실) 형태는 사비시대가 안정되면서 체계화된 도성 체제를 갖추었다는 것을 의미한다. 능산리 고분군에는 익산시 쌍릉에 묻힌 것으로 추정되는 무왕과 선화공주를 제외한 나머지 모든 사비시대 백제 왕들 즉 성왕, 위덕왕, 혜왕, 법왕이 이곳에 묻혔다고 추정하고 있다.

능산리 4호분(서상총) 유적발굴 작업

① 능산리 중앙고분 1호분(동하총)

능산리 고분군에서 가장 유명한 고분으로 유일하게 사신도 벽화가 그려진 무덤이다. 송산리 6호분과는 다르게 굉장히 정교하고 아름답게 채색되어 있어 백제 그림 예술의 진수를 보여 준다.

동하총은 화강암과 큰 판자돌을 이용하여 만든 굴식돌방무덤 형식이다. 석실의 벽면에는 고구려 후기 벽화무덤에서 볼 수 있는 사신도가 그려져 있고, 천장에는 연꽃과 구름이 그려져 있다.

1호 무덤 동하총은 사비백제시대 이 지역에서 처음 발견된 벽화고분으로서 백제 최고 수준의 왕릉급 고분으로 평가된다.

동하총 내부

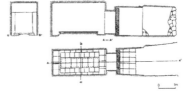
동하총 내부 평면도

사신도: 백호

동하총 내부

② 능산리 사지, 능사 - 사적 제434호

능산리사지는 백제 때의 절터 유적으로 1992~2000년까지 6차례에 걸쳐 발굴조사하였다. 이 절터는 중문·목탑·금당·강당이 남북 일직선상에 배치된 일탑일금당(一塔一金堂)의 전형적인 백제식 가람(伽藍) 형식이다. 1993년에는 건물지 서쪽 한 구덩이에서 국보 제287호로 지정된 부여 능산리출토 백제금동대향로(百濟金銅大香爐)가 출토되어 백제의 높은 금속공예 기술이 널리 알려지게 되었다. 또한 능산리 절터의 중앙부 목탑 자리에서는 백제시대 사리를 보관한 백제창왕명석조사리감(百濟昌王

銘石造舍利龕: 국보 288)이 발견되었다. 석조 사리감에는 20자의 글자가 새겨져 있어 사리를 봉안한 연대와 공양자가 분명하고 사찰의 창건연대가 백제 때인 567년(위덕왕 14)으로 밝혀졌다. 사리감의 명문(銘文) 내용으로 보아 능산리 능사는 백제 왕실에서 세운 국찰(國刹)로 그 위치로 보아 능산리 고분군에 대한 제사를 담당하는 사찰일 가능성이 높은 유적이다.

능사지 절터 복원도   능사지 발굴 현장

백제금동대향로   백제창왕명석조사리감

▎백제문화단지와 사비궁

백제 역사 문화의 우수성을 세계에 알리고자 3,276천 ㎡(100만 평) 규모로, 1994년부터 2010년까지 약 17년간 충청남도 부여군에 조성된 역사 테마파크이다. 백제 왕궁인 사비궁을 과거 삼국시대 모습 그대로 재현 하였으며, 왕궁뿐만 아니라 능사, 고분 공원, 위례성, 생활 문화마을 등 이 조성되어 있다.

가. 사비궁(泗沘宮)

왕궁과 사찰의 하앙(下昻)식 구 조와 단청 등 백제시대 대표적인 건축양식을 사실적으로 재현하 여 백제시대 유적과 유물에 근거 한 백제의 역사와 문화를 체험해 볼 수 있다. 사비궁은 사비 백제

사비성 정문 정양문(正楊門)

시기(538~660) 사비성(泗沘城)의 왕궁을 재현한 곳이며, 사비궁에는 중남 문인 천정문(天政門), 정전인 천정전(天政殿), 동궁 정전인 문사전(文思殿), 동궁 외전인 연영전(延英殿), 동궁 남문인 현정문(顯政門), 동궁 북문인 숭 지문(崇智門), 서궁 정전인 무덕전(武德殿), 서궁 외전인 인덕전(麟德殿), 서 궁 남문인 선광문(宣光門), 서궁 북문인 통천문(通天門)이 있다.

동궁 외전 연영전(延英展)

사비성 중남문 천정문(天政門)

나. 능사(陵寺)

능사(陵寺)

능사는 백제 성왕의 명복을 빌기 위한 백제 왕실 사찰로 부여군 부여읍 능산리에서 발굴된 유구의 규모와 동일하게 재현하였다. 능사에는 중문인 대통문(大通門), 5층탑인 능사 5층 목탑(陵寺五層木塔), 금당인 대웅전(大雄殿), 강당인 자효당(慈孝堂), 강당지 동익사인 숙세각(宿世閣), 강당지 서익사인 결업각(結業閣), 동부속채인 부용각(芙蓉閣), 서부속인 향로각(香爐閣), 소공방(小工房)이 있다.

능사 5층 목탑(陵寺五層木塔)

능사 앞 연못

4) 부여 나성(扶餘 羅城)

사비시대 도성은 크게 2개의 성곽으로 구성되어 있다. 하나는 내성으로 왕성인 부소산성(관북리 유적)이고 다른 하나는 사비도성 전체의 동쪽 외곽을 둘러싸고 있는 나성이다. 나성은 백제의 수도 사비를 보호하기 위해 쌓은 길이 6㎞를 넘는 부여 외성인데 축성 연대는 성왕이 웅진(공주)에서 사비(부여)로 천도한 538년을 전후한 시기로 보고 있다. 동아시아에서 새롭게 출현한 외곽 성의 가장 이른 사례이며 한반도에서는 최초로 축조된 외곽 성으로 부여 나성은 평양에 있는 나성과 함께 가장 오래된 나성 중의 하나이다. 부여 외곽 성인 나성은 내성(內城)인 부소산성을 중심으로 동쪽과 북쪽으로 자연 지형을 이용하여 부여 시가지를 둘러싸고 있으며 흙과 돌을 쌓아 만들었다. 남쪽과 서쪽으로는 백마강이 흐르면서 자연적인 해자 기능을 하고 있어서 성이 따로 만들어지지 않았다. 백제 왕들을 비롯하여 귀족 층의 무덤인 능산리 고분군과 능사는 나성의 동문 밖에 가까운 곳에 바로 있다.

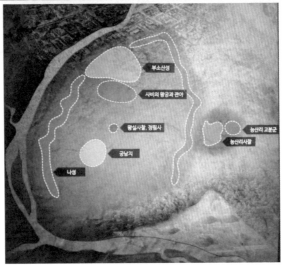

5) 국립부여박물관 소장 백제 유물

1929년 부여 고적보존회로 출발한 박물관은 1975년 국립부여박물관으로 승격됐다. 부여박물관은 충남 서부 지역의 선사 문화를 비롯하여 특히 백제의 문화유산을 보존 관리하는 데 중심 역할을 하고 있다. 백제 금동대향로를 비롯한 국보 3점, 보물 6점을 비롯해 백제 말기, 즉 사비백제시대의 충청 동남권, 특히 부여 지역에서 출토된 유물 약 1만 9000여 점을 유물을 소장하고 있다

① 백제금동대향로 - 국보 제287호

백제금동대향로는 불전에 향을 피울 때 쓰는 향로로 능산리 백제시대 절터에서 출토되었다. 이 향로는 앞발을 치켜든 용 한 마리가 막 피어날 듯한 연꽃 봉오리를 물고 있는 듯한 형상인데 연꽃 봉오리의 중앙이 아래위로 분리되어 향로의 몸체와 뚜껑을 이룬다. 불교와 도교의 복합적인 요소로 꾸며져 있는 금동대향로의 무늬를 통해 당시 백제의 사상관을 엿볼 수 있다.

머리 봉황 (鳳凰)		
몸체 선계 (仙界)	선계와 삼신산	
	연꽃과 바다	
받침대 용(龍)		

㉠ 향로의 뚜껑

향로의 뚜껑은 중첩된 형태의 산악으로 묘사되어 있고, 그 위에는 날개를 활짝 편 채 정면을 응시하고 있는 한 마리의 봉황이 보주 위에 서 있다. 봉황 바로 아래 즉 뚜껑의 제일 위쪽에는 5명의 악사가 각각 금, 완함, 동고, 종적, 소 등의 5가지 악기를 연주하고 있는데, 악기마다의 독

10. 봉황 鳳凰 Phoenix

봉황(머리부근)과 5명의 악사

특한 자세를 취한 채, 연주하는 모습이 실감나게 표현되어 있다. 그 아래 향로의 뚜껑에 장식된 박산은 중국의 동쪽 바다 가운데에 불로장생의 신선들이 살고 있다고 하는 삼신산(봉래 방장 영주산)을 상징적으로 표현한 것으로서, 여기에는 이들 곳곳에는 상상의 동물뿐 아니라 호랑이, 멧돼지, 사슴, 코끼리, 원숭이 등의 실존 동물, 그리고 산중을 거닐거나 나무 밑에서 참선하는 인물, 기마수렵인, 낚시를 하는 듯한 형상의 인물상 등 도합 16명의 인물이 등장하고 있다. 그리고 아래쪽 뚜껑의 구연부에는 유려한 당초문 문양대를 배치하였는데, 몸체의 구연부에도 같은 형태의 당초문 문양대를 배치하여 뚜껑을 닫았을 때 두 문양대가 서로 맞닿도록 배치하였다.

ⓛ 향로의 몸체

향로의 몸체

반구형의 대접 모양을 한 몸체는 3단의 연판을 배치하였는데 각 연판
은 그 끝이 살짝 반전되었으며 잎의 끝부분에는 밀집 선문을 음각하였
다. 연판은 동체의 굴곡과 비례를 이루도록 윗단의 폭이 가장 넓고 아래
로 갈수록 그 폭이 줄어드는 방식을 취하였는데 제일 하단의 연판에는
두 줄의 음각선으로 복엽을 묘사하였다. 각각의 연판 안으로 물고기, 신
조(神鳥), 신수(神獸)등을 한 마리씩 도드라지게 부조하였으며 제일 상단
의 연판과 연판 사이의 몸체 여백에도 연판의 부조보다는 조금 작은 크
기의 동물상을 배치하였다.

ⓒ 향로의 받침

향로의 받침(座臺)

제일 아래쪽의 받침에 해당하는 용은 승천하는 듯한 격동적인 자세로
굴곡진 몸체의 후미와 그곳에서 뻗어 나온 구름 모양의 갈기를 투각 장
식하여 받침으로 삼았다. 용의 정수리에서 솟아오른 뿔은 두 갈래로 갈

라쳐 목 뒤까지 길게 뻗어 있고, 길게 찢어진 입안으로는 날카로운 이빨까지 세밀히 묘사하였다. 용의 입안으로 물려진 짧은 간주(竿柱) 위로 몸체의 하부 받침을 연결시켰다. 아래쪽 가장자리에는 휘감은 몸체 사이사이에 물결무늬, 연꽃무늬 등을 배치하여, 용이 물결을 박차고 승천하는 듯한 분위기를 연출하였다.

② 창왕명석조사리함 - 국보 제288호

석조사리함 출토 상태

부여 능산리사지 석조사리감은 사리를 보관하기 위한 목적으로 만든 화강암제 감실이다. 석조사리감의 표면에는 '백제 창왕'이라는 글자가 있어 이 사리감을 '창왕명석조사리감'이나 '창왕십삼년명사리감'이라고 칭하기도 한다. 석조사리감을 공양한 연대(창왕 13년)가 명확하게 명시되어 창왕 13년(567)에 제작되었음을 알 수 있다. 명문 내용은 정해년(567년) 즉 백제 창왕 13년 왕의 누이인 공주가 공양한 사리라는 뜻이다. 《삼국사기》에 창왕은 위덕왕의 다른 호칭으로 성왕의 아들로

삼국사기 기록

554년에 왕위에 올랐다는 기록이 있는데 이를 바탕으로 창왕은 곧 백제의 위덕왕을 말한다. 현대까지 내용이 온전하게 전해지는 백제의 글로는 1971년 무령왕릉에서 발견된 무령왕릉 지석, 무령왕비 은팔찌에 새겨진 명문 등 극히 적은데, 창왕명석조사리감은 명문에서 명확한 절대연대가 확인되어 절의 창건년을 확실하게 추정할 수 있다는 점에서 중요한 자료이다.

③ 사택지적비 - 보물 제1845호

의자왕 때 대좌평(大佐平)을 역임하였던 사택지적이 말년에 지난날의 영광과 세월의 덧없음을 한탄하면서 만든 비석이다. 비석의 형태는 높이 101cm, 너비 38cm, 두께 29cm이며, 글씨를 쓰기 위하여 정간(井間)을 사용했다. 정간은 정방형으로서 한 변이 7.6cm이며, 글자의 크기는 평균 약 4.5cm이다. 그리고 비석 오른쪽에는 원내에 봉황문이 있고 주색(朱色)을 칠한 흔적을 약간 볼 수 있다. 사택지적비는 백제시대의 귀중한 금석문 자료로 평가된다.

甲寅年正月九日奈祇城砂宅智積慷身日之易往慨體月之難還穿金以建珍堂鑿玉以立寶塔巍巍慈容吐神光以送雲峨峨悲貌合聖明以

비문에는 '갑인년 정월 9일 나지성의 사택지적은 몸이 날로 쉬이 가고 달로 쉽게 돌아오기 어려움을 한탄하고 슬퍼하여, 금을 뚫어 진귀한 당을 세우고 옥을 깎아 보배로운 탑을 세우니, 외외한 자비로운 모습은 신광(神光)을 토하여 구름을 보내는 듯하고, 아아한 인혜로운 모습은 성명(聖明)을 풀어서 □□한 듯하다'라고 적혀 있다.

4. 백제 고도(古都) 익산

익산은 경주, 부여, 공주와 함께 현재 우리나라에 남아 있는 4개의 역사도시 중 하나이다. 고도 익산에서는 왕궁리 유적을 비롯하여, 제석사지, 미륵사지, 쌍릉 등을 만날 수 있다. 사비 백제 시기(538년~660년, 121년간) 익산에서 발견되는 새로운 유적과 유물들은 대부분 무왕을 중심으로 연결되어 있다. 미륵사지에서 발견된 사리장엄구에서 사택지적 왕후의 존재가 알려지면서 무왕과 선화공주의 이야기, 왕궁리와 미륵사, 쌍릉은 백제 고도 익산을 새롭게 부각시키고 있다.

1) 익산 왕궁리 유적 - 사적 제408호

익산 왕궁리 유적(益山 王宮里 遺蹟)은 1976년부터 현재까지 30여 년 동안 국립부여문화재연구소를 비롯하여 많은 연구기관에 의해 발굴조사가 진행되고 있다. 발굴 초기에는 백제 시기의 절터로 파악하고 발굴을 시작하였으나, 발굴 결과 나타난 거대한 건물터와 정원·공방·대형 화장실 등이 발견되면서 왕궁리 유적은 백제 무왕(武王, 재위 600~641)시기에 조성된 왕궁으로 왕궁, 혹은 별도(別都)였을 가능성이 제기되었다. 그러나 이후 계속된 연구 결과 유물들이 발견되면서 왕궁리 유적은 처음에는 왕의 주거지로 일정기간 사용되었다가 왕궁으로서의 역할이 끝난후에는 중요 건물을 헐어 내고 그 자리에 1탑 1금당식으로 탑과 금당, 강당 등 사찰이 조성된 것이라는 것이 통설이다. 발굴 조사된 유구(遺構)들은 현재 익산시 왕궁면에 있는 왕궁리 유적전시관에 소장되어 전시되고있다.

① 왕궁리 유적과 관련된 도읍설

첫째, 마한 기준(箕準) 도읍설이다. 이는 서기전 2세기 초 고조선의 준왕(準王)이 위만(衛滿)에게 왕위를 빼앗기고 한반도 남쪽으로 피신하여 왕이 되었다는 기사에 주목하고 익산 왕궁리 유적이 바로 그가 도읍하여 세운 왕궁터라는 학설이다.

둘째, 백제 무왕시대(600~640)에 천도(遷都)를 계획하고 지었거나 혹은 별도(別都)의 기능을 하였다는 학설이다. 이는 선화공주와의 사랑이야기로 유명한 무왕이 서동이던 시절 금마(金馬, 익산의 옛 이름) 출신이어서, 부여에서 익산으로 도읍을 옮기기 위해 세운 혹은 익산을 별도로 사용하기 위해 지은 왕궁이라는 학설이다. 가장 설득력이 있다.

셋째, 고구려 유민 안승(安勝 또는 安舜) 도읍설이다. 고구려 멸망 후 신라는 고구려 왕족 출신인 안승을 소고구려국[후에 보덕국(報德國)] 왕으로 삼아 익산에 정착시켰는데(670~684), 익산 왕궁리 유적은 이때 세워진 왕궁이라는 학설이다.

마지막으로 후백제 견훤(甄萱) 도읍설이다. 통일신라 말에 일어난 지방세력으로서 백제의 부흥을 표방하며 후백제를 건국했던 견훤이 익산에 도읍하여 왕궁을 세웠다는 학설이다.

② 왕궁 외곽담장(궁장, 宮墻)

궁궐(宮闕)을 보호하기 위한 직사각형 형태로 둘러싼 담장이다. 궁장의 규모는 동서 길이가 약 230~240m이고 남북 길이는 약 490m이며 담장의 폭은 3~3.6m 정도로 잘 다듬은 돌을 쌓아 올려 만들었다. 동벽의 남측 부분을 통해서 확인된 궁장의 구조는 높이 1m 정도로 2단의 석축으로 쌓여졌으며 그 위에 기와로 지붕을 이은 모습이다. 부속시설로는 수구(水口), 석축 배수로가 있다. 왕궁리 궁궐 담장에서는 문 터가 동쪽,

서쪽, 북쪽에 각 1곳, 남쪽에 3곳으로 모두 6곳이 발견되었다. 왕궁의 내부 공간은 남측 공간과 북측 공간을 1:1로 분할하여 활용하였다. 남측에는 왕이 의례와 정무를 보기 위한 관련 건물지가 있고 북측에는 휴게 공간인 정원(후원), 수공업 공방이 있었던 것으로 조사되었다. 이처럼 왕궁의 남측에는 중요 생활 공간을 배치하고, 북쪽에는 후원을 두었는데 이러한 구조는 중국과 일본의 고대 왕궁에서도 확인되고 있다.

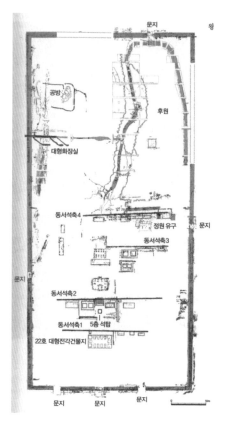

왕궁리 유적은 고대 동아시아인들이 왕궁 건설의 원리와 기술을 활발히 교류하고 공유하였음을 보여 주는 증거이다. 또한 왕궁 내부는 담장 바깥보다 3~4m 이상 높게 조성되었다. 이와 같은 공간 조성은 중앙부를 높게 만들기 위한 의도에서였다. 높은 대지 위에 만들어진 건물이 궁장 밖에서 보면 더욱 장엄하게 보이도록 하기 위해서이다.

| 남쪽 궁궐 담장 | 동쪽 궁궐 담장 |

③ 대형 건물지

왕궁의 정전으로 추정되고 있는 대형 건물터 전경

　왕궁의 정전으로 추정되고 있는 대형 건물지는 왕궁의 중심축에 위치하며 정면 7칸, 측면 4칸으로 왕궁리 유적에서 가장 규모가 크다. 건물터의 크기, 건축 기법, 위치로 볼 때 내전으로 쓰였거나 조회, 제례를 치르던 건물로 추정한다. 건축 기법이 독특한데 커다란 구덩이를 판 다음 속에 점토를 단단히 다지고 위에 기둥을 세운 토심 구조로 지어졌다. 부여 관북리 유적의 대형 전각 건물지와 규모와 축조 방법이 비슷하여 백제 왕궁 구조를 연구하는 데 있어 귀중한 자료가 된다. 그리고 건물지 주변에서「수부(首府)」가 새겨진 기와가 발견되었는데 이 기와는 부여 관북리 백제 유적에서만 발견된 유물과 흡사하여 왕궁리 유적이 백제 무왕의 거주 공간이었음을 확인 입증해 주고 있다.

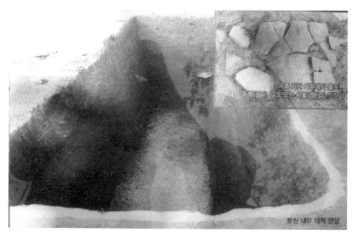

토심 내부 퇴적 양상 및 서측기단 외부에서 출토된 수부(首府)명 인장와

익산 왕궁리 출토 수부(首府)명 기와

부여 관북리 출토 수부(首府)명 기와

④ 정원(후원)

왕궁리 유적 정원(후원) 시설 배치도

　왕궁의 북동쪽 구릉에 위치한다. 정원은 물을 가두어두는 연못 형태가 아니라 주변의 자연경관을 이용해 기암괴석과 장대석, 강자갈을 설치하고 물이 흐르게 한 형태이다. 정원 유구에서는 괴석, 수조(水槽), 누정터가 발견되었다. 백제의 정원은 일본의 정원에 많은 영향을 주었다는 사실은 역사 기록에도 나와 있는데 왕궁리 유적에서 사비시대의 왕궁 정원이 발견됨으로써 중국(남조)-백제-일본으로 이어지는 정원 문화가 서로 교류하였다는 사실을 알 수 있게 한다.

왕궁리 연못지

왕궁리 후원 건물지

또한 북쪽 부근의 정원으로 물을 공급하고 물을 모아두기 위한 대형 곡수로(曲水路)와 U자형 대형 수로가 발견되었다.

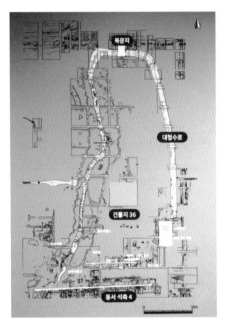

왕궁리 역U자형 수로

⑤ 왕궁리 공방

왕궁리 궁성 서북편에는 유리 제품, 금 제품, 은 제품, 청동 제품 같은 고급 물품을 생산하여 궁궐에 공급하기 위한 공방이 있었다. 발

굴 조사결과 남북으로 길게 2개의 공방 관련 건물이 발견되었으며 이와 함께 공방 관련 원료, 재료, 도구들을 버리는 폐기물 터도 확인되었다.

특히 공방 작업면의 습기를 제거하기 위한 독특한 지하시설도 확인되었다. 이곳에서는 금. 유리제품 및 반제품, 금속. 유리 제작용 도가니, 슬래그, 송풍관, 원재료, 소토덩어리, 벽체편 등 다양한 종류의 공방 관련 유물이 다량 출토되었다. 따라서 왕성 내부에 장기간에 걸쳐 존재한 왕실 직속의 수공업 공방이 있었음을 알 수 있다.

왕궁리 공방터

왕궁리 공방터 출토 유물 파편

⑥ 왕궁리 수세식 화장실

공방지 남쪽에서는 왕성 내에 거주하였던 관리나 궁인들이 사용한 것으로 보이는 대형 화장실 3기가 동서 방향으로 나란히 발견되었다. 좁은 수로를 통해 화장실 오수가 배출되는 구조를 하고 있다. 1호 대형 화장실의 규모는 길이 10.8m, 폭 1.8m, 깊이 3.4m이다. 화장실 내부의 오수가 일정하게 차게 되면 수로로 배출되는 과학적인 구조를 하고 있다. 고대 백제인들이 식생활, 질병 상태, 생활상을 알 수 있는 중요한 자료이다. 정화 기능을 갖춘 대형 화장실에서는 뒤처리용 나무막대가 출토되었다. 왕궁리 유적의 대형 화장실은 한국에서 최초로 발견된 것이며 일본의 화장실과 비교할 수 있는 중요한 자료이다.

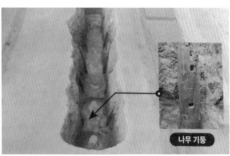

화장실 내부에서 발견된 기생충 및 유물은 다음과 같다.

① 회충 ② 편충 ③ 간흡충
④ 감별이 불분명한 장내 충류
⑤ 씨앗 ⑥ 수막새 ⑦ 짚신

대형 화장실 내부 목재   왕궁리 대형 화장실 유적

왕궁리 배수로

⑦ 왕궁리 5층 석탑(王宮里 五層石塔) - 국보 제289호

　　왕궁리 5층 석탑은 왕궁리에 있는 고려시대 5층 석탑이다. 단층 기단, 얇고 넓은 지붕동, 3단의 지붕돌받침이 특징이다. 전체 높이는 8.5m로 1단의 높은 기단부 위에 5층의 탑신을 올린 모습이다. 미륵사지 석탑을 본떠서 만든 백제계 석탑으로 목조탑의 형식을 석탑으로 바꾸어 재현한 것으로 보인다. 석탑 하부 팔각기둥과 네모난 돌들 사이에서 백제시대

기와조각이 발견되어 고려시대까지 유행하던 백제계 석탑 양식에 통일 신라 석탑의 형식이 일부 어우러진 고려 전기시대의 작품으로 추정된다.

또한 왕궁리 5층 석탑의 정확한 유래는 전해지지 않지만 석탑 주변에서 '왕궁사', '관궁사', '대관관사', '대관궁사' 등의 글자가 새겨진 통일신라 시기 기와가 수습되어 왕궁과 관련된 사찰이 건립되는 과정에서 축조된 것으로 보는 견해가 있다.

관궁사명 기와　　　　　대관관사명 기와　　　　　왕궁사명 기와

⑧ 왕궁리 5층 석탑 출토 유물

한편 1965년 왕궁리 5층 석탑이 해체·수리되는 과정에서 탑의 1층 지붕돌 가운데와 탑의 중심기둥을 받치고 있던 주춧돌에서 사리장엄구가 발견되었다. 품자형 사리공에서는 사리장엄구를 비롯해 금제 금강경경판(金剛經經版, 길이 14.8cm, 너비 13.7cm) 19매, 청동불입상, 청동요령 등이 발견되었다. 금동제 사리함, 사리병 등은 국보 제123호로 지정되어 국립중앙박물관에 보관하고 있다. 이들 유물은 일본에서 관련 내용이 기록된 관세음응험기에 나오는 제석사지 7층 목탑 내의 유물과 같은 종류이어서 제석사지 목탑과 관련되어 건립된 것으로 보는 견해도 있다.

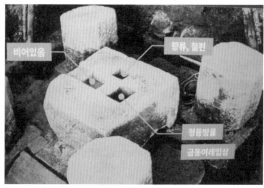

　사리장엄구는 사각형 모양으로 내함과 외함의 2중 구조로 되어 있었다. 바깥쪽의 청동외함은 단순히 금제내함과 유물들을 보호하기 위한 기능으로 장식도 없고 칠도 벗겨져 있었다. 그러니 녹색의 사리병이 들어 있었던 내함은 뚜껑 윗면에 연꽃 봉오리와 구슬무늬를 새겨 넣었고, 금강경판이 들어 있던 내함은 뚜껑 윗면에 손잡이로 금고리를 달고 국화 문양을 새긴 것으로 모두 도금 상태가 완전하였다. 금강경경판은 얇은 금판의 각 표면에 〈금강반야바라밀경(金剛般若波羅蜜經)〉이 17행으로 새겨져 있다. 이 금판 19매는 경첩으로 연결되어 전체를 접은 다음 금띠로 묶여 있었다.

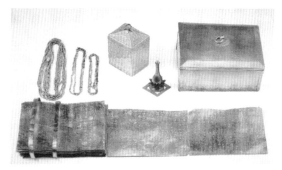

사리장엄구와 금강경경판

청동불입상은 원래 몸 전체를 감싸고 있던 광배가 있었으나 파손되어
보존상태가 좋은 편이 아니다. 원형의 연화대좌 위에 고개를 약간 숙인
채 서 있으며 머리 위에는 육계가 높게 솟아 있다. 얼굴은 둥근 편이며,
눈·코·입이 뚜렷하게 표현되어 있다.

청동불입상

2) 익산 제석사지 유적 - 사적 제405호

제석사지는 백제의 절터 유적으로 왕궁리 유적에서 1㎞ 남짓 떨어진 곳에 있다. 절 이름이 제석사(帝釋寺)이므로 금당에 불교와 불제자의 수호신인 제석천을 모셨다고 추정한다. 건립된 시기는 인근의 다른 유적들과 마찬가지로 무왕 재위기로 추정된다. 제석사와 관련된 기록으로는 7세기 일본에서 작성한 『관세음응험기』가 있는데, 이 문헌에는 무광왕이 익산 지역으로 천도한 뒤 제석정사를 지어 경영했다고 하였다. 왕궁리 유적 출토 유물과 관세음응험기의 기록은 어느 정도 일치한다. 제석사지는 백제시대 전통적인 가람배치인 1탑 1금당 배치였다.

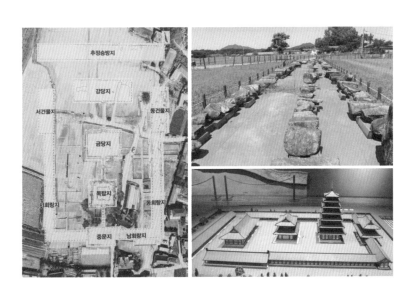

① 제석사지 출토 유물

출토된 유물들 중에 무왕 재위기보다 앞선 위덕왕 재위기에 제작된 듯한 인장기와가 출토되었다. 조사 중에 '제석사'라는 이름을 새긴 기와가 나왔고, 그 외에도 7세기 백제 기와가 다수 출토되었다. 또한 가마터로 알려진 곳을 시굴 조사하였는데 조사 결과 7세기 연화문 수막새와 소조상의 파편 등 다양한 유물들이 출토되어 가마터가 아닌 폐기장이었음이 확인되었다.

제석사 목탑지

악귀상과 천인상

▌왕궁리 유적의 주인은 백제 무왕

익산 왕궁리 유적의 발굴이 진행되면서 해당 유적이 왕성이었다는 사실이 밝혀지자, 처음에는 고구려 왕족 안승이 세운 보덕국의 궁궐이었을 가능성에 무게가 실렸다. 그러나 앞서 확인하였듯이 발굴 조사 과정에서 통일신라시대보다 앞선 백제시대의 유물이 많이 출토되면서 유적의 실체와 관련하여 백제 무왕과 익산의 관계가 다시금 대두되었다.

특히 이와 관련하여 주목되었던 자료는 일본 교토의 쇼우렌인(青蓮院)에서 발견된 『육조고일관세음응험기(六朝古逸觀世音應驗記)』이다. 이 자료는 익산이 백제의 도읍이었을 가능성을 언급하는 가장 직접적인 기록이다. 여기에는 "백제의 무광왕(武廣王)이 지모밀지(枳慕蜜地)로 천도하여 새로 제석정사(帝釋精舍)를 경영하였다"라는 기록이 보인다. 또한 이이서 정관13년(639년) 벼락으로 제석사에 화재가 발생하였다는 사실과 불탑 아래 불사리(佛舍利), 채색한 수정병, 동판에 새긴 금강반야경을 안장하였지만 화재로 함께 소실되었다는 등의 내용도 함께 기록되어 있다.

왕궁리 5층 석탑 내부에서 발견된 금강반야경과 사리병 등의 사리장엄구를 비롯해 왕궁리 유적 근처에 있는 1탑 1금당식(一塔一金堂式)의 전형적인 백제 사찰 제석사지의 존재, 그리고 제석사지 발굴조사 결과 화재가 있었음이 확인되었다는 점에서 『관세음응험기』 기사에서 말하는 지역은 바로 익산이며 기사 내용 자체도 사실이었을 가능성이 높다고 평가되고 있다.

그리고 관세음응험기 기록 속 무광왕이란 왕호는 삼국유사 왕력편(王曆篇)에 "무왕 혹은 무강"이라고 하는 부분과 통한다. 즉 백제 무왕은 기록에 보이는 무광왕·무강왕과 동일인일 가능성이 높고 그는 익산과 깊은 관련이 있었기 때문에 무왕시대에 익산에 왕궁을 지었을 가능성은 높아 보인다. 결론적으로 왕궁리 유적의 발굴 결과나 관련 사료를 종합하면 익산 왕궁리 유적은 백제의 왕궁이었으며 백제 말, 특히 무왕시대에 조성되었을 가능성이 높다. 그러나 그 규모나 기록의 부재를 보았을 때, 아직까지는 천도를 위한 왕궁 조성이었다기보다 별도 혹은 별궁이었을 가능성이 더 높다고 하겠다.

3) 익산 미륵사지 유적

미륵사지는 마한(馬韓)의 옛 도읍지로 추정되기도 하는 금마면 용화산(龍華山) 남쪽 기슭에 자리 잡은 백제시대 최대의 사찰지이다. 백제 제30대 무왕 때 창건된 것으로 전해지며, 삼국유사에 전해지는 무왕(武王)과 선화공주(善花公主)의 설화로 유명한 사찰이다.

미륵사는 불교의 미륵신앙을 구현하기 위해 중문-탑-금당이 일직선상에 배열된 3탑 3금당의 특이한 구조를 이루고 있다. 백제인들은 누구나 평등한 삶을 염원했던 미륵하생의 꿈을 이룩하려 하였고, 그 결과 모든 백성들의 구원을 얻으려는 간절한 소망이 반영되어 만들어진 미륵사가 만들어진 것이라 할 수 있다.

① 미륵사지 가람 배치

미륵사는 우리나라에서는 유일하게 삼탑 삼금당이 배치된 사찰로 알려졌는데 미륵사지에서 조사 발굴된 대표적인 유구로는 금당지, 탑, 회랑지, 강당지, 승방지, 수로, 연못지 등이 있다. 발굴을 통해 확인된 가람 배치를 보면 동탑(東塔)과 서탑(西塔)이 있고 그 중간에 목탑(木塔)이 있으며, 각 탑의 북편에 금당의 성격을 가진 건물이 하나씩 있음이 확인되었다. 이들 탑과 금당을 한 단위로 구분하는 회랑(回廊)이 있어 동쪽은 동원(東院), 서쪽은 서원(西院), 중앙은 중원(中院)이라는 개념의 삼원식(三院式) 가람 형태를 갖추고 있다.

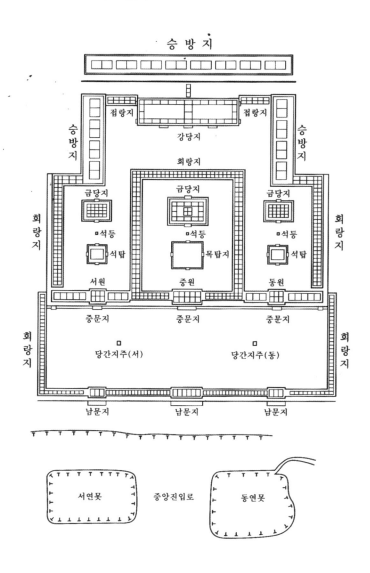

강당지는 지금까지 발굴 조사한 사원 중 가장 큰 규모로 정면 13칸, 측면 4칸이며, 승방지는 중심부 좌우측인 동·서 회랑지 북편에 이어져 있다. 수로는 미륵산에서 흘러내리는 토사를 해결하기 위하여 미륵사지의 동서 양단(兩端)의 능선 기슭과 접한 곳에는 지형을 따라 암반을 넓고 길게 파서 만들었고 남쪽으로는 커다란 3개의 연못을 만들었다

금당지(金堂址)는 각 탑의 북편에 1동씩 터를 잡고 있었다. 금당지의 구조는 기본적으로 중·동·서 금당지가 동일한 모습을 보이고 있는데, 기단은 하층 및 상층기단으로 이루어진 이른바 2중 기단으로 구축되었다. 중 금당지는 규모가 크며 정면 5칸, 측면 4칸이다. 동·서 금당지는 대칭으로 놓여 있으며 정면 5칸, 측면 4칸으로 규모나 모든 구조에서 동일한 형태를 갖추고 있다. 미륵사지 금당지는 3개의 금당에 모두 지하공간이 있는 새로운 형식의 특이한 구조로 된 건물이다. 미륵사지는 미륵 삼존불의 출현으로 절을 짓게 된 창건동기나 미륵이 이 세상에 와서 3번의 설법을 하기 위한 3군데의 장소를 마련하고 있는 점, 그리고 미륵이 머무를 장소로 금당에 지하공간을 설치했다는 점이 특징적이다.

② 미륵사지 석탑(서탑, 국보 제11호)

3원 가람으로 구성된 미륵사는 중원에 목탑을 동·서원에 각각 석탑을 건립하였는데 미륵사지의 탑 발굴 당시 남아 있던 것은 국보 제11호인 서탑뿐이었다. 미륵사지 서탑은 현재 우리나라에 남아 있는 가장 오래된 탑이며 동시에 가장 큰 규모의 탑이다. 양식상 목탑에서 석탑으로 이행하는 과정을 충실히 보여 주는 한국 석탑의 시원(始原)으로 평가받는 기념비적인 석탑이다.

2009년 1월 해체 수리 중에 초층 탑신 내부 심주(心柱)에서 완전한 형태의 사리장엄구가 발견되었다. 사리장엄에는 금제사리호, 유리사리병, 청동합 6점과 유리구슬 등 다수 유물이 있었다. 특히 이 가운데 기해(己亥)년명 탑지가 발견되었는데 탑지에는 당시 무왕의 왕비(사택적덕의 딸)가 639년(무왕

해체 수리 전 모습(2000년)

40년)에 탑을 건립하면서 사리를 봉안했음이 확인되었다. 한편 서탑과 동탑지 주변에 무너져 내린 탑재석을 연구 검토한 결과 처음에는 9층으로 조성되었음이 알려졌으나 화강암으로 만들어진 기단부와 탑신부가 많은 부분이 훼손되었고 전체적으로 9층 복원이 어려워 현재는 동북 측으로 6층까지의 탑신만 복원된 상태이다.

복원된 모습

③ 미륵사지 석탑 사리장엄구

미륵사(彌勒寺)는 2009년 국립문화재연구소가 서원의 석탑에 대한 1층 해체조사를 진행하던 중 심주(중앙기둥) 석 중앙에서 사리공이 발견되었다. 미륵사지의 창건 년대와 창건한 사람을 기록한 사리봉안 기록판과 사리호, 금제사리봉영기, 은제관식, 청동합 등 다양한 공양품이 일괄로 출토되었다. 금판 앞뒷면에 194자로 된 사리 봉안 기록판에는 시주자의 신분이 무왕의 왕후로 좌평(백제의 최고 관직)인 사택적덕의 딸이라는 사실이 새겨져 있다. 이는 백제 서동 왕자(무왕)가 향가 〈서동요〉를 신라에 퍼뜨려 신라 진평왕의 딸 선화 공주와 결혼했으며, 그 뒤 선화 공주가 미륵사를 건립했다는《삼국유사》의 내용과는 다른 것이어서 논란이 되고 있다. 역사학계 일각에서는 선화공주가 무왕의 후비였을 가능성과 미륵사의 동원, 서원, 중원이 순차적으로 지어졌을 가능성을 계속 주장하고 있다. 미륵사가 백제 무왕 집권시대에 창건되었다는 역사 기록이 정확함을 입증해 준 보기 드문 사례이다.

▌사리봉영기 내용

我百濟王后佐平沙乇積德女種善因於曠劫受勝報於今生撫育萬民棟梁三
寶故能謹捨淨財造立伽藍以己亥

우리 백제 왕후께서는 좌평(佐平) 사택적덕(沙乇積德)의 따님으로 지극히 오랜 세월(광겁, 曠劫)에 선인(善因)을 심어 금생(今生)에 뛰어난 과보(승보, 勝報)를 받아 만백성을 어루만져 기르시고, 불교(삼보, 三寶)의 동량(棟梁)이 되셨기에 능히 정재(淨財)를 희사하여 사찰(가람, 伽藍)을 세우시고, 기해년(己亥年, 639년) 정월 29일에 사리를 받들어 맞이하였다.

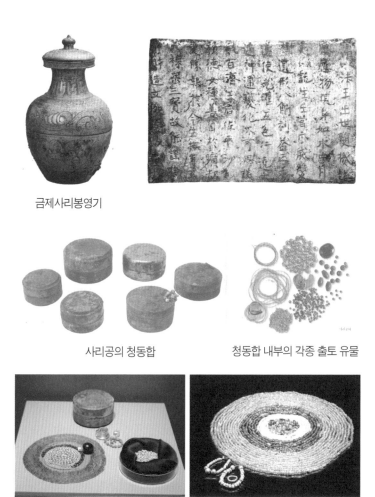

금제사리봉영기

사리공의 청동합　　　　　청동합 내부의 각종 출토 유물

청동합 내부의 각종 출토 유물

한편 동탑은 전체 층수와 높이 규모에서 서탑과 동일한 것으로 알려졌으며, 발굴 당시 9층 옥개석(屋蓋石) 위의 노반석(露盤石)과 이 노반석을 덮는 덮개석 등이 발견되었다. 중앙의 탑은 목탑이었던 것으로 밝혀졌다. 목탑지의 대부분은 파괴되었으나, 서편 일부와 북편은 기단 및 계단 시설이 온전하게 남아 있었다.

미륵사지 목탑   미륵사지 동탑

④ 미륵사지 연못지

가람의 남쪽 정면에는 두 개의 큰 연못이 있다. 연못지는 중앙에 진입로를 사이에 두고 동서 양편에 축조되었다. 중앙의 도로를 중심으로 동쪽과 서쪽 연못은 거의 대칭이다. 동쪽 연못지는 정방형에 가까우며 너비는 50m 내외이며, 서쪽 연못지는 동서 60m, 남북 40m 내외의 직사각형이다. 양쪽 연못 모두 돌을 사용하지 않았고 흙으로만 쌓아 만든 것이 특이하다. 연못과 연못 중앙의 도로에서는 기와 편들이 발견되었는데 거의 대부분이 사비백제와 통일신라 초기에 만들어진 것이다. 연못의 가장자리를 따라 왕버들을 심었던 사실을 알 수 있다. 미륵사지 연못

은 삼국유사에 나오는 미륵사 창건 설화의 내용을 확인해 주는 자료가
된다.

미륵사지 동쪽 연못   미륵사지 서쪽 연못

⑤ 미륵사지 출토 유물

　미륵사지에서 출토된 유물로는 기와류, 토기, 자기, 석재, 목재, 금속
등이 있으며, 기능에 따른 분류는 사찰 건물지용부터, 생활용품, 불상,
무기류 등 매우 다양하다. 시기는 초창기인 백제 말경부터 조선시대 중
기까지이다. 발견된 유물중 대표적인 것은 동탑지 출토 금동동탁과 미
륵사지 금동향로(보물 1753호)가 있다.

　기와류는 백제 수막새, 인장와(印章瓦), 통일신라와 고려 및 조선시대
의 수막새와 암막새, 명문와가 있다. 특히 미륵사지에서는 녹유연목와
(綠油椽木瓦)가 특징적이며, 기와에 도장을 찍어 글자를 남긴 인장와가 많
이 출토되었다. 이 인장와는 당시 백제 행정 지역 단위인 5부를 나타낸
것으로 정사(丁巳)와 같이 간지를 나타낸 것 등 다양하다. 토기는 백제부
터 통일신라, 고려, 조선시대의 질그릇까지 출토되었으며, 자기는 중국
당의 월주요계 청자, 정요계 백자완으로부터 송 이후의 북방계 자기, 원

의 청화백자편에 이르기까지 다양하다.

▌무왕과 선화공주

선화공주(善花公主)는 신라 진평왕의 셋째 딸이자, 무왕의 왕후이다.
고려시대 일연이 편찬한 《삼국유사》에는 다음과 같은 설화가 있다. 즉
서동은 원래 백제의 왕족이지만 집안이 몰락하면서 마를 캐면서 생활했

기에 서동이라고 불렸는데, 서동은 어느 날 신라 진평왕의 셋째 딸 선화
공주가 절세미인이라는 소문을 듣고 선화공주와 혼인하기로 결심한다.
그리고 신라에 가서 지나가는 어린아이들에게 마를 나누어 주면서 두
사람이 남몰래 밤에 만나곤 한다는 〈서동요〉를 부르게 하여 스캔들을
조장한다. 진평왕의 명령으로 쫓겨난 선화공주는 억울한 누명을 쓰고
유배되어 가던 중 서동을 만나 결혼을 한다. 이후 서동은 금도 얻고 인심
도 얻은 뒤 백제의 왕이 되었고, 이후 왕비 선화공주와 함께 유명한 백제
사찰인 미륵사(彌勒寺)를 창건했다는 내용이다.

한편 2009년 미륵사지 석탑에서 금제사리봉안기가 발견되었는데, 그
내용에 따르면 미륵사 창건의 주체인 '좌평 사택적덕의 딸' 사택왕후가
무왕의 왕후라 기록하고 있어 선화공주의 존재를 뿌리부터 위태롭게 하
였다. 이에 일부 학자들은 김부식의 삼국사기에 무왕이 신라와 혼인 관
계를 맺었다는 기록이 있는 것을 보아 선화공주의 실존 여부에 대해 대
립하기도 하였다. 설화는 어느 정도의 역사성을 바탕으로 만들어지기
때문에 미륵사를 처음 짓기 시작한 것은 선화공주이나 선화공주가 죽은
뒤 사택왕후가 절을 완성했다는 새로운 가설을 내놓았다.

서동요(薯童謠)

善化公主主隱	선화공주(善化公主)니믄
他密只嫁良置古	눔 그스지 얼어 두고
薯童房乙	맛둥바올
夜矣卯乙抱遺去如	바미 몰 안고 가다.

<삼국유사(三國遺事)>

---

4) 익산 쌍릉(益山 雙陵) - 사적 제87호

익산 쌍릉은 익산시 석왕동에 있는 한 쌍의 능으로 2기의 무덤이 남북으로 나란히 자리 잡고 있는 형태이다. 무덤의 봉분과 돌방의 크기가 큰 북쪽의 것을 대왕묘라 하고, 남쪽의 작은 것을 소왕묘라고 부른다. 2018년 대왕묘 재조사 과정에서 출토된 유골이 만장일치로 무왕의 유골로 판명되어 대왕묘는 백제 무왕의 능으로 알려져 있다. 하지만 소왕묘는 대왕묘보다 훨씬 도굴 피해가 심해서 피장자를 밝혀 줄 새롭고 결정적인 유물이 나오지 않았다. 이후 소왕묘의 주인이 누구인지에 대해서도 많은 설이 제기되었는데 소왕묘의 피장자는 무왕과 매우 가까운 인물로 무왕의 아버지 법왕설, 사택왕후설, 선화공주설 등이 제기되고 있다.

익산 쌍릉 전경

① 대왕묘와 석실

대왕묘는 백제 후기 양식의 굴식돌방무덤으로 출토 유물과 무덤의 규모 및 형식이 부여 능산리 고분과 비슷하다. 대왕묘의 무덤 내부는 장방형으로 벽은 화강암 판석을 다듬어 세웠다. 대왕묘는 초기 발굴 과정에서 나무로 만든 관의 일부가 발견되었고 오랜 기간을 거쳐 현재 원래의 모습대로 복원하였는데 나무관은 바닥면보다 위쪽 면이 약간 넓고, 뚜껑의 윗면이 둥근 모양을 하고 있었던 것으로 밝혀졌다. 부패된 목관과 토기 등은 수습되어 현재 국립전주박물관에 보관되어 있다. 한편 대왕묘의 주인으로 백제 무왕으로 추정하는 학설이 많다. 제시되는 근거로는 고려사나 고려사절요에서는 쌍릉이 백제 무왕의 무덤으로 도굴된 적이 있다는 기록과 백제 후기 양식의 왕릉급 무덤인 점, 그리고 무왕이 세운 미륵사와 가까운 위치에 자리 잡고 있는 점 등이 있다.

대왕묘 목관

대왕묘 출토 인골

| 대왕묘 석실 | 대왕묘 출토 유물 |

② 소왕묘

소왕묘는 대왕묘과 같은 굴식돌방무덤(횡혈식석실묘, 橫穴式石室墓)으로 확인되었는데, 시신을 수평으로 무덤방에 이동시켜 안치하는 양식을 사용하고 있다. 소왕묘는 대왕묘보다 먼저 만들어졌다. 소왕묘를 건립한 사람은 무왕으로 보는 견해가 많은데 현재까지 소왕묘에서 출토된 금속 공예품은 밑동쇠 1점과 산 자형 장식 1점이 전부이다.

참고문헌

국사편찬위원회, 고등학교《국사(상)》, 교육부, 2022

국사편찬위원회, 고등학교《국사(하)》, 교육부, 2022

박영규,《한권으로 읽는 조선왕조실록》, 웅진지식하우스, 2017

이혜경,《한권으로 풀어쓴 조선왕조 오백년사》, 청솔, 2008

김부식,《삼국사기(상)》, 이병도 옮김, 을유문화사, 1997

김부식,《삼국사기(하)》, 이병도 옮김, 을유문화사, 1997

일연,《삼국유사》, 김원중 옮김, 을유문화사, 2013

井上光貞(책임편집),《일본서기》, 고려원, 성은구 옮김, 1995

한종섭,《위례성백제사》, 집문당, 2004

김태식,《풍납토성 500년 백제를 깨우다》, 김영사, 2005

한영우,《다시찾는 우리역사》, 경세원, 2011

이이화,《한국사이야기, 삼국의 세력다툼과 중국과의 전쟁》, 2015

이이화,《한국사이야기, 조선의 건국》, 2015

이이화,《한국사이야기, 당쟁과 정변의 소용돌이》, 2015

이이화,《한국사이야기, 문화군주 정조의 나라만들기》, 2015

이이화,《한국사이야기, 문벌정치가 나라를 흔들다》, 2015

이이화,《한국사이야기, 조선의 문을 두드리는 세계 열강》, 2015

이이화,《한국사이야기, 우리 힘으로 나라를 찾겠다》, 2015

장한식,《한일고대사의 재건축 1》, 산수야, 2021

장한식,《한일고대사의 재건축 2》, 산수야, 2021

장한식,《한일고대사의 재건축 3》, 산수야, 2021

오영환,《은근히 흥미로운 한일고대사》, 한림당, 2021

이병호,《백제왕도 익산, 그 미완의 꿈》, 책과함께, 2019

권오영,《무령왕릉》, 돌베게, 2019

손민호,《조선의 왕릉》, 김영사, 2022

김충현, 김민규, 김은선, 신재훈, 이종수 저 외 5명, 《조선 왕릉 사전》, 한국학중앙연구원, 2021

유성룡, 《징비록》, 김홍식 옮김, 서해문집, 2015

서기원, 《조광조》, 중앙일보사, 1998

진정환, 강삼혜, 《조형미의 극치 석조미술》, 국립중앙박물관, 2006

국립중앙박물관, 《박물관 전시유물이야기》, 국립중앙박물관, 1998

국립중앙박물관, 《아름다운 우리문화재》, 국립중앙박물관, 1999

국립중앙박물관, 《백제》, 국립중앙박물관, 1999

장경희, 《아름다운 우리문화재》, 국립중앙박물관, 2008

국립중앙박물관, 《국립중앙박물관》, 통천문화사, 1997

국립공주박물관, 《박물관 들여다보기》, 국립공주박물관, 2005

국립공주박물관, 《백제를 찾아서》, 국립공주박물관, 2000

국립공주박물관, 《1500년전 백제 무령왕의 장례》, 국립공주박물관, 2023

국립부여박물관, 《박물관 이야기, 국립부여박물관》, 2001

국립부여박물관, 《백제금동대향로와 창왕명석조사리감》, 국립부여박물관, 1996

한성백제 박물관, 《서울과 백제 2천년 고고여행》, 한성백제 박물관, 2011

신민철, 최경환, 송현경, 《국립익산박물관》, 국립익산박물관, 2020

전북 익산지구 문화유적지 관리사업소, 《미륵사지 유물전시관 이야기》, 1999

한신대학교박물관, 《한신고고학 발굴 16년》, 한신대학교박물관, 2007

한신대학교박물관, 《한신고고학 20년의 발자취》, 한신대학교박물관, 2010

신영훈, 《수원의 화성》, 조선일보사, 1998

수원시청 문화예술과, 《성곽의 꽃, 화성과 축제》, 2000

김연선, 《우리아이 첫 수원 화성여행》, 삼성당, 2011

김선희, 《정조시대 화성행궁 연구》, 신구문화사, 2022

사진자료 출처

한성백제박물관
국립공주박물관
국립부여박물관
국립익산박물관
국립중앙박물관
국립고궁박물관
백제왕궁박물관
정림사지박물관
서울대학교 박물관
한신대학교 박물관
수원화성박물관
수원화성관광안내소
문화재청 궁능유적본부
조선왕릉전시관
세종대왕 역사문화관
서울역사박물관
북촌문화센터
몽촌역사관

길에서 만난
한국의
세계문화유산

ⓒ 박병주, 2024

초판 1쇄 발행 2024년 4월 25일

지은이   박병주
펴낸이   이기봉
편집   좋은땅 편집팀
펴낸곳   도서출판 좋은땅
주소   서울특별시 마포구 양화로12길 26 지월드빌딩 (서교동 395-7)
전화   02)374-8616~7
팩스   02)374-8614
이메일   gworldbook@naver.com
홈페이지   www.g-world.co.kr

ISBN   979-11-388-3015-7 (03910)